广州市医学伦理学重点研究基地成果

国家社会科学基金重点项目"医患关系视角下我国医事行为的伦理思考及法律规制研究"（项目编号：15AZD065）阶段成果

——— 广州市医学伦理学重点研究基地系列丛书 ———

医药法律与伦理评论

（第一卷）

刘鑫　刘俊荣　主编

知识产权出版社

全国百佳图书出版单位

图书在版编目（CIP）数据

医药法律与伦理评论. 第一卷／刘鑫，刘俊荣主编 . —北京：
知识产权出版社，2016.7
　　ISBN 978－7－5130－4328－1

　　Ⅰ. ①医… Ⅱ. ①刘… ②刘… Ⅲ. ①医药卫生管理—法律—
伦理学—研究—中国 Ⅳ. ①D922.164

　　中国版本图书馆 CIP 数据核字（2016）第 168713 号

责任编辑：齐梓伊　　　　　　　　　责任校对：谷　洋
封面设计：张　悦　　　　　　　　　责任出版：刘译文

医药法律与伦理评论（第一卷）

刘　鑫　刘俊荣　主编

出版发行：知识产权出版社 有限责任公司	网　　址：http：//www.ipph.cn	
社　　址：北京市海淀区西外太平庄 55 号	邮　　编：100081	
责编电话：010－82000860 转 8176	责编邮箱：qiziyi2004@qq.com	
发行电话：010－82000860 转 8101/8102	发 行 传 真：010－82000893/82005070/82000270	
印　　刷：北京嘉恒彩色印刷有限责任公司	经　　销：各大网上书店、新华书店及相关专业书店	
开　　本：787mm×1092mm　1/16	印　　张：13	
版　　次：2016 年 7 月第 1 版	印　　次：2016 年 7 月第 1 次印刷	
字　　数：260 千字	定　　价：50.00 元	

ISBN 978－7－5130－4328－1

主编简介

刘鑫，中国政法大学证据科学研究院、国家"2011计划"司法文明协同创新中心、证据科学教育部重点实验室教授，硕士研究生导师，中国政法大学医药法律与研究中心主任。兼任北京大学法学院硕士研究生导师，昆明医科大学、广州医科大学兼职教授。现任《证据科学》（原《法律与医学杂志》）编辑部主任，《中国法医学杂志》编辑部主任，《中国卫生法制》编辑部副主任；《中国病案》编委；卫生部国家医学考试中心委员，中国卫生法学会理事；中华医学会、北京医学会医疗事故技术鉴定专家库成员；中国法医学会医疗损害鉴定专业委员会主任委员，中国法医学会法医学专家委员会副主任委员。著有《医事法学》《医疗损害技术鉴定研究》《医疗利益纠纷——现状、问题与对策》《医疗侵权纠纷处理机制重建——现行〈医疗事故处理条例〉评述》等专著。

刘俊荣，博士、教授。广州医科大学卫生管理学院院长兼思想政治理论课教学部主任、党总支书记、研究生导师。担任国家医师资格考试医学人文试题开发专家委员会委员（医学伦理学专家组副组长）、中华医学会医学伦理学分会常务委员、广东省医学伦理学研究中心主任、广东省医务社会工作研究会会长、广东省公共管理与公共政策研究会副会长、广东省法学会卫生法学研究会副会长、广东省医学会医学伦理学分会副主任委员、广州市医学会医学伦理学分会主任委员、《中国医学伦理学》编委会副主任、《医学与哲学》编委、《中国医学人文杂志》特邀编委等。先后出版《医患冲突的沟通与解决》等专著3部、主编《中华传统医德思想导读》等著作5部、副主编6部。作为主持人，荣获省级成果二等奖2项、三等奖2项，厅级成果特等奖1项、二等奖2项；主持教育部人文社科项目及省人文社科重大攻关项目等省级课题9项、厅级课题6项，发表学术论文80余篇。先后荣获"河南省优秀中青年教师""广东省南粤优秀教师""广州市优秀教师""广州市优秀中青年哲学社会科学工作者""广州市属高校教学名师"等荣誉称号。

《医药法律与伦理评论》
编委会

目　录

法律与伦理联袂，
开创医药问题研究视角

经过中国政法大学医药法律与伦理研究中心的努力，《医药法律与伦理评论》终于诞生了，此套丛书的出版，将为我国医事法学、医学伦理学、医院管理学、临床医学等学科的专业人员开展医药实践领域中的规范问题的研究和成果展示搭建平台，为医药法律与医学伦理研究提供新的视角。

一、法律与伦理对医药问题研究的重要性

医疗服务和药物产业是关系国计民生的重要领域，与公民的体质水平和健康保障密切相关，是评价一个国家社会发展状况和人们生活水平的重要衡量标志，是政府在政策制定中考量培育战略新兴产业的重要领域。自改革开放以来，随着人民生活水平的提高和医疗保健需求的不断增加，我国医疗服务和药物产业的发展状况越来越受到公众和政府的关注，在国民经济和社会发展中占据着越来越重要的位置。近年来，我国医疗服务和药物产业一直处于快速发展中，尤其是最近十年，医疗服务和药物产业呈现超速发展。但同时困扰医药服务与发展的问题越来越多，需要人们从法律和伦理角度予以关注和研究的课题越来越多，而相关管理水平、研究成果、法律法规制定情况却远远落后。这既有结构性因素，比如科研体制问题、科研经费问题、研究人员队伍问题；也有研究方法问题，比如医疗、药物分割为两个不同的专业领域，法律与伦理也分割为两个不同学科，在医疗服务的研究上，临床研究、医疗管理研究、法律研究、伦理研究各自为政，从而使研究视角局限，研究成果范围过窄，对现实问题提出的对策缺乏宏观性、全面性和前瞻性。医药领域中实践规范问题的研究需要突破这一科研壁垒，以融合的态度，跨学科的视角，对医疗服务、药物产业相关的法律和伦理中一系列问题进行研究，开创医疗服务和药物产业相关问题研究的新局面。

二、医药领域涉及众多法律与伦理问题

从 20 世纪 90 年代以来，我们就面临着一场医疗危机——当代医疗服务的现实和未来走向与社会公众期待之间的矛盾，其核心是医学当前的现状满足不了人民的健康需求。① 虽然政府在医疗投入上逐年增加，但仍然难以满足人们的医疗需求。生老病死乃自然规律，是人这一客观对象发生、发展直至最后消亡的过程。医疗服务不能也不可能破坏这一规律，但是医疗服务要让这一过程变得更为圆满而有质量。生得顺利，活得健康，延年益寿，死得安详。医疗的目的不再是单纯的"防病治病，救死扶伤"，而是"预防疾病和损伤，促进和维护健康；解除由疾病引起的疼痛和不幸；照顾和治愈有病的人，照料那些不能治愈的人；避免早死，追求安详死亡"②。

鉴于生理病理的复杂性、诊疗技术的局限性、医疗资源的有限性，在人类对自己的身体进行健康维护时，总会面临一系列需要取舍和决策的问题，有所为有所不为。"为"与"不为"都是为了更好地实现个体的健康利益，为了更好地维护大多数人的健康需求。但是，个人的健康利益、公众的健康需求是什么，则是一个相对概念，会因时、因地、因人而异。这就使得医疗服务过程中，医务人员总会面临各种矛盾，总会面对一些难以决策的问题。如何思维、如何取舍、如何权衡、如何决策，单纯从临床医学、医院管理学、医学伦理学、医事法学等学科视角，都难以周全应对和圆满解决，需要我们全方位、多视角、多维度进行审视和研判，唯有如此，才能有效指导临床医务人员的医疗活动。

传统意义上，我们会面临患者的生命权与健康权冲突如何取舍的问题。比如，在紧急情况下患者需要输血治疗，但地处偏僻之地又缺乏血源，医院能否自采血？当患者的生命权与知情同意权发生冲突时如何取舍？比如，患者处于需要紧急救治的危险状态，需要争分夺秒采取措施进行抢救，是否需要告知患者及其近亲属之后才能实施？当患者处于生命终末期时，靠呼吸机等仪器维系其生命，其近亲属是否有权决定终结这些生命支持措施？在诊疗技术进步、医疗措施多元化之后，面对众多的治疗方案，医务人员如何选择？患者的隐私权与其近亲属知情权、公众知情权发生矛盾时如何平衡？安乐死、尊严死、生命预嘱、脑死亡等如何通过立法来保障权利？

尤其是现代诊疗技术的发展，诞生了许多新兴的诊疗方法，是否有必要为了追求精准的诊断而实施一切可能的检查措施？对一些机理、原理不甚清楚的病症，是否有必要采取那些疗效不确切的治疗方法？还有，在器官移植方面，是否可以在尸体上摘取器官、组织，是否可以开展亲属间交叉脏器捐赠，是否可以从未成年或者

---

① 杜治政："医学目的、服务模式与医疗危机"，载《医学与哲学》1996 年第 1 期。

② 杜治政、许志伟主编：《医学伦理学辞典》，郑州大学出版社 2003 年版，第 102 页。

智障者身体上摘取器官等。离体的组织、器官是否是物，是否具有民法上的权利，一旦遭到破坏灭失，是否可以索赔？一旦这些离体组织器官的所有者离世，是否可以由他人继承？在人工辅助生育方面，离体胚胎冷冻保存、代孕、三亲生殖、基因修复、克隆等是否应当允许实施？

此外，互联网的兴起催生了互联网移动医疗、互联网药品代购，不同国家医疗技术、医疗收费和法律制度的差别催生了跨境旅游医疗、跨境安乐死等，对医疗服务法律制度也提出了新挑战。

三、医疗伦理与医事法律的关系

医疗行为充满着不确定性和侵害性。不确定性，是一个出现在哲学、统计学、经济学、金融、保险、心理学、社会学及资讯工程的概念。Doug Hubbard 认为"不确定性"是当我们没有足够知识来描述当前情况或估计将来的结果。[1] 不确定性是指由于影响因素众多且变化很大，难以用人为的方法进行控制，因此事物的发展方向和最终出现的结果不一定能够朝着人们预设的结果发展。这种不确定性在社会科学领域和医学实践中尤其明显，在社会科学领域和医学实践中，人们难以完全识别出影响事物发展的所有因素，有的因素即使识别出来了，也难以准确认识，更是难以设计方法予以控制，由此会对结果的出现带来很大的不确定性。由于人体的不确定性、疾病本身的不可预测性、医学发展的局限性，[2] 不确定性在医学中的存在具有必然性，其背后有着深刻的物理规律。[3] 同时，医疗行为还充满着侵害性。一是药物本身具有毒副作用，剂量增加导致毒性增加，但是剂量不够又达不到治疗效果。药物固有的药理作用，药品与毒品之间没有绝对的界限，任何药品只要达到一定的剂量，都可能成为毒品。二是手术等治疗手段需要损害正常组织，由于人体构造的复杂性和疾病情况的多变性，很多治疗具有不确定性。三是医疗行为具有冒险的特点。由于人体构造的复杂性和疾病情况的多变性，很多治疗具有不确定性。如果不治疗，病人的病情永远不可能缓解，甚至可能恶化而危及生命；如果治疗，治疗手段本身可能伤及正常器官，可能在治疗过程中出现危及健康和生命的情况；或者经过治疗，疗效仍不能确定，达不到预期效果。显然，很多时候，这样的手术非做不可，在医师向患方做了病情交待后，告知了手术风险，如果患方明确表示同意手术，医师便可以冒险手术。[4]

鉴于医疗行为存在的不确定性和侵害性，医疗行为在实施中面临疗效不确切、对患者身体健康造成侵害，不仅不能治疗患者的病症，还可能给患者带来额外的伤

---

① Knight, Hyneman F. Risk, Uncertainty and Profit, Books on Demand, 1921, Vol. 4, pp. 682 – 690.
② 刘鑫：《医疗损害技术鉴定研究》，中国政法大学出版社 2014 年版，第 168~169 页。
③ 杨银桂、冯波："决定论的兴衰与医学的不确定性"，载《大理学院学报》2010 年第 8 期。
④ 刘鑫：《医事法学》（第 2 版），中国人民大学出版社 2015 年版，第 13~14 页。

害。因此，医务人员在医疗行为、诊疗方案选择时，应当有相应的原则和规范可以遵循，这种约束医疗行为的规范便是法律规范和伦理规范。在医疗行为决策与实施中，需要从伦理和法律两个维度进行考量。在法律与伦理的关系中，法律具有钢性，硬指标硬要求，伦理具有柔性，软指标软要求，弹性大；法律有规范性文本文件为依据，伦理规范则存在于人们的思想之中；法律发挥作用依赖于国家的强制力，伦理发挥作用则依赖于人们的自觉性和社会舆论支持；法律更强调理性，伦理更强调人性；法律的门槛较高，构成违法犯罪的过错程度要求较大，伦理的门槛较低，构成不伦理的行为的过错要求较低；法律适用面较窄，伦理适用面较宽。在医疗活动的决策和实施中，有时难以区分考量的原则和规范到底是法律规范还是伦理规范。在医疗领域，法律规范和伦理规范往往存在交叉和重叠。

当今之时，我们已经很难精确地区分医事法律和医学伦理之间的界限。但是，只要法律和伦理同时存在，它们之间的关联性就不可避免。当一个机构制定它的伦理道德规范准则时，现存的法律法规总是其所考虑的一个重要因素，因为如果与现行法律法规相违背，那么该机构所制定的伦理道德规范将会无效。同样地，法官们也会特别留意案件中涉及伦理规范的文字和内容。因为世俗的伦理判断往往早于法律审判，所以当法官审理某一案件本身，他也需要对某一伦理判断适当性地进行重新评估。法律与伦理之间对彼此没有一个明确的态度，它们之间的关系也是不确定的。医学伦理指导原则倾向于将问题留给法，而法也习惯将责任又推给伦理。这样的循环当然是毫无意义的，甚至导致了各个医生可以自行根据自己的信条来决定有关的伦理事宜。阻止个人职业者滥用权力的有效工具就是法和职业伦理规范本身，因为历史告诉我们无论什么职业，个人的良好意愿不是总靠得住的。因此，医药法和职业伦理都不应该逃避限制个人职业者自治的责任。在我们的日常生活中，绝大部分患者在诊疗过程中不会发生医疗事故，此时医疗法律和职业伦理也和平共处。但是，一旦发生医疗事故，法律和伦理关系的重要性就凸显出来了。尽管医事法律和医学伦理之间的关系是自然而然，而非人为创制的，但是我们可能需要一个更有组织的发展平台。更为具体地说，在这个平台上，我们可以鼓励关于两者功能的良性讨论，提醒人们注意两者当前关系的固有缺陷。[①] 毫无疑问，中国政法大学医药法律与伦理研究中心的设立，《医药法律与伦理评论》的出版，都是这一平台的有机组成部分。

刘　鑫

2015 年岁末于北京

---

① ［英］Jose Miola：“医学法与医学伦理之间的关系”，载《法治湖南与区域治理研究》（第 5 卷），中国出版集团世界图书出版公司出版 2012 年版，第 240～248 页。

跨境医疗：法律纠纷及其对策建议

——以中国公民赴韩美容纠纷为视角

刘长秋[*]

近年来，伴随着医学技术在各国的不断发展以及全球旅游热的逐渐升温，国际医疗旅游逐渐发展并迅速火热起来。到美国治疗癌症、去英国做心脏手术、到韩国做整形美容、去日本做癌症早期筛查、赴瑞士打羊胎素抗衰老……这些很多人之前连想都想不到的事情正在逐渐步入普通公众的视野。跨境医疗消费已经成为国际旅游业以及医疗业共同关注的热点问题。而跨境医疗服务的覆盖范围也已从小到健康体检，大到重症手术及至代孕、器官移植与安乐死等在内的众多医疗服务项目。然而，尽管跨境医疗旅游给不少人带来了更多选择，也促进了各国旅游业与医疗业的共同发展，但医疗纠纷却也时有发生，成为制约国际医疗旅游业健康发展的一个重要隐患。如何应对这些纠纷的挑战，在保护好跨境医疗旅游消费者合法权益的同时，引导国际医疗旅游业朝向健康的方向发展，已经成为各国政府及广大医疗消费者需要认真思考的现实问题。

一、跨境医疗旅游及其引发的纠纷

跨境医疗旅游是近年来借全球旅游热而在世界各国勃然兴起的一个新兴产业。国际医疗旅游业在 20 世纪 80 年代开始起步萌芽，经过 30 年的发展，医疗旅游市场已在全球迅速扩张。相关数据显示，2000 年国际医疗旅游业的总产值不足百亿美元，到 2012 年，医疗旅游业总产值已达到 1000 亿美元。医疗旅游市场正以每年 25% 的速度迅速扩张。[①] 而韩国就是医疗旅游市场相对较为火爆的国家之一，其医

---

* 刘长秋，上海社会科学院法学研究所研究员，生命法研究中心执行主任，上海市法学会生命法研究会副会长；E – mail：shengmingfaxue@ 126. com。

① 张舒："医疗旅游中介行业亟待设置准入门槛"，载《法治周末》2015 年 2 月 2 日。

学美容整形技术的相对成熟，以及在东亚各国大热的韩剧中俊男靓女的良好形象为韩国医学美容整形技术树立了良好的国家形象，吸引了大量东亚乃至全球的医疗旅游者。近年来，在韩国政府的大力扶持下，韩国医疗旅游业取得持续快速发展，每年都有越来越多的各国游客来到韩国接受医学美容整形，其中有不少是中国游客。数据表明，中国每年出境前往韩国医疗旅游的人数呈逐年递增趋势：2009 年为 4725 人次，2010 年为 12 789 人次，2011 年为 19 222 人次，2012 年为 3.25 万人次。韩国保健福祉部（即韩国卫生部）与韩国保健产业振兴院，通过对 1423 家吸引外国患者的政府注册医疗机构统计研究显示，2012 年韩国入境海外医疗旅游客户为 15.95 万人次，同比增加 30.4%。在这些人群中，赴韩国接受医疗服务的中国客户同比剧增 69.1%，达 3.25 万人次，占整体韩国入境海外医疗旅游客户的 20.4%，首次超过美国、日本、俄罗斯及蒙古等国，居首位。调查还发现，赴韩国接受医疗服务的中国客户中，50% 以上为女性，其中有 36.5% 接受了医学整形美容类手术。而据韩联社 2014 年 10 月的报道显示，2013 年来韩寻访整形外科的外国人有 24 075 名，其中中国人最多，达 16 282 名，占比高达 67.6%。也就是说，每 10 名外国患者中就有 7 名是中国人。①

医疗旅游业的发展为韩国带来了丰厚的经济回报。但另一方面，伴随着越来越多的人赴韩国接受跨境医疗服务，相关的医疗纠纷也越来越多发。2014 年 11 月 11 日，国内很多媒体都报道了来自山西、浙江和深圳的三位中国姑娘赴韩国美容而遭到毁容的经历。② 三位姑娘在韩国维权过程中遭到威胁、殴打、污言秽语羞辱，跑到警局、找了律师却面临告不进、投拆无门的窘境。2015 年 1 月，一名 50 岁的中国女性患者在韩国首尔一家整形外科医院接受手术的过程中，突然心脏停止跳动，陷入脑死亡的状态。③ 类似的医疗纠纷在近年来中国公民赴韩接受医学整形服务过程中多有发生，已经成为中国跨境医疗旅游方面亟待解决的一个现实问题。

二、跨境医疗纠纷维权难在何处

跨境医疗作为近年来勃然兴起的国际医疗旅游的一个重要市场，不仅为各国旅游业发展带来了新的气象，也为各国医疗经济发展提供了一条很好的道路，并且跨境医疗客观上也确实给很多人接受医疗服务带来了更多可以比较和选择的空间，带来了诸多便利。然而，由于多方面的原因，跨境医疗也极容易引发纠纷，而纠纷一旦发生，很多患者就不得不面对维权难的问题。归纳起来，跨境医疗纠纷维权难主

---

① 李志豪、张洁清、侯懿芸："中国女子在韩整容脑死亡"，载《法制晚报》2015 年 1 月 31 日。
② 冯中豪："整容噩梦"，载《新京报》2015 年 1 月 10 日。
③ 罗朝淑："'中国大妈'韩国整容为何遭遇脑死亡"，载《科技日报》2015 年 2 月 2 日。

要基于以下三个方面的原因。

（一） 消费者不熟悉当地法律与医疗纠纷处理程序

在导致患者维权难的诸多原因中，不熟悉当地法律与医疗纠纷处理程序是首要原因。出境接受医疗服务的消费者往往不通晓当地的语言，大多找不到投诉途径，处于明显的弱势地位，这本身就为其维权带来了现实的困难。而对于当地法律及其医疗纠纷处理程序的不了解无疑会加大其维权的难度。尽管就目前来看，法治已成为国际社会的主旋律，而法律的作用也已经越来越为各国所重视和强化，但法律就其特性而言还是一种相对比较专业的制度，一般公众对其还是比较陌生。加之医疗纠纷作为一种直接关涉人们生命健康的纠纷又往往在各国立法中有着特定的程序要求，例如需要保有并提交涉案的病历、需要进行医疗鉴定等，即便是专业的法律工作者都未必精通甚或知晓。这就使得很多在境外接受医疗服务的消费者无从知晓，更谈不上精通纠纷发生地国家的法律及医疗纠纷处理程序，使得其在选择跨境医疗纠纷的路径上往往会比较困难，难以选择。

非但如此，跨境医疗服务的消费者在接受医疗服务时往往都会与所在地的医疗机构签订医疗服务合同，有些医疗机构会利用消费者语言交流上的障碍设置一些明显不利于消费者的合同条款。而消费者往往不懂法律，也大都不清楚其法律后果，加之医疗机构的忽悠，往往会比较草率地就在合同上签字。这也增加了日后维权的难度。

（二） 中介机构的欺诈与不配合

国际医疗旅游中介服务机构是跨境医疗服务产业链中一个不可或缺的角色。在存在语言不通、人生地不熟等客观不利因素的情况下，医疗旅游服务中介往往成为大多数消费者接受并完成跨境医疗服务的关键。然而，由于立法规制的缺位或不力，医疗旅游中介服务机构也正在成为引发跨境医疗纠纷的一个重要源头以及消费者维权难的一个重要因素。很多医疗旅游中介不讲诚信、唯利是图，为了经济利益而置消费者的生命健康于不顾，忽悠消费者，在提供中介服务过程中不尽职尽责，甚至刻意隐瞒合作医疗机构的真实医疗水平，为跨境医疗纠纷的发生埋下隐患。以从事中韩跨境美容整形的中介为例，资料显示，韩国有 4500 万人口，但整形机构却有 2500 多家，发展到现在已处于饱和状态，而中国市场潜力巨大，很多韩国整形机构为了拉拢生意，往往让中国国内旅游中介机构为其推荐患者，一般推荐过去一个患者，中介机构可获得手术费 30% ~35% 的利润。[①] 巨大的利润空间往往使得很多国内旅游中介机构失去职业道德底线。很多中国公民之所以选择去特定的国家接受医疗服务，与个别无良黑中介的忽悠有着极大关系。由于目前国内法律对于从事国际

---

① 崔岩："透视中国人赴韩整容：被操控的产业链"，载《齐鲁晚报》2012 年 3 月 26 日。

医疗旅游的中介服务机构没有明确的立法规范，导致一旦发生跨国医疗纠纷，中介机构往往都站在医院一边以逃避责任，不配合消费者的维权，致使患者往往投诉无门、维权困难。

（三）维权成本的高昂

对于陷入跨境医疗纠纷的消费者来说，不论其维权的途径是选择自行在所在国维权，还是选择通过委托当地的法律服务工作者代为维权，都不得不直面维权成本过高的问题。对于跨境医疗纠纷维权者来说，路途遥远所必然会产生的差旅费、签证费、翻译费、律师费、诉讼费，签证日期的限制以及诉讼时间的漫长、精力的巨大付出等都会增加其境外维权的成本。而专业的法律诉讼尤其是医疗诉讼则面临更多的成本。诉讼过程中需要证据、证人，需要进行专业的医疗鉴定，而语言沟通上的问题往往会使异国取证显得异常困难。这使得跨境医疗旅游的消费者维权之路非常艰难，成功率不高。以中国公民赴韩整形为例，伴随着越来越多的中国公民赴韩国接受整形服务，近年来来自中国整容者的投诉量逐年增加，而实际事故率比投诉率更高。这些失败大多由感染、手术流程不规范以及康复期间跟踪服务缺失所致。患者若起诉至当地法院，又往往面临经济压力、语言障碍、证据收集等诸多困难。在韩国，医疗诉讼至大法院的终审判决平均需要 6 年时间，许多人不得已中途放弃索赔，或者选择双方协议解决。①

三、跨境医疗纠纷的法律适用与对策建议

当代社会是以法治为主旋律的社会。作为一种制度理性，法律正在当代社会中发挥着越来越重要的作用。医疗纠纷——无论是境内医疗纠纷还是跨境医疗纠纷——都是更需要制度理性才能得以防范和解决的。为此，应对和解决跨境医疗纠纷必然需要发挥法律的作用。

（一）中国跨境医疗纠纷的法律适用

我国现行立法对跨境医疗纠纷的法律适用问题有明确规定。《中华人民共和国民法通则》（以下简称《民法通则》）规定：中华人民共和国缔结或者参加的国际条约同中华人民共和国的民事法律有不同规定的，适用国际条约的规定。中华人民共和国法律和中华人民共和国缔结或者参加的国际条约没有规定的，可以适用国际惯例。涉外合同的当事人可以选择处理合同争议所适用的法律，法律另有规定的除外。涉外合同的当事人没有选择的，适用与合同有最密切联系的国家的法律。侵权行为的损害赔偿，适用侵权行为地法律。② 这些规定是目前我国可以适用于跨境医疗纠

---

① 权香兰："韩国：'医疗天堂'的光与影"，载《人民文摘》2012 年第 6 期。
② 《民法通则》第 142～146 条。

纷的主要法律依据。

就目前来看，我国还没有在跨境医疗服务方面与其他国家签订国际条约，在该领域也没有可供适用的国际惯例。在这种情况下，跨境医疗服务合同中对法律适用的约定就成为这类纠纷法律适用的主要依据。跨境医疗服务的提供者可以与消费者通过合同约定纠纷发生时的法律适用。如果没有约定，则依据我国《民法通则》，无论适用与合同有最密切联系的国家的法律，还是依据侵权行为地来确定所适用的法律，通常都只能是医疗服务提供地国家或地区的法律——除非这些国家或地区的法律规定违背我国的社会公共利益。这会增加消费者维权的成本与难度。

（二）应对跨境医疗纠纷的法律对策建议

1. 消费者可以采取的对策

跨境医疗尽管具有涉外因素，但其本质上还是一种医疗行为，是作为平等主体的医疗消费者与境外医疗机构依据医疗服务合同而实施的民事行为，其纠纷更多地属于依赖双方根据法律或合同约定来加以解决的民事纠纷。就是说，更多时候，国家不宜对这类纠纷直接进行行政干预。在这种情况下，消费者首先必须要自己学会依法保护自己，维护自己的合法权益，具体包括以下两个方面。

（1）事前防范与保护：应当充分了解并行使好自己作为跨境医疗消费者所应当享有的权利；应加强对医疗服务提供者所在国家和地区法制环境的了解，多渠道地了解服务提供者自身的情况（如资质、技术水平、信誉），在跨境接受医疗服务时选择那些技术好、信誉高、正规的境外医疗机构；增强风险防范意识，在接受跨境旅游服务之前，购买好医疗保险；如果是通过旅游中介机构联系的跨境医疗机构，应当在中介合同中明确中介的责任与义务，不要仅听信中介的一面之词；与医疗机构签订医疗服务合同时尽量选择本国法律作为跨境医疗服务合同应适用的法律；在接受医疗服务过程中，保存好所有的有可能会被作为证据的文件与资料，包括旅游中介服务协议、医疗服务合同、检查报告、收费凭证等。

（2）事后救济：一旦出现问题应尽早咨询或求助于专业律师，并寻求专业律师的介入；弄清楚医疗服务提供者所在国家和地区处理医疗纠纷的程序，尽早进行医学鉴定；依据自己的合法权利，向相关机构进行投诉或诉讼。

2. 国家可以采取的对策

从法理上来说，国家尽管不宜直接对跨境医疗纠纷加以行政干涉，但却具有保护本国公民的法律义务。为此，国家必须在规范跨境医疗旅游方面有所作为，以保护本国公民的合法权益。

（1）加强对医疗旅游中介的立法规范。现今医疗旅游市场需求巨大，但中介机构却良莠不齐，且多不具有医学专业方面的知识水平与专业判别能力。而医疗旅游中介服务又横跨医疗和旅游等多个行业，对相关从业机构及人员有着比较高的专业背景要求。目前，中国对医疗旅游中介这个行业存在一定的监管盲区，国内还没有统一的法律法规对这些中介机构进行管理。[①] 而由于医疗旅游本质上是一种医疗服务行为，应受到医疗卫生法的引导与规范，所以我国《旅游法》中也没有对这一领域加以涉及规定。基于此，需要加强这一方面的立法，使医疗旅游中介服务机构受到法律的严格监控。应当考虑制定一部旨在规范医疗旅游的专门法规，将医疗旅游纳入法治规范的轨道之中。[②] 在这样一部法规中，应当明确国际医疗旅游服务机构的准入标准、运营流程以及评价体系，并应当考虑在立法中加重从事医疗旅游服务的中介的法律责任，尤其是加重跨境医疗旅游中介机构承担的担保责任，应当考虑通过立法推动来发挥国家商业医疗保险在医疗旅游方面的作用。

（2）加强对中国医疗消费者及医疗机构的引导。对于跨境医疗消费者，政府应当加大医疗消费方面的教育，帮助其了解医疗服务的风险，树立正确的医疗消费理念，在此基础上廓清跨境医疗消费的误区，引导医疗消费者理性对待跨境医疗服务，提倡理性消费，不要对境外医疗服务过于盲目和狂热。同时，国家应当加强对广大公众的法律宣传尤其是医疗法律方面的宣传与教育，使其充分了解并学会依法保障自己的合法权益。此外，应当加强与其他国家和地区在医疗旅游方面的交流与合作，引导国内医疗机构与国外比较权威的医疗机构通过合资共营、项目引进、人才交流等合作，在国内医疗机构中设立共营医疗项目。不仅如此，还要大力发展商业性的医疗保险，使商业医疗保险在应对跨境医疗纠纷方面发挥应有的作用。

3. 加强对国际医疗广告的法律监督和规范

跨境医疗纠纷发生的一个重要原因在于很多消费者听信了一些不规范医疗广告的片面之词，通过跨境旅游在其他国家和地区接受了不规范或不理想的医疗服务。而这类医疗广告之所以能够堂而皇之地出现在各类媒体上并令很多消费者上当，与中国以及跨境医疗服务者所在国对医疗广告的监管力度的匮乏有着直接关系。因此，加强对国际医疗广告的监督和规范，杜绝虚假的国际医疗广告无疑是避免国内医疗消费者上当受骗、预防跨境医疗纠纷的一个重要要求。

---

① 张舒："医疗旅游中介行业亟待设置准入门槛"，载《法治周末》2015 年 2 月 2 日。

② 在目前我国急需要对医疗旅游中介进行立法规范的情况下，制定一部旨在规范医疗旅游的专门法规是相对比较务实的选择，原因在于：（1）受《立法法》规定的立法程序的制约，由全国人大或其常委会出台一部法律将是相对比较漫长的一项工作，无法满足当前医疗旅游急需要规范的现实需要。（2）出台一部部委规章尽管程序上比较简便，时间上快一些，但由于医疗旅游涉及旅游管理部门及医疗管理部门这样两个部门，容易产生职权方面的冲突，不利于对医疗旅游的监管。相比之下，由国务院出台一部行政法规是值得考虑的选择。

结语

就目前来看，国际医疗旅游已经发展为一个新兴的产业。中国很多地方都已经对国际医疗旅游给予了关注和重视，有些地方甚至出台了一些政策性文件，积极推动本地医疗旅游业的发展，如 2012 年年末，北京市旅游委与北京市中医管理局联合制定了《北京市中医药文化旅游示范基地建设工作方案》；而 2011 年海南省卫生厅也制定了《关于加快海南医疗保健旅游产业发展的意见》。这对于各地医疗旅游业的发展而言，显然会起到重要推进作用。但很显然，在发展本地医疗旅游产业过程中，制定或完善相关立法，并推动我国在医疗卫生方面的法治建设，明确跨境医疗纠纷解决的途径与程序，切实保护跨境医疗消费者的合法权益，无疑是构建国际医疗旅游品牌所必须要予以考虑的重要问题。当前，我国医患关系的紧张已经成为考验我国社会管理能力的一个显性问题，这一问题势必会给我国发展国际医疗旅游产业甚至是国内医疗旅游产业带来现实的挑战，如何完善立法以应对这一挑战必须引起我国立法者及管理者的关注与思考。

论基因信息知晓权

陈昌雄*

引论

20 世纪末至 21 世纪初，生物技术领域取得了突破性进展，其标志性成就是被誉为"生物医学中的曼哈顿工程"（The Manhattan Project for Biomedicine）[1] 的"人类基因组工程"（Human Genome Project）的完成。该科研项目由美国能源部（DOE）于 1985 年率先提出，旨在阐明人类基因组 DNA 长达 3×109 碱基对（base pair bp）的序列，破译人类遗传信息。中国是参与该基因工程的六个国家之一，承担了国际公共领域人类基因组测序 1% 的任务，并按期顺利完成。基因技术的发展给人类的疾病治疗与预防、优生优育带来了福音。但同时也向人们提出了一系列伦理与法律问题。根据美国《时代》杂志的说法，工业时代的问题是劳工，信息时代的问题是隐私，而生物技术时代的问题则是伦理。[2] 因基因包含了人类的遗传信息，故生物技术时代的问题既有隐私问题，也有伦理问题。基因信息的保密问题也日益受到关注。基因信息关涉个人的尊严、人格，一旦被滥用则对个人而言是毁灭性的打击。研究如何保护个人的基因信息，防止未经本人同意而泄露或者被处理、利用，有着重要的社会意义。

一、基因信息的科学意义与社会意义

我国生物技术已有长足的发展，人类基因制造了一系列深刻而微妙的难题，这些问题在 21 世纪改变我们对自身与社会的看法。[3] 基因技术的飞速发展改变了我们

---

* 陈昌雄，北大医药管理国际研究中心。

① Brian H. Smith, Phillip R. Sloan, Controlling Our Destinies: the Human Genome Project from Historical, Philosophical, Social, and Ethical Perspectives, University of Notre Dame Press, 2000.

② 霍春涛："人类基因组研究和基因工程对社会、伦理的影响"，载《中国海洋大学学报（社会科学版）》2003 年第 4 期。

③ John Harris, Introduction: the Scope and Importance of Bioethics in John Harris（ed），*Bioethics*, Oxford University Press , 2001, p. 20.

的生活，也给社会提出了诸多伦理与法律问题。为了研究基因相关的伦理与法律问题，我们首先要探讨基因信息的科学含义。

从外观影响来看，基因信息可以分为可见的和不可见的。所谓可见的基因信息，是指通过外表能观察到的基因信息，如眼睛的颜色、肤色都包含了基因信息。所谓不可见的基因信息，是指通过肉眼看不到、需要通过仪器设备进行分析才能得到的基因信息，如基因缺陷、基因变异和基因紊乱等。

基因技术带来的一个有趣现象是：通过家庭成员之间的基因链分析，基因将本来已经日益分离的家族又拉拢到一起了。① 基因已经成为家庭成员之间的一个新的纽带。基因就像牵着风筝的线，家人不管走得多远，都能被召唤回来。随着对基因研究的深入，人们得出一个结论：基因信息能够通过生殖遗传给下一代和其他家庭成员，因而产生了保密、隐私、信息提供和同意（confidentiality、privacy、information provision and consent）等问题。② 基因信息首先关联的是个人与家庭其他成员之间的关系，因此，基因信息有浓厚的家族属性。家庭成员的特征受制于所遗传得到的基因信息。③ 换句话说，基因信息就是基因主体携带着从父母那里得到并能够通过生殖传给后代的信息。因此，基因信息最重要的属性之一就是，血亲之间享有共同的基因信息；这种共同的程度因血亲等的远近不同而不同，即越近的血亲，相同的基因信息会越多，反之则越少。随着基因科技的发展和基因知识的普及，人们越来越关注基因给生理、心理和行为所带来的影响。基因的影响已经覆盖了从高度可预见的单基因疾病到影响整个家庭的基因疾病。④ 至少，人们已经知道镰状细胞贫血症、亨廷顿病和囊性纤维化（sickle cell anaemia、huntingtons disease and cystic fibrosis are）完全是通过基因遗传的疾病。这类疾病可以通过基因检测技术及早诊断出来，并采取治疗措施。

既然人与人之间，尤其是家族血亲之间的基因相差无几，那么，人与人之间为什么还有那么大的差别呢？所谓基因，就是由血亲之间共享的信息包，并能够代代相传。是相同基因的不同形式，而不是不同的基因使我们彼此区别开来。⑤ 基因由更小的单位"基因片段"或者叫"等位基因"（allele）构成。基因片段又由最小单位 DNA 单位（DNA unit）组成，这是构成基因的基本元素。每个基因都是由成千

---

① Iona Jane Brown and Philippa Ganno, Confidentiality and the Human Genome Project：A Prophecy for Conflict? in Sheila A. M. McLean（ed）, *Contemporary Issues in Law*, *Medicine and Ethics*, Ashgate Publishing, 1996, p. 221.

② Murray Earle, *Medical Essentials Law*, Edinburgh University Press, 2007, p. 57.

③ Martin PM Richards, Heredity：Lay Understanding, in David N Cooper（ed）, *Nature Encyclopedia of the Human Genome*, Wiley, 2003, p. 228.

④ Mason K, Laurie G, Smith A M C. *Mason & McCall Smith Law and Medical Ethics*, 8th ed., Oxford University Press, 2010, para 7. p. 25.

⑤ Lee M. Silver, The meaning of Genes and "Genetic Rights", 40 Jurimetrics, 10（1999）.

上万的 DNA 单位组成。地球上任何两个人的基因片段都没有特别的不同。使人与人之间产生差异的是基因片段的组合方式，而不是单个的基因片段。任何一个基因片段的排序的不同都会产生戏剧性的后果。例如，镰状细胞贫血症（sickle cell anaemia）就是因为一个叫贝塔球蛋白（beta‐globin）的基因中有一个基因片段排序的变化改变了血红蛋白的结构所引起的。也正是这种基因片段排序的不同，导致人与人之间的基因信息差异。基因技术发展的意义在于了解、辨别这种基因信息差异，并为人类的健康发展奠定科学基础，因为这种差异，有很多是不正常的（disorder），即所谓的基因缺陷。据估计，人类至少存在 4000 个可鉴别的基因缺陷。① "人类基因工程——为描绘与排序人类基因的国际合作努力，为人们了解基因缺陷的整个属性与基础提供了无价的知识，进而明确了基因技术在人类社会中的作用、潜力与应用。"②

二、基因权（genetic right）

基因权，是基因技术发达之后，学术界提出的一个新的法律术语。所谓基因权，是指个人对自身基因中所包含的信息所享有的权利，包括知晓、控制、支配、利用等权能。学界认为，基因权有四项权能：控制基因信息进行商业利用的权利；利用基因信息进行生育的权利；防止他人支配或者获取基因信息的权利；禁止他人利用基因信息来限制基因信息主体的生活的权利。③ 基因信息的获取，首先需要提取基因，而基因的提取一般是通过抽取人体的血液或提取其他器官组织的方式进行，这就决定了基因信息权的法律基础首先是人格权保护理论，而非财产权理论。④ 基因信息的属性表明，基因信息首先应当是个人信息。其收集、获取、储存与使用应当首先与基因所依附的本人有关。因此，引发了这类信息如何收集、获取、储存与使用等问题。⑤

在研究基因信息权时，学界往往注重的是基因的家族属性，并强调个体对家庭

① Sawicki M P，Samara G，Hurwitz M，et al.，Human Genome Project，165 The American Journal of Surgery，258–264（1993）.

② Iona Jane Brown and Philippa Ganno，Confidentiality and the Human Genome Project：A Prophecy for Conflict? in：Sheila A. M. McLean（ed），*Contemporary Issues in Law*，*Medicine and Ethics*，Ashgate Publishing，Ltd.，1996，p. 215.

③ Martin PM Richards，Heredity：Lay Understanding，in：David N Cooper（ed in chief），*Nature Encyclopedia of the Human Genome*，London：Wiley，2003，p. 15.

④ 董炳和："论人类基因提供者基因专利利益分享的法律基础与模式"，载《中国知识产权报》2002 年 7 月 12 日，第 3 版。

⑤ Graeme Laurie，*Genetic Privacy：A Challenge to Medico–Legal Norms.* Cambridge University Press，2002，p. 93.

成员的披露义务。① 其主要理由是，家庭成员之间应当共享基因信息，以防治疾病，保障弱势成员的健康权益，进而维护整个家族和社会的健康安全。这一观点有两个缺陷：一是把道德权利与法律权利混为一谈；二是忽视了基因信息携带者的主体地位。目前，纵观世界各国，并未有一个国家直接以立法的形式规定统一的基因权利。基因权利主要是在伦理道德的层面上存在。道德权利与法律权利的区别在于，后者"不容置疑，具有强制性，并能引导人们的行为"②。当然，二者也有联系：法律权利通常被视为道德权利的平行权利或者特殊情形；现代法理学一般从道德权利开始，并对权利理论加以调整以满足法律适应社会的需要。③ 道德权利是法律权利的伦理基础，而法律权利则是道德权利的保护屏障；对道德权利的侵犯有可能招致法律的惩罚性后果。基因权利就是这样一种界于道德权利与法律权利之间的中间权利状态，经常在道德与法律意义上同时使用。基因权本身是针对基因信息的一种权利，而基因又是人体的一部分，因此，研究基因相关权利的时候，必须对身体权与人格权给予足够的重视。

三、基因信息知晓权

笔者承认基因权的存在。但是，本文只讨论基因信息知晓权。基因权的客体是信息，因此，知晓信息是行使权利的前提。没有了解，就没有保护。从这个角度来看，基因信息知晓权是与基因权相关的基础性和先决性的权利。或者说，基因信息知晓权是一种特别的基因权。通行的观点认为，基因信息就是个人信息。"基因信息具有个人属性，应当与其他健康信息一样受到法律的全力保护。"④ "个人的基因信息可以界定为人之所以称其为人的任何信息。"⑤ 尽管基因信息具有家族属性，但是基因信息是存在于个体身体中的信息，并存在个体差异。基因信息首先关系和影响到的是个人健康状况。此外，基因信息具有遗传性，可通过生殖传给后代。优秀的基因是如此，有缺陷的基因也是如此。因此，任何人对自身的基因所包含的信息有知晓的权利。基因信息知晓权对于基因主体意义重大。这一权利关系到个体对自身健康的评估，也关系到个体对生殖权的行使。如果个体了解到自身的基因缺陷，可选择不生育后代，或者选择辅助生殖技术等手段来避免基因缺陷遗传到下一代。

---

① Loane Skene, Patients' Rights or Family Responsibilities Two Approaches to Genetic Testing, 6 *Med. L. R.* 40 (1998).

② Pavlos Eleftheriadis, *Legal Rights*, Oxford University Press, 2008, p. 86.

③ Pavlos Eleftheriadis, *Legal Rights*, Oxford University Press, 2008, p. 68.

④ Cook C, Zimmern R, The Nuffield Trust, Genetics and Health: Policy Issues for Genetic Science and their Implications for Health and Health Services (2000) part V.

⑤ Human Genetics Commission, Whose hand on your genes, London: Human Genetics Commission, 2000. Also at www. hgc. gov. uk.

（一）基因信息知晓权的权利内容

基因信息知晓权可以从狭义和广义两个方面来理解。狭义的基因信息知晓权是指，个人能够获得自己的基因信息，并充分理解相关内容。为此，他可以保留基因信息的相关记录，并加以看管和研究。欧盟对狭义的基因信息知晓权有过论述：基因主体有权知道基因信息的内容，并有权保存信息记录、利用信息。①

广义的基因信息知晓权包括四个层面的内容。第一个层面是要求知晓，是指基因主体决定或者同意对其基因进行分析以获取相关信息。这一层面的权利内容使基因取样（不管是基因检测、基因扫描，还是基因研究）获得合法性。否则，基因取样将构成对人身权的侵犯。第二层面的权利内容是知晓基因取样后的分析过程，是指基因主体有权知道谁在处理自己的基因样本，基因样本是如何处理的，以及最终处理结果在什么时候能够出来。这一层面的权利内容是第一层面内容的延伸与满足，对于防止基因样本滥用具有至关重要的作用。第三层面的权利内容是基因主体能够得到基因分析的结果，这一权利内容无论是对基因主体还是对基因分析机构都有着非常重大的意义。根据这一权利要求，实施基因检测或者分析的机构和工作人员应当及时将检测或者分析结果通知基因主体，并给予足够的解释与建议以帮助基因主体充分理解相关的基因信息。而基因主体则可要求复制或者备份自己的基因信息并加以保存。第四个层面的权利内容是信息安全，即基因检测或分析机构应当以正式的方式明确请求基因主体授权，说明谁将使用相关的基因信息以及使用的目的与方式；只有经基因主体同意之后，基因信息的利用工作才能得以进行。这一权利内容的意义在于确保基因主体对自己的基因信息的控制权，以防止他人未经允许获取、利用其基因信息。以上四个层面的内容构成了基因信息知晓权的完整权利结构。这样一种完整的权利结构，是对基因主体人格的尊重与保护，是对基因研究机构的制约，从而确保基因信息不被滥用，而是依据基因主体的意志和法律规定加以利用。应该强调的是，保守基因秘密的主要理由是基于病人的基本权利和自由，并由医务人员的职业责任和自身利益所支持。这就解释了为什么是病人而不是医务人员决定什么遗传信息应该保守秘密。只有将保守秘密和个人权利、个人自主决定的权利联系在一起，才能有效防止其他人，包括医生任意侵入病人的私生活、思想、行为和人际关系，保护病人的个人利益不受侵害。②

（二）基因信息的"无知权"（right not to know）

基因信息知晓权体现了向基因主体提供准确信息的重要性，这一观念与权利

---

① Council of Europe Committee of Ministers, Recommendation No. R（97）5 on the Protection of Medical Data（Feb. 13, 1997），para5.1 – 5.4.

② 郭自力："人类基因组计划与人权保障"，载《法学家》200 年第 2 期。

已经在医务界深入人心。然而，并不是每个人都想要知道自己的基因信息，也并不是人人都希望自己的基因信息得到检测与处理。也就是说，有时候，基因主体倾向于对自己的基因信息保持一种无知状态。因此，人们越来越关注的是基因信息的"无知权"，即基因主体有权不知晓自己的基因信息。① 以下是两个相关案例。②

案例一：芭芭拉是一位 35 岁、有两个孩子的母亲，她家有乳腺癌的家族史。在亲人的催促下，她决定去做 BCRA1/2 基因检测。BCRA1/2 是一种压制癌细胞的基因。如果芭芭拉的 BCRA1/2 基因发生变异，她将有 80% 的可能性患上乳腺癌。检测三天以后，心情压抑的她请求医生不要将检测结果告诉她。

案例二：彼得，29 岁，已婚，受邀参加有关引发阿兹海默症（Alzheimer's disease）即一种常见的老年痴呆症的基因变异的研究活动，因为他家有人患上这种基因变异引发的疾病。研究机构对受试者取了样，但是，研究人员对每位受试者的姓名都予以保密。尽管这是一个研究活动而不是一个医疗诊断行为，研究人员还是让彼得选择是否愿意知晓检测结果，因为有可能检测结果表明他的基因发生的变异足以引发阿兹海默症。这一检测信息还将预测他的孩子是否会有同样的基因变异与疾患。但是，彼得不想知道检测结果，没有在同意告知书上签字。

上述案例是不是意味着应当确立一种与基因信息知晓权相对应的基因信息"无知权"呢？笔者认为，即使基因主体选择拒绝知晓基因信息的内容，他还是在行使基因信息的知晓权，并不存在一种所谓的基因信息"无知权"。所谓的基因信息的无知，多数发生在基因检测开始之后，这实质上是对基因信息知晓权部分权利内容的放弃。当基因主体不愿意知道自己的检测结果时，基因主体已经开始行使其知晓权，实现了第一层面的权利内容，而放弃实现知晓权的第三个层面的内容。作出自由选择的行为是权利主体的形式要素，体现了主体的意志自由和行为自由；权利主体选择做或不做某行为时，其依据只能是权利主体对利益的考虑。③ 基因知晓权的四层内容相互独立。权利人可以行使任意一层权利内容，也可以行使权利的部分或者全部内容。基因主体之所以选择保持对基因检测结果的不知晓状态，是由于当事人担心检测结果会显示自己有重大疾患的可能性，无法承受随之而来的巨大精神压力，因而不愿意知道自己的基因检测结果。这是出于对自己的心理安宁的保护。事

---

① See Jane Wilson, To know or not to know? Genetic ignorance, autonomy and paternalism, 19 *Bioethics*, 492 – 504（2005）；Roberto Andorno, The right not to know: an autonomy based approach, 30 *J Med Ethics*, 435 – 439（2004）；Ruth and Chadwick, The philosophy of the right to know and the right not to know. In Ruth Chadwick, Mairi Levitt & Darren Shickle（eds）, *The Right to Know and the Right not to Know: genetic privacy and responsibility*, Ashgate Publishing Company, 1997, pp. 17 – 20.

② Roberto Andorno, The right not to know: an autonomy based, 30 *J Med Ethics*, 435 – 439（2004）.

③ 北岳："法律权利的定义"，载《法学研究》1995 年第 3 期。

先知道自己将来会发生因基因变异引发的疾病并不见得是一件好事，尤其是那些比较严重的疾病。有些学者对此作了细致的研究，并得出了肯定的结论。① 有越来越多的证据表明：提前知晓基因变异会导致不利的心理后遗症。② 例如，美国学者Almqvist et al 于 1994 年组织了一项调查。③ 这项调查在 21 个国家的 100 个基因检测中心收集了 4527 个人的信息。这些人都接受了与亨廷顿病（Huntington's disease）有关的基因检测。其中有 1817 人的检测结果是阳性，在这 1817 人中有 5 人自杀了。这一研究表明，是基因信息的披露而非疾病的袭击导致了自杀。这一自杀率比美国平均自杀率要高出 10 倍。

从另一个角度而言，医务人员和其他实施基因检测的人员应当尊重基因主体的权利选择，确保患者的安全，避免在告知相关信息时给患者造成不必要的伤害。我国的相关法律也有明确规定。如执业医师法规定：医师应当如实向患者或者其家属介绍病情，但应注意避免对患者产生不利后果。④ 医疗机构应当尊重患者对自己的病情、诊断、治疗的知情权利；在实施手术、特殊检查、特殊治疗时，应当向患者作必要的解释。⑤

（三）基因信息知晓权的理论基础

基因信息知晓权已经成为一种常识性的权利，似乎不用再加以论证。学界关于基因信息知晓权的理论依据主要有三种。第一种也是最通行的一种，其理论基础是：隐私权。⑥ 基因信息是属于个人的，载于个人的体内，个人当然有权知道。第二种理论基础是健康权。⑦ 基因信息可以转变为个人的健康信息，与其将来的健康状况甚至其后代的健康息息相关。基因信息对健康的重要性使得个人有完全与充分的理

---

① M Hietala, et al., Attitudes towards genetic testing among the general population and relatives of patients with a severe genetic disease：A survey from Finland, 56 Amer J Hum Gen 1493（1995）；H Toiviainen, et al., Medical and lay attitudes towards genetic screening and testing in Finland, 11 Euro J Hum Gen 565（2003）；M R B Hayden, Predictive testing for Huntingon's Disease：Are we ready for widespread community implementation?, 40 Amer J Med Gen. 515（1991）. Compare, J Lucke, et al., The implications of genetic susceptibility for the rrevention of colorectal cancer：A qualitative study of older adults' understanding, 11 Community Genet, 283（2008）.

② L Andrews, Future Perfect：Confronting Decisions about Genetics（2001）, chapter 3, esp p. 31 – 40. Cf, S；van Dooren, et al., Psychological distress and breast self – examination frequency in women at increased risk for hereditary or familial breast cancer, 6 Community Genet, 235（2003）；Gonzalez, et al., Short – term psychological impact of predictive testing for Machado – Joseph Disease：Depression and anxiety levels in individuals at risk from the Azores, 7 Community Genet, 196（2004）.

③ E Almqvist, et al., A Worldwide Assessment of the Frequency of Suicide, Suicide Attempts, or Psychiatric Hospitalization After Predictive Testing for Huntington Disease, 64 Amer J Hum Gen, 1293（1999）.

④ 《中华人民共和国执业医师法》第 26 条第 1 款。

⑤ 《医疗机构管理条例实施细则》第 62 条。

⑥ David H. Kaye, Respecting Genetic Privacy：The Asu – Sb Conference on Law, Science, and Technology, 40 Jurimetrics, 1（1999 – 2000）.

⑦ See Foxton, Julie, Our inheritance our future, realising the potential of genetics in the NHS, London：The Stationery Office, 2003.

由来揭开自己基因的面纱。第三种理论基础是财产所有权。① 这一观点认为，接受基因检测的人拥有对检测记录的所有权，检测记录所包含的信息也是所有权的客体；因此，个人可主张对基因信息的合法权利。这三种观点都从不同的角度为基因信息知晓权提供了理论注释，但是，都没有触及基因信息的本质，因而不能为基因信息知晓权提供一个坚实的理论基础。

确立基因信息知晓权的根本原因在于维护人格的完整（integrity）。无论从法律的角度还是从伦理的角度而言，基因信息与其他健康信息没有本质的区别。② 基因信息知晓权可以从以下三个方面来维护人格的完整。

首先，基因信息知晓权对维护个人的身体或者躯体完整权意义重大。不管现代基因技术如何发达，都要依赖于人类基因及其所依附的躯体。基因检测、基因扫描以及大规模的基因研究工作都需要从病人和大量人群采集生物样本。③ 用于基因分析的生物样本不管是血液、毛发还是其他器官，不管其多少与大小，都是人体的组成部分，收集这些样本，不可避免地需要接触或者侵入当事人的身体。基因信息知晓权第一个层面的内容就是要保障基因主体的独立人格。这一权利内容的行使，表明当事人允许基因技术机构采集生物样本，允许对自己身体的侵入。据此，未经当事人同意，基因技术机构不得采样，确保个体的自由意志和身体完整得到应有的尊重。基因信息知晓权必须由基因主体所享有和自由行使。由于基因检测技术变得"日益简单，并越来越容易获取"，④ 基因技术机构的分析与处理能力越来越强大。在商业利益的驱动下，储存基因信息的生物银行以及开发基因药物的制药企业希望基因信息的收集与利用能够达到最大化。基因信息知晓权则是保障基因主体身体完整、限制基因信息商业利用的安全阀。

其次，基因信息知晓权能够维护当事人的心理完整。心理健康与精神福利已经成为当代社会日益关注的重点。⑤ 精神损害为法律所禁止，并将引发赔偿等法律责任。心理完整也为国际社会所重视。例如，在"YF 诉土耳其"一案中，欧洲人权法院认为，土耳其警察局未经原告的妻子同意即对其实施妇科检查，侵犯了受害者

---

① 霍春涛："人类基因组研究和基因工程对社会、伦理的影响"，载《中国海洋大学学报（社会科学版）》2003 年第 4 期。

② Lawrence O. Gostin, James G. Hodge, Jr, Genetic Privacy and the law: an end to genetic excetionalism, 40 Jurimetrics, 24 (1999).

③ Cambon-Thomsen A, Brazell C, Cassiman J J, et al, Ethical, legal and social aspects of genetic testing: research, development and clinical applications, Office for Official Publications of the European Communities, 2004.

④ Human Genetic Commission, The supply of genetic tests direct to the public A consultation document, 2002, para 3.

⑤ See Mental Health (Care and Treatment) (Scotland) Act 2003, sl and The National Health Service Act2006, sl (1).

的身体和心理完整权,而这两种权利受《欧洲人权公约》第 8 条第 2 款的保护。①就基因信息而言,它是关系到主体健康并可能影响其后代的重要信息,对主体的生活至关重要。在通常情况下(不通常的情况,即上文讨论的基因主体选择不知晓的情形),只有当基因主体充分了解其基因信息并确保不被滥用,他才能感到心理上的安全,才能保持健康的心理状态。

最后,基因信息知晓权能够确保当事人的健康信息完整。获得健康信息是法律保护的重要权利之一。健康信息包括个人的心理与生理状态的所有信息。任何人都有权知晓有关自身健康状况的一切信息以保证身心健康,这是"保证健康的生活标准"。②"任何人都有权知晓任何收集到的有关其健康的信息"。③基因技术的发达为人们了解自身的健康状况开辟了一条新的道路,拓宽了健康保健的空间。如果没有基因信息知晓权,人们就不能完全了解自身的健康状况,因而无法对自身的健康做出理性的认识与判断。获取全面与广泛的信息是人们在法律与医疗实践中做出有意义选择的先决条件。④

四、基因信息知晓权的实证意义

(一) 确保基因主体的隐私权

隐私权在现代社会广为关注。各方对隐私权的理解也各不相同。现在国际社会已经将隐私权提升到了基本人权的高度,与言论自由和意志自由相提并论。⑤隐私意味着权利主体对自身空间有绝对的控制和不受打扰的权利。基因技术的发展又催生"基因隐私"。在现代社会,隐私可以分为两类:信息隐私和空间隐私。⑥空间隐私是一类传统意义上的隐私,主要指权利主体的个人空间不受外界打扰。所谓信息隐私,是现代科技发展下的产物,指权利人有权控制与自己有关的信息,防止他人得到。对信息隐私的侵犯,主要指他人未经信息主体同意即获取相关信息,造成信息违背权利人意志的公开或者泄露。隐私权是一类对世权,除权利主体以外的任何人无权公开当事人的信息,即任何人都负有保密义务。隐私权不以权利人与他人之间存在某种关系为前提。

① YF v Turkey (2004) 39EHRR34, para33, 41, 44.

② The Universal Declaration of Human Rights (adopted 10 December 1948 UNGA Res 217 A (III) (UDHR) art25 (1).

③ Convention for the Protection of Human Rights and Dignity of the Human Being with regard to the Application of Biology and Medicine: Convention on Human Rights and Biomedicine art10 (2).

④ Margaret Brazier & Emma Cave, *Medicine, patients and the law*, 4th ed., Penguin UK, 2007, p. 117.

⑤ The European Convention on Human Rights, art 8 (1).

⑥ Mason K, Laurie G, Smith A M C. Mason & McCall Smith, *Law and Medical Ethics*, 8th ed., Oxford University Press, 2010, para7. 34.

基因信息是一类与权利人健康状况密切相关的信息，对于保证权利人的正常生活意义重大，因而保证"基因隐私"显得尤其重要。确立基因信息知晓权是对基因隐私的有力保护。对此，基因信息知晓权的基本要求是：（1）未经基因主体同意，不得进行生物取样。没有生物样本，基因主体的信息则一直隐藏在其身体里，连基因主体本人也无从知晓。当然，如果从基因主体的血亲获取基因信息，则属于另外一个问题。况且，从基因主体的血亲获取的基因信息与基因主体本身的基因信息还是有差异的。（2）未经基因主体同意，已经获取基因信息的机构和人员不得将信息公开或者转送他人。（3）未经基因主体同意，已经获取基因信息的机构和人员不得处理、使用基因信息或者由他人处理、使用基因信息，不管是否出于商业目的。将基因信息纳入基因主体隐私权的保护范围，目的在于防止他人"不合理、不公平或者未经许可地利用这些信息"。①

（二）防止基因主体受歧视

"基因歧视"已经成为基因技术高速发展之后的一个新的社会问题。所谓基因歧视是指，个体在社会生活中因其基因特征而受到不公平的对待。基因歧视的错误之处在于，根据基因信息对基因主体的健康、精神状态以及行为倾向等特征进行判断。如果某种基因特征实际上并不能说明另一种特征，如未来健康和疾病情况、智力水平、行为倾向等，那么仅仅依据基因来判断这些特征，所得出的结论必然是错误的，而以这种错误结论来对人进行"区别对待"也必然是不公平的，将构成为道义所不容的"基因歧视"。② 通过基因特征的区别对待达到选择的目的与效果是构成歧视的重要要件。

1997 颁布的《欧洲委员会关于人权与生物医药的公约》（the Council of Europe's Convention on Human Rights and Biomedicine（1997））第 11 条规定：禁止根据个人的基因信息对其采取任何形式的歧视措施。英国人类基因委员会早在 2000 年就提出要防止在保险领域出现基因歧视。③ 该委员会指出，有研究表明，患有通过基因遗传疾病的人的亲属被保险公司拒绝保险，尽管没有证据证明这些亲属已经患上这种疾病。这意味着，保险公司有意在利用基因信息来选择其保险对象。英国卫生部在2003 年向议会作的关于基因技术应用于卫生领域的报告中表达了对就业、教育领域存在的基因歧视表示担忧。④ 英国卫生部认为雇主可能会利用雇员或者求职者的个

---

① John Harris, Ethical Genetic Research on Human Subjects, 40 Jurimetrics, 90（1999）.

② 王迁："论构成'基因歧视'的道德标准与法律标准——'基因歧视'法律问题专题研究之三"，载《科技与法律》2004 年第 1 期。

③ The European Convention on Human Rights, art 9（3）.

④ Human Genetic Commission, The supply of genetic tests direct to the public A consultation document, 2002, para 6. 32.

人基因信息来决定是否对其予以录用、升迁或者加薪；基因信息也可能会被用来决定哪些人应当接受良好的教育。欧盟委员会的一个专家组对基因歧视进行了全方位的分析。[①] 根据该专家组的意见，基因歧视不仅会针对个人，还会针对家族、某一群体；基因歧视不仅存在于医疗环节，还包括就业、保险以及社会福利的平等、完整获得等方面。因此，专家组建议，基因检测应当以需要为前提，并在取样时不得带有任何性别、种族、社会与经济状况等方面的偏见。

防止基因歧视的一个办法是对个人基因组的信息保密，将个人基因密码作为个人核心隐私来保护。[②] 将基因信息界定为个人信息的意图就在于将基因信息纳入隐私权的保护范围。基因信息之所以被界定为个人信息，是因为它包含着个人的健康状态，很容易被用来歧视个体或者导致其他形式的滥用。[③] 对基因信息保密的重要举措是建立保护屏障，防止他人违背基因主体的意志获取基因信息。最重要的一点是基因检测机构不得随意进行基因检测。这正是基因信息知晓权的第一层面的权利内容。在基因检测技术越来越简单，越来越廉价的情况下，除非确有必要，不得进行基因检测。一般而言，基因检测的目的仅限于健康和研究需要；为了保护公共利益也可进行基因检测；基因检测应当免费并获得被检测者的知情同意。[④] 例如，2008 年美国国会通过的《反基因信息歧视法》（Genetic Information Nondiscrimination Act of 2008）规定：任何健康保险机构不得强制要求被保险人或其家属做基因检测并以此作为投保条件，也不得未经基因主体许可而使用其基因信息。[⑤]

（三）保证基因信息的公平利用

基因信息已经成为技术创新尤其是发展生物医药的重要资源。在生物技术的巨额回报机制中，基因主体处于什么样的地位，已经有学者作了探讨。为了维护基因资源提供者的合法权益，也为了体现法律的公平与正义，有人提出了官民共享利益原则，即与基因研究以及成果运用有关联的人应该在一定程度上分享基因研究所带来的利益或者益处的准则。[⑥] 通行的观点是利益共享机制，即基因提供者根据其作用大小分享基因研究成果所带来的经济利益。[⑦] 保证利益共享的前提条件是，基因信息提供者的信息知晓权应当得到尊重：提取和利用当事人的基因之前，应征得其

---

① John Harris, Ethical Genetic Research on Human Subjects, 40 *Jurimetrics*, 40 (1999).

② 李海燕："基因诊断技术研究和应用中的伦理教育思考"，载《中国医学伦理学》2003 年第 5 期。

③ Data Protection Working Party, Recommended reading：Genetic data, 2004, part Ⅰ.

④ The Council of Europe's Convention on Human Rights and Biomedicine, 1997, art12；Genetic Screening：Ethical Issues paras 4.6 - 4.16；Third Report (1995) paras 81 - 105, esp paras 88, 97；BMA Population Screening and Genetic Testing (2005).

⑤ Genetic Information Nondiscrimination Act of 2008, S101 (b) (1), (3) (A), (d) (2).

⑥ 刘华："基因研究和运用的伦理准则"，载《政治与法律》2001 年第 1 期。

⑦ 黄玉烨："人类基因提供者利益分享的法律思考"，载《法商研究》2002 年第 6 期。

同意，并告知其采集基因的目的以及可能带来的危险；未经同意不得采集他人的基因；采集完毕后，应当告知基因样本的处理过程以及处理结果；处理完毕后，应当告知基因信息的流向与利用。只有在基因信息知晓权的所有权利内容得到尊重与保障的前提下，基因主体才有可能参与基因技术的利益分享机制；其主体地位才能得到真正的体现。

五、基因信息知晓权的边界

基因信息知晓权虽然以保护基因主体的利益为核心并由基因主体所独享，但该权利与其他民事权利一样，并不是绝对的。基因知晓权的边界即基因主体在行使权利的过程中，会与其他家族成员的利益发生冲突，或者受到限制。

（一）基因知晓权与其他家族成员利益的冲突

由于基因信息具有家族属性，因此，基因知晓权在行使过程中不可避免地会涉及其他家庭成员的利益。问题在于，基因主体的血亲都有可能对基因信息主张权利。这一点，已经为爱尔兰最高法院所证实。[①] 在本案中，原告认为被告（一基因药物公司）收集其父亲的基因信息侵犯了原告的隐私权。爱尔兰最高法院认为血亲之间的基因信息有一定的重合，因此，支持原告的主张，判定被告行为违法。

基因信息知晓权与家族成员利益可能发生冲突主要存在于基因信息中含有重大疾病信息的情形，可分为两种情况：一是疾病的预防。其他家族成员可能会患上此种疾病，因而是否有权知道该基因信息。二是后代的生育。其他家族计划生育后代或者已经怀孕，是否有权知道该基因信息。在一般情况下，基因主体出于家族利益的考虑，愿意对家族成员披露自己的基因信息。但也有可能出于种种考虑，如担心受到歧视，不愿意对家族成员公开自己的基因信息。此时，两难的问题出现了。基因主体的信息知晓权与家族成员的利益如何维持平衡？这实质上给实施基因检测的医疗卫生机构出了难题。就他们的职业准则而言，是应当尊重基因主体的信息知晓权，对基因信息负有保密义务。一般而言，应当考虑下列因素：

（1）疾病有没有治愈的可能。如果疾病能够治愈，可以考虑告知亲属。

（2）亲属患病的可能性。如果患病的几率很高，并且很严重，可以告知亲属。

（3）亲等关系的远近。一般而言，亲等越近的，通过基因遗传疾病的可能性越大，反之则越小。因此，向基因主体的近亲属披露基因信息才有医学意义。

具体而言，当基因主体拒绝向家族成员披露基因信息时，如果相关的基因疾病具有有效的治疗手段，实施基因检测的医疗卫生机构完全可以从保护家族成员的角

---

① R Gertz, Is it "Me" or "We"? Genetic Relations and the Meaning of "Personal Data" under the Data Protection Directive, 11 *Euro J Health Law*, 231 (2004).

度出发，将相关信息告知家族成员以挽救其生命。这是基因团结与基因利他主义（genetic solidarity and altruism）所要求的基因信息知晓权的例外情形。基因团结与基因利他主义的基本含义是："尽管相互间的基因还是有个体差异，但是，我们拥有共同的人类基因。我们大多数的基因特征在其他人身上也能体现出来。这一共性不仅能够让我们彼此相互帮助，也能共享基因技术带来的成果。"[1] 基因团结与基因利他主义还原了基因本身应当具有的温情脉脉的面目，也使得基因信息知晓权不显得那么冷冰冰了。

在平衡基因信息知晓权与基因主体家族成员利益过程中，应当注意以下三点：（1）医务人员已经向基因主体做了说服工作，以期获得其授权来向其亲属披露相关基因信息；（2）披露基因信息给亲属带来的利益能够大于给基因主体造成的不安；（3）医务人员对基因信息的披露应当尽量控制在必需的范围内，不得任意扩大范围。也就是说，应当尽可能地兼顾基因主体及其相关家族成员两方的利益。尊重基因信息知晓权是利益平衡的前提。

（二）基因信息知晓权的限制

所谓权利限制，从动态的角度看，权利限制表现为对权利主体行使权利之自由的限制，表现为对行为目的和动机以及方式的限制等；从规范层面上看，权利限制主要是通过义务性规范或采用对"权利附条件"的方式实现的，换言之，法律在确认某一权利的同时，提出一定的禁止、除外和必备的要求或条件。[2] 基因信息知晓权也要接受权利限制，其行使目的与方式也不完全是由基因主体随心所欲的。联合国教科文组织（UNESCO）在《关于人类基因组与人权问题的世界宣言》中明确规定了基因信息知晓权的限制问题："在任何情况下，均应征得当事人预先同意，若当事人不予同意，相关的认可或授权亦应依照法律和当事人的意愿而获得。"[3] 上文论及的平衡基因信息知晓权与基因主体家族成员利益也可以视为对基因信息知晓权的一种限制。权利限制的根据在于确保权利秩序、兼顾其他社会利益以及确保权利主体承担重大的社会责任。[4]

权利限制更多意义上指的是通过法律并以实现公共利益为目的对权利予以限制。法律对基因信息知晓权的限制主要是指，一定的机构可以为了实现公共利益依法获取或者披露基因信息，不需要征得基因主体的同意。对基因信息知晓权比较常见的限制是刑事犯罪调查。例如，英国《调查权力规范法》规定：为了预防或者侦查犯

---

[1] Human Genetics Commission, Inside Information Balancing interests in the use of personal genetical data, 2002, para 2. 11.

[2] 丁文："权利限制论之疏解"，载《法商研究》2007年第2期。

[3] UNESCO.："关于人类基因组与人权问题的世界宣言"，载《医学与哲学》1998年第19期。

[4] 参见汪太贤："权利的代价——权利限制的根据、方式、宗旨和原则"，载《学习与探索》2000年第4期。

罪，警方有权获取任何采取保密措施的信息。[①] 当然对基因信息知晓权的限制也应当遵循一定的原则。一般而论，权利限制应当遵循三个原则:[②] （1）妥当性原则，是指在对权利限制时必须要有合法的目的，即为了保护公共利益，违背这一目的权利限制即失去合法性。（2）必要性原则，是指权利限制在合法目的的指引下，应当在所有能够达成立法目的之方式中，选择对权利最少限制的方法。本原则因此也可称为尽可能最小侵害之原则。（3）均衡原则，又称狭义比例原则、法益相称性原则，即把权利限制认作是投入成本，那么它所产生的社会效益或者说公共效益应当最大化，也即是说权利限制应符合效率原则。对基因信息知晓权的限制也应当遵循这些原则。限制基因主体行使知晓权不是目的，而是实现社会公共利益的手段。

六、基因信息知晓权的法律保护

基因信息知晓权肇始于科学研究的伦理规范。[③] 随着基因检测的医学实践的逐步推广，这一权利得到了广泛的认同。于是，一些研究机构、专业委员会和国际组织、人权组织开始考虑将这一权利制度化、法律化。在这方面走得比较快的是基因技术发展在前沿的美国。经过近十年的努力，美国国会于 2008 年批准了《2008 反基因歧视法》。该法律主要从保护隐私权的角度来保障基因主体的信息知晓权，重点在通过禁止他人利用基因信息对公民进行歧视，以此来保障公民在健康保险和就业方面的平等权利。正如这部法律的前言所讲:美国联邦法律在解决健康保险和就业领域的基因歧视问题上存在广度和深度上的不足;而各州的法律应对基因歧视的方法又千差万别，保护水平也各不相同。此法案的目的就是要建立一个全国性的、统一的、基本的保护标准来保护公众免受歧视。

在中国，虽然基因技术发展较快，但是，基因检测与基因信息离大众还有一定距离，目前也没有出现所谓的基因歧视。随着人们对基因问题及基因信息的日益关注，相关的问题肯定会出现。科学技术是推动社会制度进步与完善的催化剂。立法要早做准备。我们要做的是吸收其他国家的立法实践经验和研究成果，为建立我国的基因法律制度打下良好的基础。

目前，我国与基因技术直接相关的规定是 1998 年由科技部和卫生部制定并经国务院批准的《人类遗传资源管理办法》。该规定的立足点是针对整个中国社会的基因资源，目的是研究与开发利用。可见，该规定完全是一个行政管理规范，没有涉及基因主体的个体权利，也不涉及个人基因信息的保护，遑论禁止基因隐私权与反

[①] Regulation of Investigatory Powers Act 2000 of UK, s49（3）（b），（4）.
[②] 陈新民:《德国公法学基础理论》，山东人民出版社 2001 年版，第 182~187 页，第 368~376 页。
[③] 王德彦:"论基因知情权的自主性及其在伦理学上的困境"，载《医学与哲学》2001 年第 11 期。

基因歧视了。此外，这一规定是由部门制定并由国务院批准的，最多相当于一个准行政法规，连立法意义上的行政法规都不是，其法律效力之低，令人怀疑其是否能够发挥作用。

我们要做的，应当是从民事权利保护的角度，建立健全与基因技术有关的法律制度，重视个体权利和利益。首先，要科学、合理地界定基因信息知晓权的性质、权利内容。其次，要明确保护基因信息知晓权的目的，防止基因信息的泄露，保护公民免受以基因特征为理由的歧视。最后，规定侵犯基因信息知晓权的法律后果。国外一般采用侵权法进行保护。[①] 严重的，还可能施加刑事责任。

结语

基因技术已经为人类打开了一扇了解自身的大门，但同时也给人类社会秩序与伦理、制度带来了挑战。法律制度的意义在于发挥科学技术的积极影响，遏制或者消除其不利的一面。无论是从公民个体的角度，还是从整个人类社会的角度而言，基因信息的知晓应当提升到基本法律权利的高度。只有如此，才能保护公民的人格与尊严，才能维持基因技术的良性发展并造福人类社会。法律制度必须尽早对此予以回应，并作出合理、科学的制度安排。

---

① Roger Brownsword, Regulating Human Genetics: New Dilemmas for a New Millennium, 12 Medical Law Review, 14 – 39 (2004).

远程医疗发展政策之法律分析

曹艳林　王将军　文学斌　魏占英[*]

远程医疗（telemedicine）是指利用通信技术和计算机多媒体技术远距离提供医疗服务的活动，是一种新的医疗服务形式。我国幅员辽阔，各地医疗水平发展很不平衡，优质医疗资源主要集中在大城市的大医院，边远地区和基层医疗资源不足、技术薄弱。远程医疗通过计算机技术、通信技术和医疗保健技术的紧密结合，为解决当前我国边远、基层地区的医疗资源不足问题提供了一条很好的途径，并最终为实现任何地点、任何时刻为任何人提供医疗服务的新医疗服务模式提供了可能，深受政府、社会和公众的广泛关注。2010年，在天津召开的达沃斯世界经济论坛上就设了远程医疗专场，与会专家认为，远程医疗发展过程中相关的技术问题已逐步得到解决，而与之相应的监督、管理法律法规、行政规章、技术规范的建立和完善已经成为制约其发展的关键因素，呼吁完善相应的政策法律。因此，加强远程医疗相关政策法律研究，分析存在的问题并提出针对性的、建设性的建议，对于中国远程医疗的发展无疑具有重要意义。

一、国外学者远程医疗相关政策之法律研究

随着远程医疗的逐步兴起，20世纪90年代国外的一些学者开始对远程医疗发展相关的政策法律进行研究。[①] 英国的 Brahams 是最早开展相关研究的学者之一，他尝试着提出了影响远程医疗发展的法律框架，主要从病人隐私保护、医务人员责

---

[*] 曹艳林，中国医学科学院医学信息研究所。王将军，卫生部中日友好医院。文学斌，中南大学公共卫生学院。魏占英，中国医学科学院医学信息研究所。

① BrahamsD，The medico – legal implications of teleconsulting in the UK，J TelemedTelecare，1995，Vol. 1，pp. 196 – 201.

任、跨境远程医疗的司法管辖三个方面。[①] Stanberry[②] 从法律和伦理的角度，关注远程医疗中医疗数据的保密、患者权益、产品责任、医疗纠纷解决和司法管辖等问题。Callens[③] 认为影响远程医疗政策法律包括三个方面：远程监护中医生法律责任，远程医疗中是否需要明确实体性的医务人员存在，如何促进医务人员使用远程医疗手段。DAN 主要关注跨境远程医疗相关法律问题，包括跨国远程医疗的司法管辖权和引渡，联邦制国家跨州远程医疗的司法管辖和法律适用，税费的征收，医生职业许可证的发放等。[④] Pendrak[⑤] 关注远程医疗的相关责任。他认为尽管还没有远程医疗引发医疗事故诉讼的案例，但应该尽早防范相关风险，并建议通过明确远程医疗医务人员资格认证、完善执业标准、规范远程医疗流程和资料保密措施来降低远程医疗风险。Ross 认为病人在利用远程医疗技术中面临的许多重要的法律和伦理问题没有得到解决，这严重阻碍了对远程医疗和电子医疗的接受和利用。主要障碍包括：如何明确医患关系已正式建立，尤其是在线医患关系的建立；在线医患关系患者知情同意权益的保护；因通信原因导致的远程医疗事故该如何处罚；远程医疗引起的医疗费用该如何支付等。[⑥]

二、国外远程医疗相关政策法律

（一）美国远程医疗相关政策法律

美国是一个医疗技术和信息技术都很发达的国家，在远程医疗方面也一直走在国际前列，在远程医疗立法和政策制定方面也有不少值得我们借鉴的地方。美国加利福尼亚、夏威夷等 12 个州通过了远程医疗方面的法案。美国在远程医疗立法方面主要关注以下几个方面：执业许可、安全保障、认证和授权、保险支付与政府补助等。美国的许多州为强化对病患的保护，立法要求提供州内远距医疗服务的医疗机构或医师在提供服务前应先进行注册，向病患告知并获得其同意，记录并保护病患的病历资料。许多州还要求病患在第一次领取某些（类）药物前，必须先经过实地的检查，根据药物的危险性与有效性，来决定是否要求医师必须对该病人至少先进

---

① Stanberry B, The legal and ethical aspects of telemedicine. 1：Confidentiality and the patient's rights of access, J Telemed Telecare, 1997, Vol. 3（4），pp. 179 – 187.

② Id, p. 179 – 187, Id, p. 18 – 24, Id, p. 72 – 79, Id, p. 132 – 139.

③ TeleHealth 2007：Telemedicine and innovative technologies for chronic disease management, http：// ec. europa. eu/information_ society/events/telehealth_ 2007/index_ en. htm.

④ DJB Svantesson, Cross – border telemedicine：New area, same legal challenges?, Masaryk University journal of law and technology, 2009. Vol. 3（2），pp. 227 – 238.

⑤ Pendrak R. F. , Ericson P. Telemedicine and the law, Healthcare Financial Management, 1996, Vol. 50（12），pp. 46 – 49.

⑥ Ross D Silverman, Current legal and ethical concerns in telemedicine and e – medicine, Journal of Telemedicine and Telecare, 2003, Vol. 9（Suppl. 1），pp. 67 – 69.

行一次现场诊察。美国还通过区分"医疗咨询"与"共同诊疗"来界定远程医师所扮演的角色，以保障医疗安全。美国是一个法治程度很高的判例法国家，远程医疗过程中医师的行为到底是"医疗咨询"还是"共同诊疗"，法院的相关判决案例发挥了非常重要的作用。通常美国判例考虑的因素包括：咨询行为是否为经常性，医师与病患是否透过远程设备互相看见彼此，医师是否知悉病人的个人资料，是否进行了检查行为，医师是否作出诊断或治疗判断并成为病患的治疗依据，医师是否查阅病人的病历资料，咨询行为是否由近端人员发起，医师是否因远程咨询行为获得报酬等。原则上，远程医师所接收到的资料越多（例如，非仅电话转述而有 X 光片、超声波、心电图等其他资料），法院越有可能判定该医师与病患间成立医患关系，而非仅是对近端医师的医疗咨询。有其他生理信息传输设备的行为，比以电话或 e – mail 方式进行的行为更容易被认定为"共同诊疗"的远程医疗行为，原因是这些其他高科技医疗行为可使远程医师形同在病患所在地的"虚拟到场"，远程医师有更大可能性作出正确或导致错误的决定。2010 年美国国会颁布《患者保护与平价医疗法案》（Patient Protection and Affordable Care Act），致力于提高美国民众医疗保险的覆盖率，[①] 该法案使远程医疗获得较快发展。[②] 2011 年美国医疗保险和医疗照顾服务中心（CMS）发布了最终规则，[③] 改变了医疗保险和医疗照顾服务中心（CMS）的参与条件，允许医院和危重症病人入住医院利用新的程序对远程医疗提供者进行认证和授权，这为远程医疗医生的认证和授权提供了更精简的程序。[④] 鉴于美国 50 个州在远程医疗提供的医疗服务类别上有 50 套不同的标准，《2013 远程医疗现代化法案》（The Telehealth Modernization Act of 2013）规定，将建立一个全国范围内的远程医疗，为美国各州在制定监管远程医疗的新政策时提供指导原则[⑤]。

---

① Kaissi A, Primary care physician shortage, healthcare reform, and convenient care: challenge meets opportunity?, southern medical journal, 2012, Vol. 105 (11), pp. 576 – 580.

② Alan Chong W. Lee, Nancy Harada, Telehealth as a Means of Health Care Delivery for Physical Therapist Practice, PHYS THER, 2012, Vol. 92, pp. 463 – 468. Weinstein RS, Lopez AM, Joseph BA, et al. Telemedicine, Telehealth, and Mobile Health Applications That Work: Opportunities and Barriers , The American Journal of Medicine, 2014, Vol. 127 (3), pp. 183 – 187.

③ Greg T. Billings, Rene Y. Quashie. Credentialing and Privileging of Telehealth Practitioners Centers for Medicare and Medicaid Services Final Rule, http: //ctel. org/wp – content/uploads/2011/05/2011 – CTeL – Report – Telehealth – Credentialing – and – Privileging – Final – Rule. pdf.

④ Adrienne Dresevic, Esq. , Carey F. Kalmowitz, Esq. CMS Issues Final Rule on Credentialing and Privileging for Telemedicine, www. thehealthlawpartners. com/files/june_ regulatoryreview. pdf.

⑤ Diana Manos, Congress introduces national telehealth bill, http: //www. govhealthit. com/news/congress – introduces – bill – define – and – encourage – use – telehealth? topic = 26. Ken Terry, Bill Seeks To Clean Telehealth State Regulations Mess, http: //www. informationweek. com/healthcare/policy – and – regulation/bill – seeks – to – clean – telehealth – state – regulations – mess/d/d – id/1113197.

（二）欧盟远程医疗相关政策法律

欧洲远程医疗政策法律包括欧盟和各成员国两个层面。欧洲部分国家在法律或法规上对远程医疗给予认可。欧洲医生委员会发布的《欧洲远程医疗行为：分析、问题和建议》从十个方面对欧盟及其成员国的远程医疗立法行为进行了详细分析。[1]法国以法律形式对远程医疗的定义、实施条件、医生资格、协议等方面做了明确规定。[2] 欧盟各国认为远程医疗中医生和患者识别对方的身份非常必要。身份识别是解决责任和赔偿问题的基础。欧盟各国关于医生和病人的身份识别主要表现为以下四个方面：医生是否匿名提供远程医疗服务，患者是否匿名利用远程医疗服务，医生身份识别的方式，患者身份识别的方式。不同国家要求差异较大，芬兰、法国和德国等不支持医生匿名提供远程医疗服务，比利时、荷兰和英国等支持医生匿名提供远程医疗服务，芬兰和意大利不允许病人匿名利用远程医疗服务，比利时、法国、德国等允许患者匿名利用远程医疗服务。就远程医疗行为监管而言，有些国家由医学会对远程医疗行为进行监督，有些国家由政府部门进行监督。在医疗责任保险和病人保险方面，法国、德国、英国等国医生责任保险对在该国范围内进行的远程医疗行为进行保险，法国、德国、西班牙三国的医生责任保险覆盖了医生跨国远程医疗行为。在电子处方方面，一些欧盟国家如丹麦，已经使用电子处方的药物。

三、中国远程医疗政策回顾与分析

中国还没有远程医疗方面的专门立法，卫生部1999年1月印发的《关于加强远程医疗会诊管理的通知》，是最早关于远程医疗的政策性文件。2001年卫生部发布了《互联网医疗卫生信息服务办法》，2009年卫生部又发布了《互联网医疗保健信息服务管理办法》。《互联网医疗保健信息服务管理办法》生效之日，《互联网医疗卫生信息服务办法》同时废止。2014年8月21日，国家卫计委发布《关于推进医疗机构远程医疗服务的意见》（以下简称《意见》），就推进医疗机构远程医疗服务对各省市卫生厅局（卫生计生委）提出四个方面意见：加强统筹协调，积极推动远程医疗服务发展；明确服务内容，确保远程医疗服务质量安全；完善服务流程，保障远程医疗服务优质高效；加强监督管理，保证医患双方合法权益。《意见》要求地方各级卫生计生行政部门要将远程医疗服务体系建设纳入区域卫生规划和医疗机构设置规划，积极协调同级财政部门为远程医疗服务的发展提供相应的资金支持和经费保障，协调发展改革、物价、人力资源社会保障等相关部门，为远程医疗服务

---

① The practice of telemedicine in Europe：analysis，problems and CPME recommendations（CPME 2002/027 final EN），http：//cpme. dyndns. org：591/adopted/CPME_ AD_ Brd_ 160302_ 7_ EN_ fr. pdf.

② Telemedicine：definitions，legislative and regulatory issues and ongoing actions in France，http：// medetel. lu/download/2011/parallel_ sessions/presentation/day1/Development_ of_ Telemedicine. pdf.

的发展营造适宜的政策环境。《意见》作为一个行政规范性文件，既不是法律，也不是法规，连部门规章都算不上，只具有行政指导意义，不具备强制性法律效力，对远程医疗发展的影响力也很有限。《意见》由卫生计生委一个部门发布，对财政、发改、医保等部门的影响有限，而远程医疗的发展非常需要这些部门相关政策的配合。《意见》作为行政指导性文件，没有也不可能对远程医疗发展的各个方面进行详细规定。总体而言，我国远程医疗发展的相关政策还有待进一步完善。

四、远程医疗发展政策建议

（一）进一步明确远程医疗的概念和内涵

远程医疗是 20 世纪 70 年代出现的一个合成词。从字面意思来看，是指远距离治疗，即通过使用信息和通信技术增加对卫生服务和医疗信息的利用，最终达到改善病人健康的目的。目前对远程医疗还没有一个明确定义，2007 年的一项研究发现该词有 104 个定义。《意见》对远程医疗的定义是指一方医疗机构（邀请方）邀请其他医疗机构（受邀方），运用通信、计算机及网络技术，为本医疗机构诊疗患者提供技术支持的医疗活动。同时，医疗机构运用信息化技术，向医疗机构外的患者直接提供的诊疗服务，也属于远程医疗服务，包括远程病理诊断、远程医学影像诊断、远程监护、远程会诊、远程门诊、远程病例讨论及省级以上卫生部门规定的其他项目等。根据世界卫生组织的定义，远程医疗是指利用交互式视频和信息通信技术，进行包括诊断、治疗及咨询等在内的医疗照护行为，以及卫生教育与医疗信息的传递。远程医疗的概念和内涵是一个动态发展的过程，《意见》对远程医疗的定义与世界卫生组织关于远程医疗的定义有较大区别，有必要对远程医疗的定义和内涵做科学、客观、适时的界定。

（二）制定促进远程医疗发展的行政法规或部门规章

《意见》作为行政指导性文件，行政约束力有限，如果能由国务院出台远程医疗发展的相关行政法规，就远程医疗相关的收费、医保报销、信息安全、通信保障、财政支持等内容作出明确规定，无疑能够为远程医疗发展提供更加全面的政策法律保障，能更有力地促进远程医疗的健康发展。如果制定行政法规比较困难，可以由国家卫生计生委联合国家发展改革委、国家人力资源和社会保障部等部门制定远程医疗相关的行政规章，为远程医疗发展提供比较全面而有效的政策保障。

（三）明确远程医疗参与各方的权益和法律责任

远程医疗发展离不开多方的共同参与，包括近端医疗机构及其医务人员、远端医疗机构及其医务人员、患者、通信服务提供者、保险机构、监管机构等。其中，近端医疗机构及其医务人员、远端医疗机构及其医务人员和患者是远程医疗的核心参与者，也是关系密切的利益相关者。第一要明确近端医疗机构及其医务人员与远端医疗机构及其医务人员、近端医疗机构及其医务人员与患者、远端医疗机构及其医务人员与患者这三个方面的法律关系。[①] 第二要保障患者在通过远程医疗获得高质量医疗服务的同时，隐私权益也能得到保障。不论是远端医疗机构的医务人员还是近端医疗机构的医务人员，在开展远程医疗服务时，其合法权益应得到保障，并充分调动他们的积极性，才能促进远程医疗发展。近端医疗机构和远端医疗之间在远程医疗开展过程中形成的权利义务关系最好由法律或政策来规定，在法律和政策涉及不到的方面，也应按照相关政策事先进行约定，以保障远程医疗的顺利开展。保险机构在远程医疗中的资金筹集和费用补偿作用也应有明确规定。

（四）制定科学合理的远程医疗服务收费标准和补偿机制

收费标准和补偿机制是关系到患者能否合理享有远程医疗权益和医疗机构与医务人员远程医疗积极性调动的重要环节。不同地区、不同级别医疗机构、不同职称或医疗水平的医生，在远程医疗活动中该如何收取费用，患者在支付相关费用后能否报销，按照什么标准报销，是需要科学研究和反复论证的问题，建议由卫生计生、物价、医保、电信等部门共同协商制定远程医疗服务项目的收费标准和补偿机制。[②]

（五）完善远程医疗相关的责任保险制度

有医疗行为就会有风险，远程医疗是快速发展的新型医疗服务模式，其发生风险的可能性更高。防范和规制远程医疗风险是远程医疗健康发展中的一个不可或缺的环节。如果能将远程医疗纳入医疗责任保险范畴，或者是设计专门的远程医疗责任保险险种，为医疗机构、医务人员和患者开展或接受远程医疗服务解除后顾之忧，会更加有利于远程医疗服务的开展。

[①] 翟运开、孙兆刚、孙东旭等："远程医疗发展的法律约束及其对策"，载《中华医院管理杂志》2014年第9期。

[②] 翟运开、周银龙、孙东旭等："我国远程医疗发展的政策约束及其纾解"，载《中国卫生事业管理》2014年第10期。

移动医疗纠纷诉讼当事人适格问题研究

葛晓翔[*]

一、移动医疗纠纷概述

（一）何谓移动医疗

随着经济社会的高速发展，高科技迅速融入人们经济社会生活的各个层面。以移动通信技术为代表，作为其载体的手机、平板电脑等移动智能设备迅速大范围地普及，极大地改变了现代社会人们的生活方式，成为人们日常生活中不可或缺的一部分。在医疗保健领域，同样概莫能外。其中除了目前较为成熟的远程医疗等现代医疗方式外，比较具有代表性的则是移动医疗。移动医疗由兴起于 20 世纪 60 年代的远程医学（tele‐medicine）和远程医疗（tele‐healthy）发展而来，根据国际医疗卫生会员组织（HIMSS）给出的定义：移动医疗（mobile health）就是通过使用移动通信技术，例如移动电话、PDA 和通信卫星来提供医疗服务和信息，具体到移动互联网领域则以基于安卓和 iOS 等移动终端系统的医疗健康类 APP 应用为主。[①]作为移动医疗的主要表现形式，移动医疗应用（mobile medical APP）正在不断被人们熟悉和接受。[②]就我国目前来讲，移动医疗取得了蓬勃的发展：2012 年，我国移动医疗市场规模已达到 18.6 亿元，较 2011 年增长了 17.7%，预计到 2017 年底将突破 100 亿，达到 125.3 亿元。[③]就移动医疗所承载的功能来讲，其不仅包含了相对较为传统的远程医疗等领域，还包含了在线咨询、药品资料电子化等各个层次，极大便利了患者、医生的寻医问诊，高效地整合了传统的医疗资源，从而提高了医疗资源的利用率，取得了良好的经济效果和社会效果。在我国目前的医疗资源分布不均衡、"看病难"普遍存在的国情下，移动医疗正好弥补了这一缺陷，从长远来讲，

---

[*] 葛晓翔，山西吉县人，第三军医大学硕士研究生，研究方向：社会义学与公共卫生事业管理。

[①] 具体内容参见百度百科"移动医疗"词条，http：//baike. baidu. com/link？url = kpNO9llR SUbLSPio_ s4oERLYkho7ZokOfZpP03R2epuWUft6oto5NOdanmH1HWMDUrDMsoIjerBI8IMTlMElLq，2015 年 8 月 15 日访问。

[②] 乔羽、褚淑贞："国外移动医疗应用监管对我国的启示"，载《中国药房》2014 年第 29 期。

[③] 数据引用于"2012‐2013 年中国移动医疗市场年度报告"，艾媒网，http：//www. iimedia. cn/36625. html，2015 年 8 月 15 日访问。

移动医疗存在巨大的应用前景，值得我们进一步的研究和探讨，从而使其更加规范化和科学化地发展。

（二）移动医疗纠纷的时代特征

上文介绍了移动医疗的缘起和其广阔的应用前景，但现有的法律法规以及相关的监管措施远远不能满足其迅猛发展的势头，在其发展过程中不可避免地出现各种不规范甚至是违法的情况。在患者通过移动医疗享受医疗咨询、诊断服务等的过程中，其与移动医疗平台供应商、注册医生以及其所在医疗机构之间产生的纠纷则变得日益普遍化和多样化。相对于传统医疗纠纷来讲，移动医疗纠纷具有完全不同的新特点。

1. 移动医疗纠纷具有空间性

传统医疗纠纷中医患双方往往通过在医院、诊所、急诊室以及医生通过上门服务产生医患关系，这类医患关系产生纠纷时往往地点是确定的，纠纷双方是明确的，纠纷诉至法院时，比较容易确定双方当事人和管辖法院。与此相对，移动医疗随着多媒体和电子商务的出现，得到快速发展，通过网络使用及数据共享，医疗服务业建立起高效、快捷的交互式通道。无论患者在何方，也无论其健康信息保存在哪里，均可获得专家建议和信息系统的监测、共享，由此产生的医患关系，即移动医疗医患关系。[①] 因此移动医疗纠纷则具有与传统医疗纠纷相适应的现实性和与网络时代的虚拟性相对应的双重特点。一方面，移动医疗虽然具有新时代的特征，但是其毕竟还是由"人"来运营和开展诊疗服务的，在一些运营相对规范和具有影响力的移动医疗产品中，发生纠纷时其责任相对人以及纠纷发生地点一般比较容易认定；另一方面，正因为移动医疗具有建构在互联网云端上的时代特征，网络和云端等的虚拟性造成了移动医疗所具有的空间性，其虚拟性成为解决纠纷时出现不确定性和疑难的关键所在。在移动医疗纠纷中，运营商的资格、医生的资质、注册医生和其所属医疗机构的关系等都需要进行明确的认定，而且由于网络虚拟平台的媒介作用，移动医疗纠纷的当事人往往还具有跨地域性的特征，如何认定纠纷发生地从而选择管辖法院也成为了要素之一，这都是纠纷解决的关键，其不仅有时间要件要求，还有空间要件的需要，但这却是患者在利用移动医疗服务时认定的盲点和难点所在，移动医疗纠纷所具有的空间性是其不同于传统医疗纠纷的本质体现。

2. 移动医疗纠纷当事人的契约性

现代社会是契约型的社会，人们在社会生活中无时无刻不在确立契约关系，这也是现在社会运行的基础。医患关系也是典型的契约关系。虽然传统医疗纠纷中医患之间也是契约关系的一种，但这是一种相对普遍和直观的契约类型，医患之间通

[①] 左秀柒："网络时代远程医疗法律问题论析"，载《人民论坛》2010年第35期。

过医院的挂号等行为确立的契约关系在纠纷发生时较易认定。但是在移动医疗时代医患双方之间契约关系呈现了新的类型，在移动医疗平台作为媒介时，医患之间的咨询、诊疗行为是否构成契约关系；在具体的操作运行过程中，医患双方在移动医疗平台的聊天记录，以及双方在此媒介下的语音（包含电话）沟通、电子邮件交流等情形，是否能够作为契约关系成立的基础，均需要进一步的研究和探讨。同时，在具有空间性特征的移动医疗时代，纠纷产生时，让患者或者医生证明契约关系的成立是比较困难的。无论是对于患者，还是对于医生以及移动医疗平台运营商来讲，纠纷产生于契约关系所确立的义务履行被违背或者破坏，因此，契约关系的成立也是移动医疗纠纷诉讼展开的先决条件之一，这也是其不同于传统医疗纠纷中契约关系确立的新特征。

综上所述，移动医疗纠纷正是基于其所具有的时代背景而具有了空间性和契约性的新特征，尽管其仍然具有其他特点，诸如跨地域性、自主选择性，但这些都是上述两大特征的"衍生品"，这也是其区别于传统医疗纠纷的本质所在。为了更好地解决这一纠纷，我们必须立足于移动医疗纠纷的特征，进行深入的剖析，同时这也是本文研究的主题，即通过诉讼手段解决这一纠纷之前提——移动医疗纠纷适格当事人的确定。

二、移动医疗纠纷主体确定之疑难分析

（一）现有法律规定的不足和滞后

近期以来，业界有关加强对移动医疗运营以及对移动医疗 APP 的监管和完善法律规范的呼声越来越强烈，包含法律界在内的相关行业对此作出的相关的研究陆续出版和发表。原因无外乎有两点：第一，移动医疗和传统医疗服务的职能一样，为人们提供的是有关生命健康的服务，而生命健康权作为全人类所享有的最重要的权利，理所当然需要予以最高的重视；第二，这也从侧面反映了现有的法律法规已经严重滞后于日新月异的移动医疗发展现状，已经远远不能满足对其进行规范的需要。本章主要论述第二个层面。一个行业运行和发展的成熟度的决定条件之一在于规范其运行的法律法规是否完善和全面，针对移动医疗也是如此。作为一类特殊的医疗产品，医疗软件的标准制定和行业监管，是医疗软件能否向专业化正常发展的要素。[1] 伴随着我国移动医疗行业的迅猛发展，相关的法律法规不仅存在滞后的问题，在很多层面往往是一片空白。[2] 这就导致了一些移动医疗服务提供者所存在的技术

---

[1] 叶峰涛："医疗 APP 活在春天里"，载《新商务周刊》2012 年第 4 期。
[2] 邓勇："移动医疗 APP 运行现状及其法律监管问题初探"，中国电子商务研究中心，http://b2b. toocle. com/detail -- -6213198. html，2015 年 9 月 3 日访问。

水平低、误诊风险高、传播虚假的医疗和药品信息的缺陷逐渐显现，此时一旦产生纠纷甚至造成医疗事故，相关责任主体认定困难等问题就逐渐暴露出来，带来的后果便是纠纷。一旦诉诸诉讼，纠纷双方当事人往往会出现相互推诿甚至是扯皮的情况，试想，如果有相对比较完善的法律法规对其进行科学有效的监管和引导，理顺其运作架构，明确相关责任主体的权利和义务关系，一旦纠纷诉至法院，违反其应承担义务的主体自然而然成为了纠纷当事人，这最终也有助于纠纷解决的时效性和彻底性。

（二）移动医疗平台架构的差异性

上文已经明确指出，移动医疗的本质在于其基于互联网云端虚拟平台（主要以移动 APP 为载体）作为媒介，在患者和医生以及医疗服务提供者之间搭建了一个具有跨时空性和跨地域性的平台，方便人们随时随地便捷地接受医疗健康服务。据艾媒网的调研数据显示，目前国内医疗 APP 已达2000多款，[①] 但是正如上文中指出的那样，由于相关法律法规、政策引导和监管等的缺失，致使移动医疗市场鱼龙混杂，移动医疗 APP 的设计和架构良莠不齐，混乱的局面引发了诸多不良的后果。有的移动医疗平台架构仅仅提供作为媒介作用的平台，在医生和患者之间搭建起一个沟通和诊疗的渠道，方便患者寻医问诊，此时一旦发生纠纷，涉及的主体主要存在于患者和通过移动医疗平台提供诊疗和咨询服务的医生之间；而有的移动医疗平台不仅作为医患之间的媒介，其平台自身亦提供健康咨询，或是经验性的或是常识性的诊疗经验，或者保健信息，同时还兼有药品的经营功能，此时，一旦发生纠纷，牵扯的情况就相对比较复杂，其往往涉及医生、患者、移动医疗供应商三者之间的关系，责任主体认定对于一般患者来讲相对比较困难，要理清其中的权利义务关系就更加变得复杂和不可能；更有的移动医疗架构于一般的社交平台之上，例如现在流行的微信（We Chat）公众账号。此时作为移动医疗的新载体，作为平台运营商的微信等社交平台是否需要按照上述情况一样承担相应的义务，在纠纷发生时，作为相应的责任主体参与到纠纷的解决之中呢？这些多样化的移动医疗架构造成了在移动医疗纠纷发生时，无论是作为医患双方，还是平台运营商，其认定相应的责任主体时的迷茫和疑惑。

（三）注册医生和医疗机构的权责划分不明

在上文的分析中，我们已经明确，在医疗纠纷发生时，相关的责任主体可能存在于患者、注册医生以及移动医疗平台提供者之间。但是基于我国医疗服务特殊的管理体制，相关的医疗机构亦可能成为相应的责任主体。在国外，由于医生多是自

---

① 数据引用于"2012 - 2013 年中国移动医疗市场年度报告"，艾媒网，http://www.iimedia.cn/36625.html，2015 年 8 月 20 访问。

由执业者，医院不过是医生自由执业的平台，类似于医生的租赁场地，所以管好医生，基本上也就管好了医院。而在中国，由于医生多是附属于医院尤其是公立医院而执业，国家对医生的管理往往是通过医院而执行，所以，国家更着重于监管医疗机构。[①] 对通过移动平台提供诊疗和咨询的医生来讲，其提供的诊疗咨询服务是依托于其所附属的医疗机构亦或是其以自身为依托单独执业向患者提供相应服务，将影响到在纠纷发生时相应医疗机构的责任主体的认定。在众多的移动医疗服务平台中，现实存在的医院等医疗机构通过其开展新的业务形式和业务拓展的情况是普遍存在的，通过移动医疗进行挂号、线上诊疗服务等变得愈来愈普遍，此时，医生和其附属的医疗机构通过移动医疗提供诊疗服务时一旦发生纠纷，此时其责任主体认定反而和传统的医患纠纷责任主体的认定高度一致；如果医生以自身专业技术为基础，通过移动平台单独提供诊疗服务，与其所属的医疗机构相脱离，此时，在对纠纷的责任主体认定时，医疗机构是否归属其中，则有待商榷。但是无是对哪一种情况，对于一般的患者来讲，同样存在认定上的疑惑。综上所述，上述原因的存在，使得移动医疗纠纷发生时，相应的责任主体认定变得模糊和困难。而在纠纷为求解决而诉至法院时，诉讼当事人的确定则更是依托于相关责任主体的认定，从而根据具体医疗纠纷的运作模式在相应的责任主体中确定诉讼的正当当事人，进而开启诉讼解决纠纷的进程。但是，移动医疗纠纷诉讼正当当事人的确定，则有赖于民事诉讼法中的当事人适格理论，下面会进一步论述。

三、当事人适格理论内涵解析

上文从三个层面具体分析了在移动医疗纠纷中责任主体认定的疑惑，但是一旦纠纷提交至诉讼这种终局性的纠纷解决手段，这就涉及了民事诉讼领域的重要和核心内容，即民事诉讼当事人。在通过民事诉讼解决纠纷时，只有正当当事人才具有胜诉的资格，才能达到纠纷解决的终局性。上文分析的移动医疗纠纷中的责任主体是一个相对比较宽泛的概念，其并不等同于民事诉讼中的当事人。当事人产生于移动医疗纠纷中的责任主体，但并非每一个"责任主体"理所当然地成为民事诉讼的当事人。正当当事人的确定必须通过当事人适格理论来具体加以认定，下面进行具体论述。

（一）何谓当事人适格

当事人适格又被称为适格当事人或者正当当事人，在民事诉讼范畴下，当事人适格是指对于属于诉讼标的的特定权利或者法律关系，以当事人的名义参与诉讼并

---

① 刘晔："移动医疗的法律风险与法律监管"，载《健康界》，http：∥www.cn－healthcare.com/article/20150415/content－472671.html，2015 年 8 月 20 访问。

且请求透过裁判来予以解决的一种资格。[①] 换言之，当事人适格是指在一个具体的诉讼中，对于作为诉讼标的的民事权利或者法律关系有实施诉讼的权能，即能够以自己名义进行起诉或者应诉的资格。[②] 在任何一个特定的民事诉讼中，首先必须要明确的是与诉讼标的有关的实体权利或者法律关系是否存在争议，在什么人之间予以解决比较适当，这就是当事人是否正当或者适格的问题。而且，只有与本案实体争议有关的当事人即正当当事人进行起诉、应诉，该诉讼才具有实质意义，解决纠纷的目的才算达到。这也是民事诉讼领域中的一个重要的理论和实践问题。

纠纷诉讼中都是正当当事人，我们必须紧密结合移动医疗纠纷的特征，分析其中各个主体之间的关系，通过当事人适格理论来确定正当当事人，这样才能真正达到纠纷解决的目的。下文进行具体论述。

（二）适格当事人的确定标准

在民事诉讼语境下，判断当事人是否为正当当事人的一般标准的理论，就是诉讼实施权理论。诉讼实施权即上文在论述当事人适格的内涵中指出的能够以自己名义进行起诉或者应诉的一种资格。民事诉讼中的当事人可以与具体的案件有实体法上的利害关系从而具有诉讼权能，成为正当当事人，也可以为他人利益的保护而具有诉讼权能，成为正当当事人。而诉讼实施权这一概念则为确立本案当事人是否适格提供了一般标准。[③] 在民事诉讼中，如果从原告的角度出发，诉讼实施权是指具有对有关诉讼标的的诉权而提起诉讼，并进而具有实施其他诉讼行为的权能；而对民事诉讼的被告来讲，诉讼实施权则是指针对原告的起诉行为具有进行应诉的权能。从私法的角度来讲，私法上的权利主体或者法律关系的主体对于特定的诉讼具有管理权或者处分权，就具有诉讼实施权，从而成为正当当事人。而针对诉讼实施权的基础来讲，民事诉讼学界存在二元说与一元说。本文采用一元说理论进行论述。[④] 一元说主张以诉讼结果所涉及的利益，即诉的利益作为当事人适格的唯一基础。诉之利益是指原告所主张的利益面临危险和不安时，为了去除这些危险和不安而诉诸法的手段即诉讼，从而谋求判决的利益及必要，这种利益由于原告主张的实体利益现实地陷入了危险和不安时才得以产生。诉之利益作为诉讼实施权的基础，从而成为适格当事人的判断标准，为了消除自身利益面临的危险和不安，从而具有诉诸诉讼的必要的人即为正当当事人或者正当原告，与此相对，有对其诉求进行呼应，即

---

① ［日］三月章：《日本民事诉讼法》，汪一凡译，五南图书出版公司 1986 年版，第 225 页。

② 李龙：《民事诉讼标的理论研究》，北京法律出版社 2003 年版，第 197～198 页。

③ 肖建华：《民事诉讼当事人研究》，中国政法大学出版社 2002 年版，第 79 页。

④ 有关判断诉讼实施权的二元说理论起源于德国民事诉讼学者亨克尔的观点，其认为诉讼实施权的基础在于管理处分权和诉之利益，由两者共同构成，但是随着研究的深入，二元说具有局限性，限于篇幅，本文不进行具体的论述，具体内容参见肖建华：《民事诉讼当事人研究》，中国政法大学出版社 2002 年版，第106～109 页。

应诉权能的人则为正当被告，从而为适格当事人的确定树立了判断的标准。就目前我国法律上所规定的有直接利害关系的公民、法人和其他组织，"直接利害关系"怎么理解，其肯定是一种利益关系，而且不是一般的利益关系，而是一种法律上的利害关系，笔者认为虽然目前对其还没有更进一步的解释，但是诉之利益作为直接利害关系不失为一种相对比较科学的阐释。具体到移动医疗纠纷诉讼，其当事人适格的判断标准亦是如此。在移动医疗纠纷的主体中，无论是对于患者来讲，还是与之相对的医生及其附属机构、移动医疗平台运营商，虽然各主体之间具有错综复杂的利益关系，但具体到有关纠纷诉讼手段的现行规定来看，我国最新《民事诉讼法》第119条①明确指出了"原告是与本案有直接利害关系的公民、法人和其他组织"，从这个角度来讲，具有诉之利益的一方主体在诉讼中则会成为正当当事人，包括正当原告和正当被告，这两者一旦确定，通过诉讼手段解决纠纷的框架基本就搭建完成，诉讼程序就可以得到启动，其他相关主体，视其在具体纠纷中所扮演的角色不同，为了纠纷的及时解决和自身利益的维护，可以以诉讼参与人的身份加入到诉讼，例如证人、第三人，从而明确各主体在诉讼进程中所扮演的角色，共同推进诉讼进程，促进纠纷的终局性解决，维护市场经济秩序的正常运行。

四、移动医疗纠纷诉讼适格当事人之类型化分析

在前文的论述中，笔者首先指出了移动医疗纠纷的特征以及其相关主体认定的疑难问题，明确了其不同于传统医疗纠纷的新特点。而一旦纠纷诉诸诉讼，其第一要务则是确定正当当事人，而上文已经指出正当当事人来源于移动医疗纠纷的相关主体，但并不是所有的移动医疗纠纷主体都可以理所当然地成为正当当事人，而如何确定正当当事人，笔者引出了民事诉讼法中的当事人适格理论，并采纳了以具有"诉之利益"作为适格当事人判断标准的观点。本章按照上文论述的逻辑，依据诉之利益的判断标准，结合移动医疗纠纷的特征和其由于移动医疗架构不同导致的相关主体确定的"疑难症结"，通过类型化的分析来确定医疗纠纷中的适格当事人，具体分析如下。

（一）"患者 VS 注册医生"模式

在此种模式下，移动医疗纠纷诉讼的当事人在患者和移动医疗平台的注册医生之间是确定的，分别在诉讼中充当原告和被告。依据诉之利益的判断标准，此种模式适用于在移动医疗纠纷中，由于注册医生自身存在疏忽大意、误诊误判等过错，给患者造成身体或者精神上的伤害，甚至造成医疗事故从而产生侵权损害赔偿纠纷

---

① 2012年8月31日通过的新《民事诉讼法》第119条有关起诉的要件的具体阐述中第一款明确指出了"原告是与本案有直接利害关系的公民、法人和其他组织"，可以作为当事人适格理论在我国民事诉讼法中的体现。

或者违背契约义务纠纷的情况。而移动医疗平台运营商基于其运营理念和模式架构的现状并没有介入上述纠纷，其自身并不存在过错，同时该注册医生所附属的医疗机构由于该医生本身单方面的或者擅自的执业行为而并没有依托于其所属医疗机构或者向其备案，该医疗机构并没有违反其合理的监管义务或者相应的善意标准的情况。简言之，在纠纷发生诉诸诉讼时，直接利害关系仅存在于患者和医生之间，其他主体并没有直接利害关系，其仅起到辅助诉讼或者促进诉讼进程的作用，并不属于正当当事人。由于移动医疗目前发展状态下相关主体之间利益关系的复杂性，该模式较为"理想化"，较少适用。

（二）"患者 VS 注册医生、医疗机构"模式

在该模式下，移动医疗平台运营商的运作模式发生了变化，其通过招募等方式引进医生等医疗服务工作者在该平台注册，通过运用其专业医疗知识辅助该平台相关服务项目的提供，即现实存在的医生通过网络虚拟医院来提供在实体医院提供的诊疗咨询服务，此时，医生和平台运营者变成了利益共同体，共同在为患者提供诊疗健康服务时，与患者之间发生了利益交换。作为医生所属的医疗机构来讲，有两种情形：第一种，移动医疗平台运营商就是该实体医疗机构本身，此时，该医疗机构和虚拟平台运营商合二为一，依据诉之利益的判断标准，具有直接利害关系的主体发生在患者与注册医生、平台运营商（同时也是该医疗机构）之间，其成为正当当事人参与到诉讼进程之中；第二种，该医疗机构并不是移动医疗平台的运营商，如果其没有违反相应的监管义务和合理善意行为，其与第一种模式相同，并不具有直接利害关系，不属于正当当事人的范畴；反之，若其违背了相应的义务和善意标准，或者参与到医生的诊疗服务之中，则其与患者之间产生了直接的利害关系，应当作为正当当事人参与到诉讼进程之中。需要说明的是，其内部具体责任划分以及诸如证明责任的承担等的确定，则按照《中华人民共和国侵权责任法》的相关规定进行认定，本文不再赘述。

（三）"患者 VS 医生、医疗机构、医疗平台运营商"模式

该模式是在上述两种模式基础上的进一步拓展，在该模式下，不仅注册医生和移动医疗平台运营商通过职能互补以及资源整合共同为患者提供医疗健康服务，参与到利益分配之中，从而与患者产生直接利害关系，具有诉之利益，成为正当当事人，而且患者所属的医疗机构亦参与到该注册医生的诊疗服务中，提供辅助服务或者资源支撑，以及其违背了现行我国医疗管理体制下对医生的监管、培养职责或者合理的善意标准，从而与患者之间产生利益关系，从而具有直接利害关系，亦须认定其为诉讼的正当当事人。就我国的司法实践来讲，该模式的使用较为常见，甚至有了泛滥的趋势。作为当事人的患者往往为了最大程度地维护自身利益，促使诉讼进程的快速圆满解决，不具体分析具体模式之间的差异，一律将上述主体作为正当当事人纳入诉讼进程，而作为裁判者的法官往往出于审慎，亦认可了该行为。但笔者认为该种做法是不可取的。一方面，民事诉讼的目的是在正当当事人之间快速解决纠纷，如果将本不属于当事人的主体拉入诉讼进程，使其遭受了一种新的不利益，促使纠纷蔓延，这样反而是背离了诉讼解决纠纷的目的；另一个方面，将纠纷主体扩大化为共同诉讼，不仅加大了法院的审理负担，造成司法资源的浪费，更延缓了诉讼的进程，法谚有曰："迟来的正义非正义"，这反而不利于当事人利益的保护，这也是本文论述的意义所在。①

综上所述，在移动医疗纠纷诉讼当事人适格的确定中，我们必须结合移动医疗纠纷的特点和现阶段主体之间的复杂性，通过诉之利益的判断标准，具体情况具体分析，依据其纠纷本身的特点，按照上述类型化的分析，确定每一种诉讼的适格当事人，这样才有助于纠纷的终局性解决，而不是把不该进入诉讼的主体引入诉讼或者遗漏了本属于正当当事人的主体，从而充分实现对纠纷各个主体利益的切实维护，实现司法资源的均衡利用和市场交易秩序的有效维持，这也是作为终局性纠纷解决手段的诉讼程序的应有之义，使移动医疗纠纷的每一个主体在每一个具体的案件中都能感受到公平正义。

结语

移动医疗是伴随着以互联网科技为代表的高科技技术融入现代人们社会生活方方面面的一个缩影，也是社会发展和进步的必然趋势。移动医疗纠纷由于架构于虚拟的互联网平台，跨时空和地域为医生和患者之间架起了沟通的媒介和桥梁。在现有法律规范和监管措施不能与时俱进的现状下，基于类似"三角形"架构的各个主体之间的利益或者权利义务关系呈现更加复杂的局面，其出现纠纷的可能性和复杂性都大大增加。在将移动医疗纠纷纳入到诉讼这种终局性纠纷解决渠道时，首先面临的问题就是诉讼适格当事人的确定问题。这就需要我们首先对移动医疗纠纷的各个主体之间的利益或者权利义务关系进行明确的梳理，在此基础上，依据民事诉讼中适格当事人理论进行法律层面的分析，最终通过诉之利益的判断标准，结合移动医疗纠纷的时代特征和其纠纷主体确定的疑难现状，类型化地确定移动医疗纠纷诉讼的适格当事人，从而为诉讼大门的开启奠定坚实的基础。本文立足于移动医疗纠纷诉讼适格当事人的确定，期望能够为移动医疗纠纷诉讼的顺利进行和有效解决提供一定的支持，继而为规范移动医疗市场的长远发展提供法律层面的分析和建议。

---

① ［日］谷口安平：《程序的正义与诉讼》，王亚新、刘军荣译，中国政法大学出版社 1996 年版，第159 页。

医生的信息告知标准：英国的
Montgomery 案[*]

赵西巨^{**}

在英联邦国家的医疗过失法中，英国的 *Bolam* 案[1]是一个十分经典的案子。它巨大的影响力不仅表现在它超越了英国本土，被推广到了整个英联邦国家，[2] 而且表现在它走出了医疗行业，被适用到了其他需要专门技能和知识的专业领域。[3]

1957 年审结的 *Bolam* 案是一个诊疗和信息告知的混合型案子。在医疗执业人员过失判定方面，它建立的是一个以医疗行业为导向的测试标准，即"如果一位医生按照一个做法行事，而该种做法被熟知那种特定技能的一群负责任的医疗人员（a responsible body of medical men）接受为适当，他就不应负过失责任"。而且此种过失判定不受业界不同意见的影响，即"如果一个人按照这种做法行事，不能仅因为存在一种相反的意见就认定医生有过失"。在该案中，这种以医疗行业为导向的过失判定标准超越了诊疗领域，被一体性地适用到了信息告知领域。在案中被告医生是否应在风险告知义务方面承担责任的问题上，法官考察的同样是被告未告知患者治疗中所存在风险的做法是否低于"能胜任的一群医疗人员"认为适当的标准。这是一种以医疗行业做法为判断标准的思维方式。

以后的司法表明，在 *Bolam* 案是否适用于信息告知领域这一问题上，英联邦国家产生了分歧。这种分歧表现在，在信息披露的范围和标准问题上，是采用以医疗行业为导向的（合理）医生标准还是以患者为导向的患者标准/实质性（materiality）

---

* 本文系山东省高等学校人文社会科学研究项目"基本医疗保障体制下医生的资源配置义务及责任研究"（J14WB11）阶段性研究成果。

** 赵西巨，山东中医药大学法学博士，教授，E-mail：xijuzhao@ 163. com。

① *Bolam v Friern Hospital Management Committee* [1957] 2 All ER 118, 122. 关于此案的具体评介，参见赵西巨：《医事法研究》，法律出版社，第 249 ~ 254 页。

② *Chin Keow v Government of Malaysia* [1967] 1 WLR 813（PC）.

③ *Gold v Haringey HA* [1987] 2 All ER 888, 894（CA）.

标准。前者如前面所述 *Bolam* 标准，它要求医生向患者告知一位合理医生所通常披露的信息。而后者之典型为 *Rogers* 标准，该标准为澳大利亚的 *Rogers v Whitaker* 案①所建，它以患者的信息需求为依归。在 *Rogers* 标准下，"如果，在特定案件的情形之中，处于患者位置的一个合理之人（a reasonable person in the patient's position），如果得到风险警示，可能对风险赋加重要性（significance），或者，如果医疗执业人员意识到或应当合理地意识到特定的患者（the particular patient），如果得到风险警示，可能对该风险赋加重要性，那么，该风险便是实质性风险"。

从英联邦的几大法域看，英国和新加坡固守着 *Bolam* 标准（医生标准），坚持医生诊疗义务与告知义务的一体化。在英国，其标志性案件是 *Sidaway* 案。② 该案见证了 *Bolam* 标准在信息告知领域的适用。作为英联邦和普通法国家，新加坡仍然追随着 *Bolam* 标准，即使在信息告知领域。在 *Gunapathy* 案③中，新加坡的上诉法院确认 *Bolam* 标准适用于医生向患者提供信息或咨询建议的场合。后续的新加坡司法判例进一步申明"医生的注意义务是综合性的"，信息告知是否充分的问题主要是医学判断问题。④

但是，英联邦大家庭中的加拿大、澳大利亚、新西兰和马来西亚则意识到了信息告知与诊疗的不同面，在信息告知领域采纳了不同于 *Bolam* 标准的患者标准，与英国保持了距离。在 *Reibl v Hughes* 一案⑤中，加拿大最高法院认为，信息告知问题需考虑"患者知晓实施特定手术或其他治疗之风险的权利"，它"与医生是否根据可适用的职业标准实施了其职业活动这一问题不是同样性质的问题"。如前所述，澳大利亚的 *Rogers v Whitaker* 案⑥明确否定了英国 *Bolam* 案和 *Sidaway* 案在信息告知领域的适用，从而建立了自己的 *Rogers* 标准。新西兰则是通过患者权利立法认可了以满足患者信息需求为目的的告知标准。⑦ 在 *Bolam* 标准与 *Rogers* 标准的选择上，马来西亚联邦法院选择了后者，并认为 *Rogers* 标准，相较于 *Bolam* 标准，是"在这个一千年更加适当和更加有生命力的测试标准"。⑧

---

① *Rogers v Whitaker* (1992) 175 C. L. R. 479, 490（HCA）.

② *Sidaway v Governors of the Bethlem Royal Hospital* [1985] AC 871（HL）. 关于此案的具体评介，参见赵西巨：《医事法研究》，法律出版社 2008 年版，第 264 ~ 268 页。

③ *Dr Khoo James and Another v Gunapathy d/o Muniandy and another appeal* [2002] 2 SLR 414；[2002] SGCA 25.

④ *D' Conceicao Jeanie Doris（administratrix of the estate of Milakov Steven, deceased）v Tong Ming Chuan* [2011] SGHC 193.

⑤ *Reibl v Hughes* [1980] 2 SCR 880（SCC）；(1980) 114 D. L. R.（3d）.

⑥ *Rogers v Whitaker* (1992) 175 CLR 479（HCA）.

⑦ Health and Disability Commissioner（Code of Health and Disability Services Consumers' Rights）Regulation 1996, Schedule, Right 6 (2).

⑧ *Foo Fio Na v Dr Soo Fook Mun and Anor* [2007] 1 MLJ 593, para. [78].

今天看来，英联邦国家在信息告知标准上的上述分歧有可能被弥合。原因是，2015 年 3 月 11 日，来自年轻的英国最高法院①的七名法官②就一个知情同意案子作出了一份必将改写英国知情同意法和影响整个医疗行业的、一致的、最终的判决。在判定信息告知领域的医疗过失方面，该判决热情拥抱了澳大利亚的 *Rogers* 标准，疏远了英国的 *Bolam* 标准。该案在出世当天，即被媒体称之为"标志性的、划时代的（landmark）""重大的（momentous）"的判例，被认为是"30 年来最重要的医疗过失方面的判决"。③ 它便是 *Montgomery*（*Appellant*）*v Lanarkshire Health Board*（*Respondent*）（*Scotland*）案④。

一、案情

本案的原告 Montgomery 女士曾在大学学习分子生物学并获得科学学士学位，后就职于一家药品公司，从事与医院有关的工作。她的母亲和姐姐均是医疗从业人员。她曾被法官描述为"明显属于高智商的人"。被告 McLellan 医生是一位妇产科医生。本案的被告还包括雇佣 McLellan 医生的健康组织。

该案发生在 1999 年。那年，原告期待着她的第一个孩子的降临。原告属于小个子体型，并且患有糖尿病。患有糖尿病的妇女所怀的孩子的个头很可能比正常人大，而且体重会聚集在胎儿的肩部。通常情况下，胎儿的头部最宽。在正常分娩情况下，只要头部成功出来，身体的其他部位都会平安无事地出来。但是，对于糖尿病妇女来说，因其胎儿的最宽部位可能是肩部而不是头部，就很可能发生胎儿的头部成功产出，但是胎儿的肩部因过宽而不能自然产出的情况。这种情况在医学上被称为"肩难产"，是一种会导致新生儿和产妇疾病或新生儿死亡、需要医疗干预的紧急情况。正因为此，患有糖尿病的原告被认为是具有高风险的、需要密切观察的孕妇。她为此选择的也是一家兼具产科和糖尿病医疗服务的诊所。

在本案中，原告被告知她怀的是一个较大体型的胎儿，但是她没有被告知生产的风险，特别是肩难产的风险。对于糖尿病孕妇来说，肩难产发生的风险是 9% ~ 10%。尽管承认这是一个高风险，被告医生的做法是不花时间或不花很多时间与患者讨论这一肩难产的潜在风险。原因是，一方面，她认为肩难产导致婴儿出现严重问题的风险非常小；另一方面，在她看来，如果肩难产风险被提及，糖尿病孕妇常

---

① 英国最高法院系基于英国 2005 年宪法改革法案而成立，它于 2009 年 10 月 1 日开始运作。它继承的是英国上议院（House of Lords）的司法职能。

② 他们是：Lord Neuberger，Lady Hale，Lord Kerr，Lord Clarke，Lord Wilson，Lord Reed，Lord Hodge.

③ Helen McArdle，"Mum whose son suffered brain damage during birth awarded £5.25m in landmark victory"，〈http://www.heraldscotland.com/news/health/landmark - victory - for - diabetic - lanarkshire - mother - whose - son - suffered - brain - damage - during - .120420931〉，2015 年 3 月 12 日访问。

④ *Montgomery*（*Appellant*）*v Lanarkshire Health Board*（*Respondent*）（*Scotland*），［2015］UKSC 11.

常会选择另一种生产方式——剖宫产，而她认为剖宫产并不符合母亲利益。尽管被告医生坦承原告曾对能否自然生产体型大的孩子向她表达了担心，但是被告医生认为原告并没有"特别问及"其中的具体风险，因此决定不去告知。因此，被告医生告诉原告她能自然分娩，如果自然分娩出现困难，可以采取剖宫产。

原告两周一次进行超声波检查以评估胎儿的大小和发育情况。原告最后一次做超声波检查是在妊娠 36 周时。被告医生决定不再在妊娠 38 周时给原告做超声检查，原因是她感觉原告对孩子的大小和自然生产能力越来越担忧。

被告医生根据妊娠 36 周的超声波检查估计胎儿出生时（妊娠 38 周）的重量为 3.9 公斤。根据被告医生的证言，一般来讲，对于糖尿病孕妇，如果胎儿出生时的重量为 4.5 公斤，她通常会采用剖宫产。由于原告个头较小，对于原告来说，如果其胎儿出生时的重量超过 4 公斤，她也会考虑剖宫产。实际情况是，被告医生对原告的评估有些保守。一方面，在评估时她没有考虑上下 10% 的误差。另一方面，孩子在原告怀孕 38 周零 5 天时出生，被告医生也没有考虑这 5 天的生长空间。最终，当孩子在第 38 周零 5 天如期而至时，孩子体重为 4.25 公斤。这个体重超出了被告医生通常会考虑剖宫产的胎儿重量。

原告的生产并不顺利。分娩在几小时后停滞。在随后的几个小时里，更多的荷尔蒙不得不使用以增加收缩的力度和克服自然生产的迟延。婴儿的头部不能自然产出，被告医生使用了产钳。当天下午 5 点 45 分，当半个头已产出时，婴儿的肩部遭到了嵌塞。被告医生以前从没遇到过这种情况。据本案一位专家证人讲，这种情形是任何产科医生的噩梦。麻醉师曾对原告进行了全麻以便可以将婴儿推回子宫以进行紧急剖宫产手术。但是被告医生决定继续完成自然生产。她使劲拽拉婴儿的头部以使其产出。为了让肩部产出，她曾试图切开骨的联合处以便将骨盆的两部分分开。她在切开联合处方面取得了部分成功。但是，因为当时没有刀片固定的外科用小手术刀，所使用的刀片在关节分开完成之前脱落。被告医生最终在当天下午 5 点 57 分将婴儿取出。

但是，就在从婴儿头部娩出到分娩完成的这 12 分钟内，由于脐带完全或部分闭塞，胎儿不能获得氧气。由于缺氧，婴儿出生后被诊断为脑瘫，同时存在臂丛神经损伤，并导致胳膊瘫痪。婴儿的四肢也受到了脑瘫的影响。如果原告选择剖宫产，婴儿的损害将不会发生。

在本案中，原告认为，如果她被告知了肩难产的风险，她将会要求医生解释这一风险及其后果。如果她认为这是一个重要的风险，她会要求医生采取剖宫产。

在被告医生是否有义务告知肩难产风险这一问题上，本案的医疗专家证言存在分歧。支持原告方的医疗专家认为，被告方未告知肩难产风险的做法并不恰当。当原告对胎儿的大小表达关注的时候，医生应就胎儿的大小所引发的问题与患者讨论。

这种讨论包括对肩难产风险和剖宫产选择项的探讨。但是，支持被告方的医疗专家认为，被告对原告关注的回应是充分的、合理的。有专家认为，如果医生告知孕妇肩难产风险，这实际上就是让孕妇选择剖宫产。

二、下级法院的判决

在原告是否应当被告知医生所建议的自然生产的肩难产风险和替代的剖宫产生产方式这一问题上，出任民事初审独任法官的苏格兰最高民事法院法官（Lord Ordinary）作出了否定回答。初审法官主要追随了 *Bolam* 案和 *Sidaway* 案的判决思路，来判断被告的未告知行为是否为一种负责任的医疗观点，他认为被告的做法属适当。根据专家证言，初审法官认为被告的做法并不是不能经得起合理分析的做法。

贯穿在 *Bolam* 案和 *Sidaway* 案中的以医疗行业为导向的判定原则存在两个例外。一是看是否存在这样一个情形：所建议的治疗涉及了具有严重不良后果的实质性风险（a substantial risk of grave adverse consequences），患者对治疗的决定权利是如此明显以致一位谨慎的医疗从业者不会不去警示这一风险。二是，如果患者"特别地"提问到了某一治疗风险，医生应如实、全面地回答。但是，在初审法官眼中，这两个例外都不能适用于本案。一方面，初审法官认为，肩难产虽为重要风险，但是肩难产在多数情况下运用简单程序即可应对，对婴儿构成严重损害的几率较小，不属于"具有严重不良后果的实质性风险"。另一方面，初审法官认为，原告患者所表达的对自己生产较大婴儿能力的担心并不能等同于对具体风险的特别的提问，因此不能激活医生的如实回答义务。

在上诉阶段，原告（上诉方）坚持的仍是医生应告知肩难产风险和剖宫产替代处置方案这一主张。但是，苏格兰最高民事法院（上诉庭）（the Inner House of the Court of Session）仍然没有支持这一主张。上诉庭法官尊崇的仍是 *Sidaway* 案的判决精神，即医生在告知患者风险时，只要遵循了一群负责任的医疗从业者的做法即可。如初审法官一样，上诉庭法官也考虑了这一原则的两个例外：一是如果一个风险是明显地具有实质性以致没有医疗从业者会合理地不去警示这一风险，此时便产生告知义务，医疗行业做法不再具有决定性；二是患者的具体提问启动医生的如实回答义务。上诉庭法官也认为本案患者不能受益于这两种例外。这是因为，一是本案涉及的风险不是肩难产发生的风险，而是肩难产所造成严重不良结果的风险。而后者的可能性较小，不属于"明显地具有实质性"的风险；二是，原告对婴儿大小和自身自然生产能力的担心具有一般性质，不属于"具体的提问"，不能引发医生的如实回答。

三、英国最高法院的判决

（一）关于 *Sidaway* 案

英国的 *Bolam* 案是一个诊疗和信息告知的混合型案子，它建立的以医疗行业做法为导向的过失判定测试标准（即 *Bolam* 标准）非常契合医生需要发挥医学判断和专业技能的诊疗领域。当时英国最高裁判机构——英国上议院——审结的 *Sidaway* 案①直面了 *Bolam* 标准是否适用于信息告知领域这一具体问题。通常认为，英国的 *Sidaway* 案容忍了 *Bolam* 标准之适用在信息告知领域的继续。因此，要回答 *Bolam* 标准能否适用于信息告知领域这一问题，对 *Sidaway* 案这一"先例"的解读和重新审视尤为关键。

总体来看，在 *Montgomery* 案中，在将 *Bolam* 标准适用于信息告知领域这一问题上，英国最高法院并不满意 *Sidaway* 案多数派法官的分析和观点。英国最高法院认为，不应将 *Sidaway* 案看作是一个将 *Bolam* 标准毫无保留地适用于医生告知义务的判例。

在 *Sidaway* 案中，对于 *Bolam* 标准与医生告知义务的关系问题，法官意见不一。其中存在两个"极端"。一个"极端"观点可以看作是"左"派，它来于英国上议院法律议员 Diplock 勋爵。他也是该案多数派意见持有者。Diplock 法律议员认为 *Bolam* 标准具有广泛适用性，它不仅适用于诊断、治疗领域，而且也适用于信息告知领域。他认为医生的注意义务具有综合性或一体性（comprehensive），医生的信息告知也牵扯到医生职业技能和判断（professional skill and judgment）的行使问题。不过，这种"一体性"论点有个缝隙，即 Diplock 法律议员认可"患者提问"这一例外。他认为，当患者询问时，医生应告知患者想要知道的信息。

在 *Sidaway* 案中，处于另一个"极端"的属于"右"派或自由派的人物是崇尚权利的 Scarman 法律议员。该议员是该案的少数派意见持有者。该议员是患者自我决定权利的尊崇者，他彻底地否定了 *Bolam* 原则在信息提供领域的适用。Scarman 法律议员认为，医疗决定并不是完全基于医学的考量，医生也许并不知晓患者心中的价值观、目标、考虑情形，患者的决定也许并不同于建立在纯医疗判断上的决定。

---

① *Sidaway v Governors of the Bethlem Royal Hospital* ［1985］AC 871（HL）. 在该案中，原告因颈部、右肩和双臂疼痛于 1974 年在被告处做了一个手术，手术是由一位资深的神经外科医生做的。该手术，即使投入了适当的注意和技能，仍内含有一种风险，即对脊柱和神经造成伤害的风险，此风险的发生概率较低，只有 1% ~2% 。潜在的风险在原告身上发生了，导致了其严重瘫痪。原告诉称被告未能向她披露或解释该手术内含的风险，因而存在过失。初审法院驳回了原告的诉讼请求，原因在于，在 1974 年，不向患者告知上述风险是被一群尽责的、有技能的、有经验的神经外科医生认为是适当的一种做法，法官根据 *Bolam* 测试标准作出了上述判决。上诉法院肯定了初审法院法官的决定。争端被上诉至了英国上议院。英国上议院仍作出了有利于被告的判决。

因此，如果从患者的自我决定权角度来考察医生的告知义务，医生有义务向患者告知治疗中的"实质性（material）"风险。而所谓的"实质性"风险指的是一个处于案中患者位置的合理患者认为"重要（significant）"的风险。这一以患者为导向、建立在风险"实质性"考察基础之上的医生告知义务有一个"医疗特权"例外，即如果医生合理地认为信息的告知会对患者的健康（包括精神健康）产生损害，医生可以不予告知，尽管这一信息属于实质性信息。在 Scarman 法律议员的思路中，医学证言可以来证明风险的大小、风险发生后的严重性和是否有必要基于医疗特权向患者保留相关信息，但是，医生告知义务的范围问题，或者说医生是否违反告知义务的问题，则最终是一个法律问题而非医学问题。

在 Sidaway 案中，除了上述两个"极端"法官之外，还存在许多属于"左""右"摆动型的持中间路线的法官。不过，他们均是与 Diplock 法律议员为伍的多数派意见支持者。其中，Bridge 法律议员和 Keith 法律议员首先定了个基调，认为，"决定什么程度的风险告知最能帮助特定患者就是否接受某一特定的治疗作出合理的选择必须首要地是一个临床判断（clinical judgment）问题"，医生是否违反告知义务是一个"主要"根据"专家医学证言"适用 Bolam 测试标准来判断的问题。至于原因，他们强调的更多是在医疗决定问题上患者缺乏医学知识、患者易于作出不合理的判断以及在如何更好地向患者告知信息问题上需要"临床判断"这些考虑因素。不过，两位议员对 Bolam 标准的忠诚有两点折扣和保留：一是，若患者对某一信息提出具体询问，医生应负告知义务；二是，如果某一特定风险的告知是"明显必需的（obviously necessary）"，以至于没有合理谨慎的医生会不去告知它（比如，医疗措施涉及"具有严重不良后果的实质风险"），医生便负有告知义务，应尊重患者的决定权，尽管医生的未告知行为也符合医疗行业做法。在 Montgomery 案法官眼中，这些保留，特别是在特定情况下对患者决定权的认可，被认为是拉近了 Bridge 法律议员、Keith 法律议员与少数派 Scarman 法律议员的距离。

处于两个"极端"之间的多数派意见持有者还有 Templeman 法律议员。Templeman 法律议员注意到在医生的知识和客观与患者的无知和主观之间存在着不平衡，但是，他认可患者具有医疗上的决定权，尽管患者作出的可能是不全面和不合理的判断。在 Montgomery 案法官看来，Templeman 法律议员对患者决定权的关注与 Scarman 法律议员对人权的关注极为相似。

因此，通过对 Sidaway 案的重新审视，Montgomery 案法官认为，如果说 Sidaway 案是毫无保留地将 Bolam 标准适用到了信息告知领域，这系误读。Sidaway 案中只有 Diplock 法律议员持这种立场，其他法律议员或者明确反对，或者提出保留和限制。

Montgomery 案法官对 Sidaway 案的不满意溢于言表。首先，Sidaway 案过于关注了患者的具体询问。不应让可能不知从何问起的患者承担询问的负担。实际上，越缺乏知识不能提出具体问题的人可能越需要信息。而且，正如 *Montgomery* 案所显示的，这种对询问的关注还会导致人们过度细致地去区分"提问（questioning）"和"不构成提问但属对关切点的表达（expressions of concern falling short of questioning）"。另外，让患者承担提问义务不符合医患关系的社会现实。其次，*Sidaway* 案在医疗行业的做法决定医生告知义务这一大原则之下所创设的"风险告知明显必需"这一例外适用起来也不顺畅。它具有潜在的不稳定性。法官会对其进行限缩解释。正如本案所显示的，"具有严重不良后果的实质风险"本来是 Bridge 法律议员说明"风险告知明显必需"的一个例证，但是却被一般化对待了，成为案中的争议焦点。

从英国后来的司法来看，尽管 *Sidaway* 案的约束力没有被推翻，但是一些下级法院心照不宣地拒绝将 *Bolam* 标准适用于信息告知领域，实际上采纳了 *Sidaway* 案中少数派 Scarman 法律议员的观点。比如，在 *Pearce* 案①中，Woolf 法官认为，"如果存在一个会影响到合理患者判断的重要（significant）风险，如果患者需要这一信息以便自己决定采取何种措施，在通常情况下，医生有义务向患者告知这一重要风险"。这与 Scarman 法律议员所讲的医生应告知处于患者位置的合理患者有可能赋予重要性的风险的说法一致。这其中并没有提到 *Bolam* 标准。

与 *Sidaway* 案中少数派 Scarman 法律议员处于一条线的 *Pearce* 案 Woolf 法官意见对后来的司法产生了一定的影响力。比如，在英国上议院 *Chester v Afshar* 一案②中，Steyn 法律议员正面援引了 *Pearce* 案中的 Woolf 法官意见，并基于以下理由认为存在保护本案原告的必要：（1）每一成年且心智正常之人均有权决定对其身体的处置；（2）患者被告知的权利是一项至关重要的权利，它必须得到尽可能的有效保护；（3）知情同意法则所保护的患者利益是患者的自主和尊严。尽管该案件关注的是医疗侵权中的因果关系问题，但是该案对患者自主权的张扬让人印象深刻。案中的 Bingham 法律议员认为，医生之所以负有风险告知义务是因为这可以让患者自己作出密切影响他们生活和身体的决定。案中的 Walker 法律议员则认为患者的自主权正得到越来越广泛的认可，为了作出对自己的健康和福祉有深刻影响的医疗决定，患者有权获得有关医疗风险和替代医疗措施的信息和建议。再比如，在新近的 *Birch* 案③中，法官将 Woolf 法官在 *Pearce* 案中所提出的告知"重要风险"这一说法作为医生信息告知的一般标准，尽管这与 *Sidaway* 案中 Diplock 和 Bridge 法律议员所言

---

① *Pearce v United Bristol Healthcare NHS Trust* ［1999］PIQR P 53.

② *Chester v Afshar* ［2004］UKHL 41；［2005］1 AC 134. 关于此案，参见赵西巨："英联邦国家医疗侵权诉讼中因果关系之证明及评价"，载《证据科学》，2009 年第 3 期。

③ *Birch v University College London Hospital NHS Foundation Trust* ［2008］EWHC 2237（QB）.

协调起来有些困难。由此，在英国本土，*Sidaway* 案中少数派 Scarman 法律议员观点——*Pearce* 案 Woolf 法官观点——*Chester v Afshar* 案——*Birch* 案基本上形成了一条志趣相投的发展路线。

（二）比较法上的观察

为了从其他法域汲取力量，*Montgomery* 案法官还观察了其他英美法国家，特别是澳大利亚的司法。在澳大利亚的 *Rogers* 案①中，澳大利亚最高司法机构——澳大利亚高等法院明确否定了英国 *Bolam* 案和 *Sidaway* 案在信息告知领域的适用。尽管没有否认医生的注意义务是"一个单一的综合性的义务"，但是本案的多数派意见②指出在决定医疗执业人员是否违反注意标准问题上，法院应根据案件的不同性质——是关于诊断、治疗还是关于信息——提供不同的考虑"因素"，诊断和治疗与信息提供之间存在着重大区别，不能用同一种方式去处理医生注意义务的所有方面。

至于诊断和治疗与信息提供之间的区别，该案意见认为，"一位医疗执业人员是否依据适当的注意标准实施了某一特定治疗这一问题，是一个负责任的职业观点将发挥影响力，通常是起决定性作用的问题；但是，在决定是否提供给患者所有的相关信息让其选择是否接受某种治疗这一问题上，侧重次序应有所不同。一般来讲，它不是一个由医疗标准或做法来回答的问题。对信息的披露，包括对拟定治疗所含风险的披露，不需要专门的医疗技能，除非存在所有相关信息的提供会伤害一位异常敏感或情绪不易控制的患者这一特定的危险"。③

由此，*Rogers* 案推出了一个专门适用于信息告知领域的风险实质性测试标准，即 *Rogers* 标准："如果，在特定案件的情形之中，处于患者位置的一个合理之人（a reasonable person in the patient's position），如果得到风险警示，可能对风险赋加重要性（significance），或者，如果医疗执业人员意识到或应当合理地意识到特定的患者（the particular patient），如果得到风险警示，可能对该风险赋加重要性，那么，该风险便是实质性风险。"④

在 *Montgomery* 案法官看来，上述测试标准即面向抽象的合理患者，也面向具体的、实际的患者。医生的告知内容来源于个体患者的需要、关注点和情形。在决定告知内容时，个别患者不管是表达一般性关注还是提出具体问题均应是相关考虑因素。法官不应仅因为患者没有提出某种特定的问题就忽视考察 *Rogers* 标准下医生面向特定患者的告知义务。

---

① *Rogers v Whitaker*（1992）175 CLR 479（HCA）. 关于此案，参见赵西巨：《医事法研究》，法律出版社 2008 年版，第 269 ~ 271 页。

② Mason C. J.，Brennan，Dawson，Toohey and McHugh JJ.

③ *Rogers v Whitaker*（1992）175 CLR 479，489 - 490（HCA）.

④ *Rogers v Whitaker*（1992）175 C. L. R. 479，490（HCA）.

（三）法院形成的观点

法院认为，基于以下变化，*Sidaway* 案判决思路已不合时宜：一是社会方面的变化。一是医患关系格局的变化。患者不再是医疗服务的被动接受者，而是拥有权利、可行使选择权的人。医疗服务提供者所提供的医疗一般认为不仅是基于他们的临床（医学）判断，而且是基于其他一些因素的考虑，比如医疗资源分配、成本控制和医院管理。另一个社会变化是患者不再是医学上无知的、不能理解医学问题或者完全依赖医生所提供信息的人。不能一般性地或概括性地将患者假定为缺乏知识和理解能力的人群。二是医疗实践的变化。根据英国医疗行业学会所发布的指南，医生已被要求与患者建立伙伴关系，向患者解释不同的治疗方法和每一种治疗方法的益处、风险、负担和副作用。三是法律的变化。这主要体现在司法判例和国际公约日益承认公民的自我决定权。

法院认为，基于以上社会和法律发展，医患关系模式不应再是建立在医疗父权主义之上，不应再是建立在患者属于完全依赖医生所提供信息这一前提之下。患者不应被看作是完全被医生控制的人，而是有能力理解医疗措施的不确定性和风险性、勇于承担风险、勇于面对选择之后果的成年人。

这就要求，在医疗过失法中，医生应负的合理注意义务是要让患者意识到治疗中所隐含的实质性的损害风险，即有义务去避免将患者置于本可避免的损害风险之下。医生的这一注意义务对应的是患者的决定权。患者决定权的行使并不完全依赖于医学考虑因素。

法院认为，这里有必要将医生的两种角色做一个基本的区分：一是医生要考察可能的诊疗方案。这种角色需要行使职业的技能和判断。比如，将手术中存在何种伤害风险这一问题落入医疗从业者的专业判断范围。二是医生要向患者告知所推荐的疗法和可能的替代疗法及其伤害风险。医生的这一角色所牵扯的问题，即是否应将损害风险和替代疗法告知患者，不是一个纯粹的职业判断问题，并不完全依赖于医疗技能的行使。这其中要考虑到患者的自我决定权，而患者的决定可能受到非医学因素的影响。由于医生告知患者风险信息的意愿程度并非由医学知识或经验所决定，因此，如果将 *Bolam* 测试标准应用于信息告知领域将会导致一个不良后果，即不是因为存在医学上的不同观点或流派，而仅仅是因为医生对患者的尊重程度有所不同而认可了医疗实践中的一些不同做法。

在法院看来，医生的告知义务存在一些例外：一是患者不愿被告知（即权利放弃），医生便没有义务去告知。决定一个人是否愿意被告知需要医生去做判断，但是它需要的不是医学专业知识的判断。二是如果基于合理的医学判断，医生认为告知会对患者的健康产生不利，医生也不需要告知，即"医疗特权"例外。但是，"医疗特权"只是一种例外，它不能成为一般原则。如何更好地向患者解释风险信息也需要技能和判断，但是这种技能和判断不是 Bolam 标准所关涉的那种（医学）技能和判断。

因此，法院认为，Sidaway 案将 Bolam 标准适用于医生的信息告知领域，这是不能令人满意的。没有理由再将 Bolam 标准适用于医生的信息告知领域。在此方面，正确的法律立场应是英国 Sidaway 案中少数派意见持有者 Scarman 法律议员的观点、英国 Pearce 案中 Woolf 法官的观点和澳大利亚 Rogers 案所提出的 Rogers 标准。也就是说，一个成年的心智正常的人有权决定接受何种治疗，在治疗措施侵入其身体之前，必须获得患者的同意。因此，医生有义务采取合理的注意来确保患者知晓了所推荐治疗中的任何实质性风险和合理的替代疗法。"实质性"的测试标准是在特定的案情中，处于患者位置的一个合理之人是否有可能对风险赋加重要性，或者，医生是否意识到或应当合理地意识到特定的患者可能对该风险赋加重要性。医生的告知义务存在例外，比如医疗特权、紧急情形。

对此，法院还说明了三点：一是对风险实质性的评估不能简单化为百分比的度量。某种风险的重要性体现在诸多因素，比如风险的大小、风险的性质、风险发生对患者生命的影响、治疗的益处对患者的重要性、替代疗法及其风险。这种评估是基于案件事实的，且要反映患者的具体特性。二是医生的告知义务或者咨询角色涉及对话，即确保患者"理解"相关信息以作出知情的决定。因此，医生要确保所提供的信息是可理解的。医生履行告知义务并不意味着轰炸式地向患者提供不能合理期待其能理解的技术信息，更不意味着程式化地简单获取患者在知情同意书上的签字。三是医疗特权仅是医生的告知义务的例外，它是一般原则的有限的例外，不能滥用。这一例外不能用来颠覆一般原则。只要患者具备选择能力，就应尊重其知情决定的权利。医生不能仅认为这种选择有违患者的最佳利益而阻止患者作出知情选择。

对于法院所建立的以患者权利为主导、以患者为导向、以信息实质性为核心的信息告知标准，法院还列举了一些可能存在的反驳观点并对这些观点进行了回应。一是有观点提出，有些患者宁愿相信医生也不愿知道风险信息。正如上面所提到的，法院认为，患者权利放弃可以构成医生告知义务的例外。二是有观点认为，由于医疗服务提供者可用的"时间"有限，风险告知不可能。对于这一"时间"抗辩，法院认为，其他法域的实践已证明，新建立的信息告知标准会让医疗服务提供者的行为根据法律要求作出调整，会让不愿和不会告知的人、会让忙碌的人停下来与患者进行交流。这就像英国当年 Donoghue v Stevenson 案[①]的面世改变了产品生产商的行

---

① Donoghue v Stevenson［1932］AC 562. 这是一起英国早年的侵权法判例。它的贡献在于，它确立了产品的生产商对产品消费者所负的注意义务。具体参见赵西巨：《医事法研究》，法律出版社 2008 年版，第191～194 页。

为一样。三是有观点认为，新的信息告知标准会导致防御性医疗和医疗诉讼的增加。然而，法院则认为，让患者意识到医疗的潜在危险性和医疗结果的不确定性，并让患者对最终选择负起责任，当不利后果真的发生的时候，患者反责医生并提起诉讼的可能性反而会更小。四是有观点认为，随着新标准的出台，医疗诉讼的结局会更加不可预测。法院坦承在医生告知义务案件中不再适用 *Bolam* 标准的确会减少诉讼结果的可预测性，但是从保护患者免于损害风险的角度考虑，上述不可预测性是可以容忍的。总之，法院认为，在尊重患者尊严面前，上述反驳意见都是不足取的。

具体到本案，法院认为，医生应向患者告知肩难产风险和剖宫产替代方案。肩难产风险是实质性的，这种风险不仅包括对婴儿的风险，也包括对孕妇的身体和健康所带来的风险。相较之下，对于患者来说，剖宫产方式对母亲的风险较小，对婴儿所带来的风险几乎不存在。这更显现了告知肩难产风险的必要性。另外，医生已经意识到肩难产风险有可能影响到处于本案原告位置的患者的医疗决定，原告患者也对自己能否自然生产婴儿表示了担忧。所有这些都指向医生负有肩难产风险的告知义务。医生违反了这一告知义务，便存在医疗过失。医生可以并且有责任表达在医疗方案选择上的个人偏好和价值判断，比如倾向于自然产而非剖宫产，并解释其原因。但是，这应在患者知晓各种疗法及其风险之前提下进行。医生不能因为害怕患者选择剖宫产而隐瞒自然分娩所含有的肩难产风险。

四、评析

英国 *Sidaway* 案是当时英国最高司法机构英国上议院审结的案子。基于遵循"先例"原则，在 *Bolam* 标准是否适用于信息告知问题上，它具有最高的法律约束力。后来的一些判例尽管对 *Sidaway* 案判决意见作出了保留和稀释，但尚不能构成对其所拥有的判例法上的约束力的否定。现在，来自英国最高法院的 *Montgomery* 案明确否定了 *Sidaway* 案的多数派判决意见，不主张将 *Bolam* 标准适用于信息告知问题，并提出了判定医生告知是否充分的不同于 *Bolam* 标准的新的标准。从这个意义上讲，英国 *Montgomery* 案是具有转折性的。

对于这个过程中所表现出的法律上的发展，究竟是革命式的还是渐进式的，尚属仁者见仁、智者见智之范畴。一方面，*Montgomery* 案否定了同一级别的司法机构 30 年前所作出的主导性判决意见，其震撼力和影响力不可低估。另一方面，*Montgomery* 案在作出这一法律改变时，力图挖掘的是法律的点滴发展和继承性，尽量让人少产生裂变的感觉。比如，尽管 *Montgomery* 案"扶正"的是 *Sidaway* 案中的少数派观点，但也分析了 *Sidaway* 案中的多数派观点与少数派观点的相通性。另外，通过判例援引，*Montgomery* 案判决也让人们感觉到新的标准并不是空穴来风。英国 *Sidaway* 案中少数派意见持有者 Scarman 法律议员的观点、英国 *Pearce* 案中 Woolf

法官的观点、澳大利亚 *Rogers* 案所提出的 *Rogers* 标准和 *Montgomery* 案最终认可的"风险实质性"标准是具有一体性和连续性的。

坦诚地讲，就信息告知的标准而言，*Montgomery* 案的继承性大于创新性。在英美法系国家司法中，对患者自主权利的张扬，以患者需求为导向的信息披露标准的导入，已不属于新鲜事。*Montgomery* 案所认可的判定风险"实质性（materiality）"的标准和提法早在 40 多年前就出现在了美国的标志性知情同意案件 *Canterbury v. Spence* 案①中，并在 20 多年前的澳大利亚的 *Rogers* 案②中得到了丰富和完善。*Montgomery* 案最终采纳的是 *Rogers* 案的版本。尽管 *Montgomery* 案在法理方面的创新性不强，但是，鉴于英国以医疗行业做法为导向的信息披露标准长期占据知情同意法的历史，*Montgomery* 案的逆转定会在英国这个相对较为保守的法域产生重要影响。而且，考虑到英国在英联邦国家中"帮主"地位，该案也会对整个英联邦国家产生示范、指引和统一作用。英联邦法域在信息披露标准上的分歧会缩小。另外，除了上述标杆和象征意义，*Montgomery* 案还存在诸多实体价值。*Montgomery* 案判决书在解释为什么在信息告知领域不能适用 *Bolam* 标准上，特别是在医学判断与非医学判断领域的分析上，作出了不少实质性贡献。*Montgomery* 案的可圈可点之处还包括对患者自主权的明确认可、信息告知范围的宽泛列举和信息告知一般标准的推出。

在我国侵权法上，医生的告知义务及责任对应的是《侵权责任法》第 55 条。该条规定，"医务人员在诊疗活动中应当向患者说明病情和医疗措施。需要实施手术、特殊检查、特殊治疗的，医务人员应当及时向患者说明医疗风险、替代医疗方案等情况，并取得其书面同意；不宜向患者说明的，应当向患者的近亲属说明，并取得其书面同意。医务人员未尽到前款义务，造成患者损害的，医疗机构应当承担赔偿责任"。其中所言及的"不宜向患者说明"内含"医疗特权"这一医生告知义务的例外。另外，第 56 条还规定了医生告知义务的第二种例外——紧急情形，即"因抢救生命垂危的患者等紧急情况，不能取得患者或者其近亲属意见的，经医疗机构负责人或者授权的负责人批准，可以立即实施相应的医疗措施"。通过第 55 条和第 56 条可以看出，我国《侵权责任法》所推出的知情同意规则的轮廓为：（1）承认医生负有告知义务，告知的事项范围主要是医疗措施、医疗风险和替代疗法；（2）未尽到告知义务导致损害，将产生民事赔偿责任；（3）告知义务存在两种例外：医疗特权和紧急情形。但是，遗憾的是，我国《侵权责任法》第 55 条只是列举式地规定了医务人员的具体告知内容，没有规定告知/信息披露的一般标准这一核

---

① *Canterbury v. Spence*, 464 F. 2d 772（1972）.

② *Rogers v Whitaker*（1992）175 C. L. R. 479（HCA）.

心问题。

关于信息披露的标准，我国立法界和学术界并不是没有触及。只是目前尚存在意识不到位、梳理不清、挖掘不深的问题。

首先，在医生标准和患者标准的选择上，尚没有厘清。在对我国《侵权责任法》第 55 条进行说明解释时，全国人大法工委一方面正确地认识到了医务人员的诊疗义务与告知义务是不同的这一点，[①] 另一方面却重点引见了在日本法上正在成为历史的观点：是否违反"为回避不良结果的说明义务"的判断标准是"诊疗当时临床医学实践中的医疗水准"，对依当时诊疗水准未确立的内容，医师不负有说明义务。[②] 这相当于认可了以医疗行业为导向的信息披露标准，并且没有区分说明的内容（信息）与某一信息是否需要说明这两个方面。而有些学者已经开始站在患者信息需求的角度谈论医生告知义务的范围问题。[③]

其次，在启用患者标准的表述中，对"实质性"和"患者"此类概念缺乏正确的、统一的认识。在"实质性"问题上，存在着一种将"实质性"等同为"决定性"的倾向。在一些学者看来，"医疗机构告知义务的范围主要是对患者作出决定具有决定性影响的信息"。[④] "通常情况下，若某一情况应为合理医师所知晓，且这一情况的告知与否有足以导致具体患者作出不同决定之可能，则对这一情况，医方有充分说明之义务。"[⑤] 另外，在患者是指"合理患者"还是"具体患者"问题上，也存在不统一。有学者大胆启用了主观性很强的"具体患者"标准。[⑥]

（一）患者标准／"实质性"标准的择取

在信息披露标准问题上，目前世界范围内仍存在着医生标准与患者标准的对立。*Montgomery* 案标志着，英国已经发生了从医生标准（*Bolam* 标准）到患者标准（"实质性"标准）的转移。英国立场的改变应给我国相关法条的抉择增添一些启示和决断的勇气。

从 1957 年英国司法建立 *Bolam* 测试标准，到 1992 年澳大利亚司法启用 *Rogers*

① 全国人大常委会法制工作委员会民法室：《〈中华人民共和国侵权责任法〉条文说明、立法理由及相关规定》，北京大学出版社 2010 年版，第 228 页（谈到，医务人员尽管尽到了第 55 条下的告知义务，"但如果在后续的诊疗活动中未尽到与当时的医疗水平相适应的诊疗义务"，造成患者损害的，仍应承担赔偿责任）。
② 全国人大常委会法制工作委员会民法室：《〈中华人民共和国侵权责任法〉条文说明、立法理由及相关规定》，北京大学出版社 2010 年版，第 229 页。
③ 高圣平：《〈中华人民共和国侵权责任法〉立法争点、立法例及经典案例》，北京大学出版社 2010 年版，第 608 页；余明永：《医疗损害赔偿纠纷》，法律出版社 2010 年版，第 231 页。
④ 高圣平：《〈中华人民共和国侵权责任法〉立法争点、立法例及经典案例》，北京大学出版社 2010 年版，第 608 页；杨立新：《医疗损害责任法》，法律出版社 2012 年版，第 257 页。
⑤ 余明永：《医疗损害赔偿纠纷》，法律出版社 2010 年版，第 231 页。
⑥ 同上。（"通常情况下，若某一情况应为合理医师所知晓，且这一情况的告知与否有足以导致具体患者作出不同决定之可能，则对这一情况，医方有充分说明之义务。"）

标准，再到英国 *Montgomery* 案肯定和吸纳 *Rogers* 标准，在信息告知领域的医疗过失判定方面，英联邦国家法律的发展和转型足足用了半个多世纪的时间。很显然，我们国家没有必要经历这么长的时间完成这种转变。从 *Bolam* 标准到 *Rogers* 标准漫长的转变与判例法讲究遵循先例、点滴发展的固有本性不无关系。我国可以充分利用成文法的优势，一步到位地在立法或司法解释中认可和接受在域外法中已日益占主流的患者标准和实质性标准。与医生标准相比，以患者需求为导向的标准比较符合知情同意法则的主旨（即保护患者的自主权和自我决定权）。

Bolam 标准与 *Rogers* 标准的对立主要体现在是过于依赖医学观点和医疗做法还是以患者的信息需求为取向。当我们的法律向精微处发展的时候，当我们的法律不再将医疗领域和信息告知领域混为一谈的时候，当我们发现两个领域各有关注点和个性规则的时候，我们的医疗过失法就不再会满足于一个单一的、统一的标准。可以讲，在信息告知领域的医疗过失判定方面，从以医生为导向的判定标准向以患者为导向、考察信息实质性和重要性的判定标准的转变是区分医疗领域和信息告知领域的一个自然选择。

谈到信息披露的一般标准，目前世界上较为完美和细腻的表述首推澳大利亚的 *Rogers* 标准。[1] *Rogers* 标准围绕"实质性（materiality）"或"重要性（significance）"这一概念展开了两翼。这两翼分别是面向"处于患者位置的一个合理之人"的"客观之翼（objective limb）"（它启动的是医生的"主动型告知义务（proactive duty to warn）"）和面向"具体患者"或"特定患者"的"主观之翼（subjective limb）"（它激活的是医生的"应对型告知义务（reactive duty to warn）"）。[2] 此标准以"处于患者位置的合理之人"作为主要说明对象，并辅之以对主观（具体、个别）患者关切（如询问）的回应。

在此标准之下，医生的告知分为两部分：主动型告知和应对型告知。主动型告知并不依赖于患者的询问。它考虑的是一个"合理患者"做医疗决定时的信息需求，而这个"合理患者"是被置于具体的原告患者位置的，因此属于客观为主、主观为辅的告知。应对型告知的主观性源自于它回应的是"具体患者"或特定患者的信息需求。这种信息需求很可能通过患者询问的方式来显现。但是，患者询问并不是患者表达关切从而唤起医生意识的唯一方式。

（二）信息"实质性"的判定

风险的"实质性"很显然是一个弹性较强的概念，它给了法官较大的自由裁量

---

① 《德国民法典》第630e条在规定告知义务时，倒是提出了一个面向患者的一般性标准，即"医方有义务告知患者所有对其同意治疗有关键意义的（重要的）情况"。但是，条款中的患者系指"合理患者"还是"具体患者"，"重要性"的判断是以医生为视角还是以患者为视角，不够明确。

② 赵西巨："知情同意法则与侵权立法"，载《月旦民商法》第24期。

空间。但是这种自由裁量是有考虑因素的。根据澳大利亚司法的经验，在决定信息的"实质性"时，法官应考虑医疗风险或损害后果发生的可能性和严重性、治疗的性质、医疗干预的必要性、患者的信息需求程度、是否存在替代疗法等情形。[①] *Montgomery* 案进一步强调"实质性"的判定是个案认定，要考虑风险的大小、风险的性质、风险发生对患者生命的影响、治疗的益处对患者的重要性、替代疗法及其风险、患者的具体情形。

另外，"实质性"并不等于"决定性"。医务人员应披露的"实质性"信息应是那些对患者的医疗决定产生"重要性"影响的信息，而不是具有"决定性"影响的信息。[②] 只有在因果关系判定阶段，法律才需要考察未披露的信息与损害间的决定性关系，即患者若知晓该信息是否会作出不同决定或选择从而使损害得以避免。应该讲，医疗过失判定阶段启用的信息"实质性"标准低于因果关系判定标准。

（三）医学判断与非医学判断之区分

通过 *Montgomery* 案可以看出，法院之所以在信息告知领域排斥了医生标准（*Bolam* 标准）的适用，是因为信息告知领域充斥的并不都是医学判断。

早在英国的 *Sidaway* 案中，Scarman 法官就认为，对于以下"医学因素"，法院因其涉及医学判断而应重视医疗专家证言：（1）风险实际发生的可能程度；（2）可能的伤害的严重性；（3）风险的品性（是所有手术的共同风险还是特定手术的特有风险?）；（4）医疗特权抗辩或患者最佳利益抗辩。[③] 在 *Montgomery* 案中，法院也指出，疗法和风险是否存在和"医疗特权"是否存在涉及医学判断，但是某一疗法和风险是否需要告知、患者是否放弃被告知权利、风险告知的技能和技巧则不涉及医学判断。

这一医学判断与非医学判断的区分在其他法域也同样存在。比如，在美国一些司法中，"治疗的风险、风险的严重性、风险发生的可能性和合理的替代疗法"，涉及医学判断，需要医疗专家证言来证明。[④] 但是，在特定的情景下处于原告患者的合理之人会认为什么具有实质性，或者说，特定风险的未告知对患者决定的实质性

---

① Xiju Zhao, *The Duty of Medical Practitioners and CAM/TCM Practitioners to Inform Competent Adult Patients about Alternatives* (Springer, 2012), pp. 36 – 39.

② 在澳大利亚一著名判例（*Rosenberg v Percival* [2001] 205 CLR 434, 458 – 459, per Gummow J.）中，法官曾讲，在认定"实质性"时，没有必要去考察如果患者被告知了风险，他是否会接受治疗，只需要考虑患者在作出是否接受治疗的决定之前会不会有可能"认真地考虑并权衡此风险"即可。美国也有判例（*Canterbury v. Spence*, 464 F. 2d 772 (1972)）言明，法律不能给医生这样的误导性信息：只有导致患者拒绝治疗的风险才是需要披露的。

③ *Sidaway v Bethlehem Royal Hospital Governors* [1985] 1 All ER 643, 654 – 655, Lord Scarman dissenting.

④ *Jaskoviak v. Gruver*, 638 N. W. 2d 1, 9 (N. D. 2002).

影响之证明，因其为非医学问题，则不需要专家证言。① 在加拿大的 *Reibl v. Hughes* 案中，法院也认为，疗法风险的认定需要医学判断，但是，未告知风险对医疗决定的实质性影响则不需要。②

纵观英美法系国家司法，归纳起来，以下问题需要"专业判断"和医疗专家意见：（1）某一疗法的风险及其性质；（2）风险发生的可能性；（3）风险的严重性；（4）合理的、可用的替代疗法及其性质和风险；（5）疾病不予治疗的后果；（6）患者所遭受伤害的原因；（7）医疗特权、紧急情形等告知义务的例外。而以下问题落入人们的"一般知识"，不涉及医学判断：（1）医生是否告知某一风险；（2）对于某一风险，患者是否知晓；（3）某一信息的未披露是否对患者的医疗决定构成实质性影响；（4）治疗后的不良后果；（5）患者是否放弃权利。总体来讲，就医生的告知义务来说，存在着一种"（疗法和风险）信息（information）"与"实质性（materiality）"的区分。也就是说，有关疗法和风险的"信息"（比如某一疗法或风险是否存在以及风险发生的可能性和严重性）属于医学判断的范畴，但是某一信息是否对患者的医疗决定产生"实质性"影响（或者说一位合理患者或特定患者是否认为其为重要信息），从而落入医生的告知义务范围则不涉及医学判断，因此在判定上没有必要唯医疗行业做法是瞻。

---

① *Bey v. Sacks*, 789 A. 2d 232, 238（Pa. Super. 2001）；*Jaskoviak v. Gruver*, 638 N. W. 2d 1, 9（N. D. 2002）.

② *Reibl v. Hughes*（1980）114 D. L. R.（3d）1, 13（S. C. C.）.

我国精神障碍者监护制度局限及克服[*]

刘炫麟[**]

1948 年，联合国大会通过了第 217A（Ⅱ）号决议并颁布《世界人权宣言》（Universal Declaration of Human Rights），其第 1 条、第 25 条的内在意旨表明：人人生而自由，平等地享有人格尊严和权利，在丧失谋生能力时，有权享受保障。1989 年，世界精神卫生联盟（World Federation for Mental Health）发表了《卢克索尔人权宣言》（Luke Saul Declaration of Human Rights），其更是明确地指出：精神病人享有与其他公民同等的基本权利。[①] 我国现行《宪法》第 45 条规定，中华人民共和国公民在年老、疾病或者丧失劳动能力的情况下，有从国家和社会获得物质帮助的权利。国家发展为公民享受这些权利所需要的社会保险、社会救济和医疗卫生事业。为了践行国际公约的先进性理念和国内宪法的总纲性要求，我国主要通过民法上的监护制度对精神障碍者提供基础性保护。起源于罗马法的监护，从其本质上讲就是对缺乏行为能力人的监督和照顾制度。[②] 我国《民法通则》、《最高人民法院关于贯彻执行〈中华人民共和国民法通则〉若干问题的意见（试行）》（以下简称《民法通则意见》）、《精神卫生法》、《民事诉讼法》等法律及司法解释对精神障碍者的监护从实体和程序两个方面作了规定，形成了我国独具特色的精神障碍者监护制度。但应当看到，随着社会经济的快速发展以及权利保护需求的日渐提升，上述法律以及司法解释在立法理念、立法技术等方面的局限以及学术界在理论研究上的匮乏已经尽显，亟须参考世界先进国家的经验范例进行制度修补和规则完善，以期更好地保护精神障碍者的合法权益和维护社会公共安全，实现二者的平衡与融洽。

---

[*] 本文系北京高等学校"青年英才计划"项目（YETP1674）阶段性成果。

[**] 刘炫麟，法学博士，首都医科大学卫生法学系讲师，首都卫生管理与政策研究基地专职研究人员；E-mail：liuxuanlin2013@sina.com。

① 吴崇其：《中国卫生法学》，中国协和医科大学出版社 2011 年版，第 184 页。

② 王利明：《民法总则研究》，中国人民大学出版社 2003 年版，第 362 页。

一、精神障碍者的概念与主要特征

（一）精神障碍者的概念

2009 年，中国疾病预防控制中心（Chinese Center for Disease Control and Prevention）曾经披露，我国各类精神障碍患者人数在 1 亿以上，其中重性精神病患者人数已超过 1 600 万。换言之，每 13 个人中就有 1 个是精神障碍患者，每不到 100 个人中就有 1 个是重性精神病患者。2011 年，世界卫生组织（WHO）公布，中国神经和精神疾病导致的疾病负担占全球疾病总负担的 17.6%。[①] 2014 年，国家统计局发布的中国统计年鉴指出，2013 年我国精神障碍者的死亡率达到了 2.86/100 000，位居公民死因构成系统的第 11 位。[②] 上述数据说明，我国精神障碍者不仅数量庞大，而且疾病负担较重，死亡率控制亦不理想。然而，即便身处这样的现实情境，有关精神障碍者的（监护）问题仍没有得到应有的重视，例证之一便是，在日常生活中仍有很大一部分人将精神障碍者和精神病人视为同义语，交叉混用的现象十分普遍。而实际上，二者虽有联系，但仍是内涵和外延区隔较为清晰的两个独立的概念。

在我国，精神疾病是一种发病率很高的疾病，一般以认定精神活动障碍为主要表现。精神障碍是指在各种生物、心理以及社会环境因素影响下大脑功能失调，导致感知、情感、思维、意志和行为等精神活动出现不同程度的障碍。[③] 在未来的立法中，立法机关应当摒弃精神病人而采纳精神障碍者这一概念，主要基于以下三项理由。首先，精神障碍者一般可分为重性精神障碍者和轻性精神障碍者，而精神病人通常指的是重性精神障碍者，因此其在外延上无法涵盖轻性精神障碍者。换言之，精神障碍者与精神病人在概念上构成属种关系，使用精神障碍者这一概念无疑范围更广，亦更为准确。其次，"精神障碍者"的称谓比较中性，而且能够彰显出一定的人文关怀，它强调的是各种社会环境对患某种疾病的人的不利影响和冲突，如各种观念、社会制度和基础设施等所构成的综合因素阻碍了这类群体参与社会生活的可能性。[④] 而"精神病人"的称谓已被污名化，带有歧视、侮辱性。[⑤] 最后，精神障碍者这一称谓更符合国际立法趋势和我国最新的立法进展。20 世纪 50 年代之后，法国、德国、日本、美国、英国等国家纷纷修改了本国的成年监护制度（包括精神障碍者监护和老年人监护），其大都使用了"精神障碍者"的称谓。另外，2005 年

[①] 胡林英："精神病患者的权利保护与完善立法——全国精神病学伦理和法律问题学术研讨会综述"，载《医学与哲学》2014 年第 35 卷第 1A 期。

[②] 中华人民共和国国家统计局：《中国统计年鉴 2014：汉英对照》，中国统计出版社 2014 年版，第 699 页。

[③] 吴崇其：《中国卫生法学》，中国协和医科大学出版社 2011 年版，第 180 页。

[④] 邓国敏："精神障碍者监护制度研究"，苏州大学 2013 年硕士学位论文。

[⑤] 崔建科："论我国成年精神障碍者监护制度之完善"，载《湖北社会科学》2011 年第 9 期。

正式出版的《欧洲侵权法原则》（Principles of European Tort Law）在第6：101条亦采纳了"精神障碍者"的称谓。① 我国于2013年5月1日实施的《精神卫生法》采纳了"精神障碍者"的称谓。2015年4月19日，中国法学会民法典编纂项目领导小组对外发布的《中华人民共和国民法典·民法总则专家建议稿（征求意见稿）》同样采纳了"精神障碍者"的称谓。

（二）精神障碍者的主要特征

1. 年龄跨度大

我国《民法通则》第11条和第13条按照年龄和智力状况分别确立了未成年人和成年精神障碍者的行为能力，对于未成年的精神障碍者仍将其纳入未成年人的保护体系之下。因此从年龄上讲，精神障碍者的年龄会从18周岁开始一直延续到生命的终止，即民事权利能力（民事主体）的消灭之时。根据国家统计局第六次全国人口普查的结果，2010年我国人口平均预期寿命达到74.83岁。这就意味着，一部分自然人将会有3/4的生命长度被纳入监护的视野，年龄跨度显著高于未成年人（低于18年），亦高于老年人。这是因为，按照世界卫生组织（WHO）最新的划分标准，60周岁以上的自然人才能被称之为"年轻的老年人"，75周岁以上的自然人才是名副其实的老年人，90周岁以上的自然人则被称为高龄老年人，即长寿老人。即便是从年轻的老年人开始起算，截至平均寿龄，亦不过15年的时间。

2. 民事行为能力的确认相对困难

精神障碍者的民事行为能力确认较难主要源于两个方面。一是精神障碍者的民事行为能力是变动不居的，而在通常情况下，未成年人和无精神障碍的老年人却大致呈现出一维性趋势。而未成年人和无精神障碍的老年人的不同点在于，在无意外的情况下，未成年人的民事行为能力越来越强，直至其成为完全民事行为能力人；而无精神障碍的老年人的民事行为能力则越来越弱，直至其成为无民事行为能力人。他们大致呈现出一种"纺锤体"的生命轨迹理论。② 二是司法精神病学虽然已有百年历史，但这一学科及其支撑的精神病鉴定制度始终面临着各种质疑，根本原因在于其自身的五大特征：对象的复杂性、过程的回溯性、知识背景的跨学科性、手段的有限性与结论的主观性③，认定十分困难。正如有的精神病学专家所提出的灰色理论所言，"如果将人的精神基本正常比作白色，精神严重不正常比作黑色，那么在白色与黑色之间存在一个巨大的缓冲区域，即灰色区域，社

---

① 欧洲侵权法小组：《欧洲侵权法原则：文本与评注》，于敏、谢鸿飞译，法律出版社2009年版，第164页。

② 金博、李金玉："论我国身心障碍者监护制度的完善"，载《西北大学学报（哲学社会科学版）》2014年第44卷第5期。

③ 陈卫东、程雷："司法精神病鉴定基本问题研究"，载《法学研究》2012年第1期。

会中有很多人都散落在这一灰色区域内"。① 我国《民法通则意见》第 4 条规定，"不能完全辨认自己行为的精神病人进行的民事活动，是否与其精神健康状态相适应，可以从行为与本人生活相关联的程度、本人的精神状态能否理解其行为，并预见相应的行为后果，以及行为标的数额等方面认定"。第 5 条规定，"精神病人（包括痴呆症人）如果没有判断能力和自我保护能力，不知其行为后果的，可以认定为不能辨认自己行为的人；对于比较复杂的事物或者比较重大的行为缺乏判断能力和自我保护能力，并且不能预见其行为后果的，可以认定为不能完全辨认自己行为的人"。这两个法条亦从侧面表明，精神障碍者的民事行为能力在认定上存在相当的复杂性。

3. 侵害与受害同在

精神障碍者在社会生活中一方面会因为自己无控制力或控制力减弱而造成其他主体的人身或者财产等合法权益的损害，另一方面精神障碍者本人的人身或者财产权益亦容易受到他人的损害。根据我国《精神卫生法》的规定，当患者无决定能力或无法决定时，监护人可作为法定代理人以患者的名义进行知情同意活动，容易致使监护人权利滥用，损害被监护人的合法权益。② 这种侵害与受害双向性的存在，无论给个人还是家庭均会带来沉重的精神上和经济上的负担，也会给社会治安带来不稳定因素。③ 例如，2009 年 3 月，北京怀柔精神病专科医院——安佳医院三病区主任杨仕全，被自己治疗的精神病人杀死在办公室里。凶手是一名狂躁型精神病人，总是扬言杀人，经常玩弄刀具，医院对其诊断为偏执型人格障碍，这也是北京首例医生被精神障碍者有预谋杀害的事件。《法制早报》2005 年 4 月 29 日曾经报道，张衡生是衡阳的一名精神病人，先是被家庭当累赘抛弃到社会，继而被一些城区政府当作影响市容市貌的垃圾驱赶到湖南湘潭县后被车撞伤，因得不到政府机关和村民救助而死亡。

二、我国精神障碍者监护制度的局限

（一）程序启动上的局限

为了维护交易安全，我国《民法通则》通过第 19 条创设了精神障碍者民事行为能力的宣告制度，同时根据精神障碍者的健康恢复情况创设了向法院申请调整其民事行为能力的制度。无论是向法院申请对精神障碍者进行无民事行为能力或者限制民事行为能力的认定宣告，还是向法院申请将精神障碍者的民事行为能力进行上

---

① 金博、李金玉："论我国身心障碍者监护制度的完善"，载《西北大学学报（哲学社会科学版）》2014 年第 44 卷第 5 期。

② 王岳：《精神卫生法律问题研究》，中国检察出版社 2014 年版，第 168～169 页。

③ 达庆东：《卫生法学纲要》，复旦大学出版社 2011 年版，第 252 页。

下的调整，其主要依赖于利害关系人的申请。利害关系人的范围主要是《民法通则》第 17 条所明确列举的自然人或者单位。但问题在于，一旦利害关系人向法院申请宣告精神障碍者为无民事行为能力人或者限制民事行为能力人，而且法院通过我国《民事诉讼法》上的特别程序最终确认了这一事实，就意味着要把精神障碍者民事行为能力欠缺的事实公布天下，这样既不利于精神障碍者隐私权的保护，亦不利于其生活的正常化。① 因此，在我国的司法实践中，很少有人主动向法院申请认定精神障碍者民事行为能力的情况，几乎均为事后认定，亦即个案审查制。在德国，对于精神病人或者精神耗弱者，仅当他们不能料理自己的事务，同时宣告禁治产对他们有利时，法律才许可将他们宣告为禁治产人。② 因此，在德国的司法判例中，很早就出现了回避禁治产宣告的现象，并最终被其他制度所代替。③ 如果一个国家或者地区不能及时有效地认定精神障碍者的民事行为能力，那么就会动摇善意第三人与精神障碍者之间的交易基础，就会导致精神障碍者致人损害或者第三人致精神障碍者损害的危险概率大幅上升，精神障碍者与第三人的权利保护将受到影响，因而亦无法实现事前的预防和干预。完全仰赖事后救济，尤其是人身损害、精神损害方面的事后救济，往往是无奈之下的权宜之计，合同法上的诚实信用原则以及侵权责任法上的预防功能均将无法实现。此外，这一制度设计缺陷还在于，其不能有效解决一部分精神障碍者并无利害关系人的情况。

（二）实体内容上的局限

1. 监护人报酬请求权的缺位

有的学者认为，我国《精神卫生法》第 21 条的规定不仅充分体现了中国传统文化的"国之本在家""积家而成国""家和万事兴"之精神，而且符合现代社会伦理和法制的规范。④ 有的学者则指出，监护制度是一种基于血缘和伦理、为保护被监护人之利益而设立的制度。因而，监护对于监护人来说应该是一种纯粹的责任，而且监护人不应该借助监护谋取任何利益。且我国《民法通则》第 18 条明文规定监护为职责，因此监护的本质为一种职责。⑤ 应当说，这两种观点均有一定的道理，也符合传统民法理论常将成年监护作为亲权延伸的理念，但仍存在商榷之处，毕竟精神障碍者的成年监护关系不是建立在亲权的基础之上。如果实体法上没有规定监护人享有一定的报酬请求权，而且监护人还要承担我国《民法通则》第 18 条、《侵

---

① 李昊："大陆法系国家（地区）成年人监护制度改革简论"，载《环球法律评论》2013 年第 1 期。

② ［德］拉伦茨：《德国民法通论（上册）》，王晓晔等译，法律出版社 2013 年版，第 138 页。

③ 王竹青："德国从成年人监护制度到照管制度的改革与发展"，载《北京科技大学学报（社会科学版）》2005 年第 2 期。

④ 孙东东："精神障碍者的监护及其相关问题"，载《中国心理卫生杂志》2013 年第 11 期。

⑤ 梁慧星：《民法总论》，法律出版社 2007 年版，第 106 页。

权责任法》第 32 条等规定的职责与损害赔偿风险，显然不符合法律的最高理性要求和最高价值目标——公平，在实践中势必无法有效调动监护人的积极性，甚至会衍生出监护人难找、监护人不尽监护责任、复数监护人并行时相互推诿责任、监护人难以负担费用等诸多弊端，难以发挥监护制度的应有功能，保护精神障碍者的合法权益的价值理念就难以得到有效实现。基于这个意义，有的学者指出，经济伦理核心目标在于追求理性价值，绝非单纯的唯价值论。因此，以非合理途径追求善的行为本身即是非善，要求精神障碍患者家庭成员履行超越其能力范围义务也是如此。因为道德规范符合社会现实性是其合理性的基础。[①]

2. 意定监护类型的缺失

我国《民法通则》《民法通则意见》仅规定法定监护（指定监护本质上仍为法定监护），[②] 缺少与之相对的意定监护的相关规定。这一做法忽略了精神障碍者残余行为能力的存在，过多地限制甚至剥夺了其行为能力，不利于对其实施有效的保护。从该问题的另一个侧面考察，也反映出我国在制定《民法总则》《民法通则意见》等法律以及司法解释时的局限，"宜粗不宜细"的立法指导思想清晰可见，立法技术上缺乏严密性，立法内容上缺乏系统性。民法的人权精神反映在成年监护制度上，表现为对人性、人权和个人尊严的尊重。现代成年监护制度引入了新的立法理念即"尊重本人自我决定权"和"维持本人生活正常化"的立法理念，认为成年监护制度设定的主要目的在于保护受监护人的人权，即尊重其自主的意志，并让其活用自身残存能力，从而融入社会生活。"尊重本人自我决定权"的理念强调不剥夺各类障碍者的行为能力，让其借助监护人的帮助，依本人的意思融入普通人的正常社会，并对本人基本生活有自主决定权。"维持本人生活正常化"的理念认为不应当将残障人视为社会的特殊群体而将他们与世隔绝，而是应当将残障人的生活与正常社会群体生活相融合，让他们回归社会，参加社会生活。

3. 监护职责履行中的立法缺欠

关于精神障碍者监护人在履行监护职责过程中的立法缺欠，主要表现为监护期限、监护的辞任权和解任权、监护内容、监护范围以及监护监督人等方面的不足。首先，根据我国《民法通则》第 18 条、《民法通则意见》第 14 条的规定，当监护人不履行职责或者出现监护人失去监护能力或者对被监护人明显不利时，可以更换监护人。这就意味着，如果上述情况不发生，监护人需要履行长时间的监护，直至自己不能监护或者被监护人不需要监护，尤其在监护人无报酬请求权的现状之下，如此之长的监护期限通常难以调动起监护人的监护职责，亦无法实现监护人的有效

---

① 牛志民、李丽："国家承担精神障碍者监护责任的伦理性"，载《医学与哲学》2014 年第 35 卷第 9A 期。
② 李永军：《民法总论》，法律出版社 2006 年版，第 274 页。

轮转，达不到最大限度地实现监护的效果。其次，我国《民法通则》《民法通则意见》只规定了监护人无法胜任时被动的人员更换，并未规定特定情形下的监护人的辞任权和解任权，这将在很大程度上无法解决"监护人因为主客观原因实际上已经难以或者不宜履行监护职责，但又不得不低效地继续承担监护职责"的情形。再次，我国对精神障碍者监护人职责的规定，主要体现在《民法通则》第 18 条和《精神卫生法》第 9 条，但这两条中的"合法权益"具体为何，前者中"有关人员或者有关单位的申请"究竟是哪些人员和哪些有关单位可以申请，不甚明晰，最终会影响到法律的适用。最后，对我国而言，计划生育政策导致子女减少、职业女性人数骤增，这在很大程度上约束了家庭成员担任监护人的时间和空间，能够担任监护人的自然人越来越少，亲属监护的功能日渐式微。[1] 但我国《民法通则》《民法通则意见》对监护人范围的规定主要定位于近亲属及朋友，对公益组织以及社会团体的监护规定明显不足，让村委会、居委会和民政部门担任精神障碍者的监护人存在诸多困境;[2] 此外，尽管我国《民法通则》《民法通则意见》明文规定监护人可以是一人，也可以是同一顺序中的数人，但并未规定监督监护人履行监护职责的监督人，在制度设计上存在明显的缺陷。

三、精神障碍者监护制度的完善

（一）建立登记制度

《埃塞俄比亚民法典》第 356 条规定，"（1）在各省（TeklayGuezat）法院的登记处置备的特别登记簿中，应包括在该法院管辖区内每一个被法院宣告为禁治产人的名单。（2）登记簿只包括为表明禁治产人身份和表明判决与禁治产有关之判决的事项。（3）任何利害关系人都可以阅读此等登记簿"。[3] 法国将精神障碍者监护的公示方法从"揭帖于公判庭及当地公证人事务所悬挂的揭示牌"修改为"于受保护的人的出生证书备注栏加以记述"。德国法废除了应在联邦中央登记簿上记载禁治产宣告的规定，改为监护法院有义务将裁判内容通知其他法院、官署、公机关，并对文件资料的保存作了详细严格的规定。日本法取消了在户籍或者政府官报上公示禁治产宣告的做法，而由法务省所指定的法务局或者地方法务局办理成年监护登记。[4] 为此，我国应当摒弃精神障碍者限制民事行为能力或者无民事行为能力的主动宣告，代之以个案审查制。如果认定某一自然人因为精神障碍存在民事行为能力上的欠缺，

---

① 陈伯礼、陈翰丹："我国精神病人公共监护制度论纲"，载《西南民族大学学报（人文社会科学版）》2013 年第 5 期。

② 刘凤："我国成年监护制度研究"，吉林大学 2011 年硕士学位论文。

③ 《埃塞俄比亚民法典》，薛军译，厦门大学出版社 2013 年版，第 53 页。

④ 余延满：《亲属法原论》，法律出版社 2007 年版，第 480 页。

法院可以作出宣告并予以登记，供利害关系人查询。如果交易的相对方在得知精神障碍者的民事行为能力信息后依然选择继续交易，那么就应当由交易相对方自行负责，与精神障碍者及其监护人无涉，亦在意思自治和公共安全之中取得平衡。

（二）确立监护人的报酬请求权

综观世界各国的立法，关于监护人的报酬主要存在以下三种立法例：一是无偿主义，以俄罗斯、泰国、中国等为主要代表。《俄罗斯联邦家庭法典》第 150 条第 5 款规定，"监护和保护义务，应由监护人和保护人无偿履行"；《泰王国民商法典》第 1598/14 条第 1 款规定，"监护人无权获得报酬"，[1] 但存在一些例外情形。二是有偿主义，主要以西班牙、瑞士等为代表。如《西班牙民法典》第 274 条规定，"监护人在被监护的财产允许的情形下有权获得报酬。法官规定报酬的金额和接受方式，因此应该了解监护人执行工作以及财产的价值和盈利性，尽可能地使得报酬金额不低于财产流动收益的 4%，也不高于其 20%"。[2] 第 955 条规定，"法院可依监护人的请求，斟酌被监护人的财产状况及其他情形，从被监护人的财产中给付监护人以适当的报酬"。[3] 三是介于无偿主义和有偿主义之间的补偿主义，主要以法国、德国和意大利等为代表。如《法国民法典》第 419 条第 1 款规定，"由保护成年人的司法委托代理人以外的其他人实施司法保护措施时，不取报酬。但是，监护法官，或者亲属会议，如其已经设置，得视需要受管理的财产的数量以及履行保护措施的困难程度，准许向担负保护职责的人支付补偿费，并确定补偿费的数额。这项补偿费用由受保护人负担"。第 2 款规定，"如果是由保护成年人的司法委托代理人执行司法保护措施，其所需经费，根据受保护人的财产收入并按照《社会与家庭行动法典》规定的方式，全部或者一部分由受保护人负担"。第 3 款规定，"如果实行保护措施所需的经费不能由受保护人全额承担，不论此种经费的来源如何，均按照所有监护成年人的司法委托代理人的共同计算规则并考虑实施保护措施的具体条件，由公共行政部门负担。具体负担方式，由法令确定"。第 4 款规定，"作为特别情形，法国或者亲属会议，如其已设置，在听取共和国检察官的意见之后，可以决定给予负责保护成年人的司法委托代理人以补贴，以便其完成保护措施所必要的、需要特别长的时间或各种复杂的工作。所给予的补贴款项，在前两款所指的款项明显不足时，用作补充。这一补贴款项由受保护人负担"。[4]《意大利民法典》第 379 条规定，"监护的职务为无偿。但是监护裁判官考虑财产的实体及管理的困难性，

---

① 《泰王国民商法典》，周喜梅译，中国法制出版社 2013 年版，第 281～282 页。
② 西班牙议会：《西班牙民法典》，潘灯、马琴译，中国政法大学出版社 2013 年版，第 109～110 页。
③ 《韩国民法典》，金玉珍译，北京大学出版社 2009 年版，第 150 页。
④ 《法国民法典》，罗结珍译，北京大学出版社 2010 年版，第 139 页。

得对监护人给予适当的报酬"。① 另外，根据有的学者的考察，波黑这一国家的法律规定，国家可以对出色的监护人予以一定的奖励。② 具体到我国而言，精神障碍者监护人的报酬不能简单地采取"一刀切"的做法，即对于近亲属的监护应当采取补偿主义，对于近亲属以外的其他自然人或者组织（公职组织除外）应当采取有偿主义，参照法国和德国的做法，在综合考虑监护人与精神障碍者的精神状况，监护事务的数量、轻重、难度以及复杂程度，给予相应的报酬，实现权利与义务的统一。

（三）设立意定监护制度

德国和日本均赋予成年的被监护人在有一定清醒意识的情况下自行设立监护人，并优先于法定监护③的权利，这与 2012 年修正的《奥地利普通民法典》第 284f 条第 1 项规定的预防性代理权有异曲同工之妙。《奥地利普通民法典》规定："在被代理人就其委托他人处理的事务丧失了必需的民事行为能力，或者其丧失了认识和判断能力，或者其丧失了表达能力时，预防性代理权应当按照其内容发生效力。授权他人处理的事务必须被明确列举。在代理人和被代理人所居住的或者对该被代理人进行照料的医疗机构、疗养院或其他机构之间，不得存在从属关系或其他密切关系。"④ 美国《持续性代理权授予法》（Uniform Durable Power of Attorney Act，简称 DPA）第 1 条规定，"持续性代理权是，本人以书面形式指定代理人，该代理人的代理权不受本人无行为能力、精神障碍或者时间的影响，或者当本人无行为能力时该代理权开始生效，除非指定了结束时间，代理权的效力自设立开始，不受时间限制"。⑤ 为了充分彰显和尊重精神障碍者的自我决定权和余存的意思能力，我国应当借鉴这些国家的先进经验，在监护制度之成年监护制度中规定意定监护的类型，即在精神障碍者意思能力范围内可以预先选定监护人，就有关监护的设立、监护的方式等事项由当事人自我决定，且优先于法定监护。令人欣慰的是，中国人民大学民商事法律科学研究中心"民法典编纂研究"课题组公布的《中华人民共和国民法总则（草案）》建议稿规定了成年人的意定监护制度，其第 37 条规定"成年人可以依照自己的意思选择监护人，并与其签订委托监护合同，将本人的人身、财产监护权，全部或者部分授予监护人，约定该合同在本人丧失或者部分丧失行为能力的事实发生后生效"。这说明，我国学术界的理论研究已经开始进行有益的探索。

---

① 《意大利民法典》，陈国柱译，中国人民大学出版社 2010 年版，第 80 页。
② 郭红利、罗小年："我国精神病人监护的问题"，载《中国神经精神疾病》2007 年第 11 期。
③ 李霞："意定监护制度论纲"，载《法学》2011 年第 4 期。
④ 《奥地利普通民法典（2012 年 7 月 25 日）修改》，周友军、杨垠红译，清华大学出版社 2013 年版，第 46 页。
⑤ 李霞："意定监护制度论纲"，载《法学》2011 年第 4 期。

（四）完善监护的履行规则

1. 设定监护人的监护周期

《埃塞俄比亚民法典》第 359 条规定，"除禁治产人的配偶、尊亲属和卑亲属外，任何人都无义务履行禁治产人的监护人或保佐人的职责超过 5 年的时间"。[①]《意大利民法典》第 426 条规定，"无论何人，配偶、尊亲属或卑亲属除外，对于禁治产人的监护或者准禁治产人的保佐，超过十年之后不负继续义务"。[②]《中国民法典草案建议稿（第三版）》第 1921 条规定，"自然人担任指定照顾人的，任期为五年。照顾人任期届满时，人民法院可以另行指定照顾人，或者经照顾人同意而延长其任期。延长的期限仍为五年"。[③] 笔者认为，对于精神障碍者而言，如果其监护人为近亲属的，原则上不应当设置监护期限；除非发生了法律规定的条件，如近亲属不能（丧失行为能力等）或者不宜（染上吸毒等恶习）监护的，才由法院依照职权或者其他近亲属的申请进行更换。但是对于近亲属之外的监护人，应当规定一个监护周期，可以考虑上述国家所规定的 5~10 年，当监护人完成这一周期后，可以视为其已完成了监护周期内的法定职责；有关部门在听取精神障碍者意见的基础上，既可以让原监护人连任，也可以选任其他监护人接替。之所以做这样的制度安排，主要是从以下两个方面进行考虑：一方面可以有效调动监护人积极履行职责，否则就容易在实践中产生因为监护遥遥无期而使监护人态度消极、行动怠工的弊端；另一方面可以最大限度地利用各种资源，加强对精神障碍者合法权益的保护。

2. 正当事由下的辞任权和解任权

《西班牙民法典》第 251 条规定，"在监护权的履行中，由于年老、疾病、个人专业或职业，监护人与被监护人之间缺少某种联系或者其他原因而导致监护权的行使负担过于沉重的，监护权可予免除。法人如果因为缺乏足够资源而导致无法妥善履行监护的，也可以申请免除监护权"。[④] 第 247 条规定，"在授予监护权之后监护人构成其他导致监护不称职的法律原因的，或在履行监护权的过程中出现不端行为，譬如未履行监护人应尽的职责、众所周知的行为不称职，或者出现严重且持续的与共同居住相关的问题，监护权应予剥夺"。[⑤]《意大利民法典》第 383 条规定，"监护裁判官，在其监护的执行对于监护人过苛，而且亦有其他适当的人可以代替时，常得将监护人从监护解放"。第 384 条规定，"监护裁判官，在监护人犯有懈怠的过失或者滥用其权利、或者被证明其权限的行使不适当、或者即使对于与监护无关的行

[①] 《埃塞俄比亚民法典》，薛军译，厦门大学出版社 2013 年版，第 54 页。

[②] 《意大利民法典》，陈国柱译，中国人民大学出版社 2010 年版，第 88 页。

[③] 梁慧星：《中国民法典草案建议稿（第三版）》，法律出版社 2013 年版，第 401~402 页。

[④] 西班牙议会：《西班牙民法典》，潘灯、马琴译，中国政法大学出版社 2013 年版，第 103 页。

[⑤] 同上，第 102 页。

为亦不胜任、或者已成为无资力时，得将监护人从其职务罢免。监护裁判官非听取监护人的意见或者呼出之后，不得将监护人罢免。但于不得延缓场合，得使监护的行使停止"。① 《日本民法典》第 844 条规定，"监护人有正当事由的，经家庭法院许可，可以辞任"。第 846 条规定，"监护人有不正当行为、严重劣迹或其他不适宜担任监护人的事由的，家庭法院可以根据监护监督人、被监护人或其亲属或者检察官的请求，或者依照职权将其解任"。② 由此可见，这三个国家的民法典均规定了监护人的辞任权和有权机关的解任权。现代社会是一个高风险的社会，在法律上规定正当事由下的辞任权和解任权，解决了实践之中监护人因为主客观原因导致其不能或者不宜对精神障碍者继续监护的情况；相反，如果不改变这一状况而任其自流，无疑将不能有效保护精神障碍者的合法权益。

3. 进一步明确监护人的监护职责

无论是大陆法系国家和地区，还是英美法系的国家和地区，其几乎都规定了监护人的职责，区别在于监护的内容粗疏不一。例如，《西班牙民法典》第 269 条规定，"监护人有义务照顾被监护人，特别是注意以下事项：（1）为其提供食物；（2）教育未成年人，并为其提供全面的培养；（3）促进被监护人获取和恢复各方面的能力，积极投入社会；（4）每年向法官通报未成年或者无民事行为能力人的情形，并呈交年度财产管理账目"。相比之下，《韩国民法典》却用了 16 个条文（第 941 条至第 956 条）规定了监护人的任务（职责），内容十分丰富。《中华人民共和国民法典·民法总则专家建议稿（征求意见稿）》第 31 条规定，"监护人应当按照最有利于被监护人的原则履行监护职责，保护被监护人的人身、财产权益；对被监护人进行管理和教育；代理被监护人实施法律行为；除为被监护人利益外，不得处分被监护人的财产。监护人不履行监护职责或者侵害被监护人合法权益的，应当承担责任"。由此可知，我国民法典草案的这一规定并无新意，其只是综合了我国《民法通则》第 18 条、《侵权责任法》第 32 条、尤其是《民法通则意见》第 10 条的规定，应当借鉴《韩国民法典》等范例，同时结合《精神卫生法》等法律以及司法解释尽量作出详细的规定。

4. 扩大监护人的范围

综观世界各国，有关精神障碍者的监护人范围各不相同。我国台湾地区新修正的"民法"第 1111 条规定，"法律为监护之宣告时，应依职权就配偶、四亲等内之亲属、最近 1 年有同居事实之其他亲属、主管机关、社会福利机构或其他适当之人

---

① 《意大利民法典》，陈国柱译，中国人民大学出版社 2010 年版，第 81 页。

② 《日本民法典》，王爱群译，法律出版社 2014 年版，第 134 条。

选定一人或数人为监护人，并同时指定会同开具财产清册之人"。① 历史上，新西兰于 1873 年建立了世界上第一个公共监护办公室；1906 年英国也仿照新西兰建立了本土第一个公共监护办公室，但却没有获得与新西兰相同的成功；加拿大安大略省在 1919 年设立了全国第一个公共信托办公室。② 根据我国《民法通则》第 17 条、《民法通则意见》第 14 条的规定，目前我国精神障碍者的监护人范围按照顺位依次是配偶、父母、成年子女、其他近亲属、关系密切的其他亲属和愿意承担监护责任的朋友；在上述人员缺位时才考虑补充监护，其范围主要是精神病人所在单位或者住所地的居民委员会、村民委员会和民政部门。有的学者曾经提出，让居民委员会、村民委员会和民政部门担任监护人，会造成社会职能分工的混乱，影响机关事业单位的办事效率，应当予以废除。③ 这一批评具有一定的道理，但笔者认为不应当废除，而是应当加以适当改造。理由是，村民委员会和居民委员会尽管不属于一级政府组织，但是其作为自我管理、自我服务的群众性自治组织，必然需要对精神障碍者这种有可能侵害他人或者受到他人侵害的事务负有属地管理职责，而且在实践中出现了村民委员会和居民委员会对精神障碍者进行了很好地照管的事例，应当鼓励其成为精神障碍者监护人的一种选择；民政部门限于其职能定位、人力配置等因素实际上无力实现对精神障碍者的监护，但其可以通过行政委托的方式，由其主管的养老院、福利院等机构具体行使监护职责；对于有暴力倾向的精神障碍者，可以暂由医疗机构作为看护人。④ 因此，我国未来的民法典立法，应当扩大精神障碍者的监护人范围，尤其要将世界各国普遍重视的社会团体监护纳入其中。

5. 设立监护监督人

2012 年修正的《奥地利普通民法典》第 278 条第 3 项规定，"法院必须在不超过五年的适当的期间内进行审查，以确定被管理人（或被保佐人）的幸福是否要求管理（或保佐）的终止或变更"。⑤《西班牙民法典》第 232 条规定，"监护权在检察机关的监督之下行使，检察机关依职权以及任何利益相关方要求对其进行监督。检察官在任何时候都可以要求监护人通报未成年人或无民事行为能力人的近况以及监护管理的状态"。第 233 条规定，"法官也可以在任何时候要求监护人通报未成年人或无民事行为能力人的近况以及监护管理的状态"。⑥ 还有一些国家设置了专门的

① 王泽鉴：《民法总则》，北京大学出版社 2009 年版，第 102 页。
② 朱雪林："加拿大公共监护制度研究"，载《黑龙江科技信息》2012 年第 7 期。
③ 吴汉勇："论我国成年人监护立法制度完善"，载《黑龙江省政法管理干部学院学报》2012 年第 2 期。
④ 陈伯礼、陈翰丹："我国精神病人公共监护制度论纲"，载《西南民族大学学报（人文社会科学版）》2013 年第 5 期。
⑤《奥地利普通民法典（2012 年 7 月 25 日）修改》，周友军、杨垠红译，清华大学出版社 2013 年版，第 42 页。
⑥ 西班牙议会：《西班牙民法典》，潘灯、马琴译，中国政法大学出版社 2013 年版，第 96~97 页。

监护机构，如德国的青少年局和监护法院、瑞士的监护官署、日本的家庭裁判所等，加强对监护人的监督。①《法国民法典》第 416 条规定，"监护法官和共和国检察官对在其辖区内实施的保护措施进行一般监督。监护法官和共和国检察官得走访或派人走访受保护人以及为之提出了受保护请求权的人，不论已经采取或请求采取的是何种保护措施。担负保护任务的人，应服从监护法官与共和国检察官的传召并向他们通报要求提供的任何情况"。②《路易斯安那民法典》第 393 条规定，"法院应当指定一名监督保佐人以履行其法定的义务。监督保佐人的义务与权力始于其获得保佐资格之时。在履行义务时，监督保佐人应尽到合理的注意、勤勉与谨慎义务，且其行为应符合禁治产人的最大利益"。③《中华人民共和国民法典·民法总则专家建议稿（征求意见稿）》第 34 条规定，"居民委员会、村民委员会或者民政部门以及其设立的救助保护机构履行监护职责，国家应当进行监督、提供保障"。2015 年 5 月 6 日，中国人民大学民商事法律科学研究中心发布了《中华人民共和国民法·总则编（建议稿）》，其第 44 条规定，"被监护人的所在单位、居民委员会、村民委员会为监护监督机构，对于监护人履行义务状况进行监督。各级政府的民政管理部门为国家的监护监督机构，负责监督监护人的监护行为，保护被监护人的合法权益"。笔者认为，当自然人担任精神障碍者的监护人时，可以由被监护人的所在单位、居民委员会、村民委员会作为监护监督机构；当福利院等社会团体担任精神障碍者的监护人时，可以由司法行政部门作为监护监督机构；当被监护人所在单位、村民委员会、居民委员会以及其他主体担任精神障碍者的监护人时，法院和检察院应当成为监护监督机构。

结语

关于监护的性质，我国涌现出权利说、职责说（私法上的职责说、义务说）、权利义务一体说、社会职务说（公职说或公法上的职责说）和事务管理说五种学说，但从近现代各国或者地区有关立法的规定来看，职责说较其他学说更合理。④《法国民法典》第 415 条第 4 款规定，"此种保护是家庭的责任，也是公共行政部门的责任"。⑤ 梁慧星教授曾言："早期监护制度，乃以宗族制和家长制为基础，监护人具有家长辅佐人、代表人身份，监护权具有支配性质。随着社会的发展，宗族制和传统大家庭解体，核心家庭成为普遍家庭形式，且因法律理念的变迁，监护不再

---

① 余延满：《亲属法原论》，法律出版社 2007 年版，第 503 页。
② 《法国民法典》，罗结珍译，北京大学出版社 2010 年版，第 139 页。
③ 《路易斯安那民法典》，娄爱华译，胡雪梅校，厦门大学出版社 2009 年版，第 46 页。
④ 余延满：《亲属法原论》，法律出版社 2007 年版，第 471～473 页。
⑤ 《法国民法典》，罗结珍译，北京大学出版社 2010 年版，第 139 页。

被视为一种私人事务，监护人被视为一种公职，除法定原因外，任何人不得拒绝充任监护人，国家通过司法和行政手段对监护进行规制，即所谓监护立法的公法化、社会化趋势。"① 我国《民法通则》《民法通则意见》《精神卫生法》《民事诉讼法》等法律和司法解释因为各种原因尚未建立起科学完善的精神障碍者监护制度，需要借助民法典的立法之机在实体法上进行改革，并建立起其与《民事诉讼法》相互通约的路径！

---

① 梁慧星：《民法总论》（第三版），法律出版社 2007 年版，第 105 页。

论暴力伤医现象及其防控

赵桂民　李代君*

暴力伤医或称医院暴力、医疗暴力，是医患纠纷的一种。中国医院协会发布的《医院场所暴力伤医情况调研报告（2013）》明确指出，恶性暴力伤医是指卫生从业人员在其工作场所躯体受到攻击，造成功能障碍、永久性残疾、死亡等严重后果。

一、暴力伤医的现象和特征

（一）暴力伤医的现象

医疗环境中存在一种现象：一方面，患者怨声载道，抱怨自己付出医药费却得不到相应的服务，甚至自身利益受到伤害；而另一方面，医生叫苦，自己在承担繁忙的临床工作的同时还要承担来自各方的压力。同时，各地患方向医务人员施暴的恶性事件在全国各地时有发生。

医患纠纷中患方极易将其与医院的矛盾转嫁到对当事医生甚至是与纠纷完全无关的其他医务人员身上，进而对其进行侮辱、威胁甚至暴力袭击。一些医患冲突因难以调和而不断升级，从而异化派生出治安问题乃至刑事案件。有的患者聚众破坏医院公共设施，对医护人员大打出手，甚至将个别医生殴打致死。

据有关部门调查，全国有73.33%的医院出现过患方及家属暴力殴打、威胁、辱骂医务人员的情况；61.48%的医院发生过病人去世后，病人家属在医院内摆设花圈、烧纸、设置灵堂等事件。北京医师协会曾对北京市400多家医院进行过调查，发现近4年来，北京市共发生殴打医务人员事件502起；影响医院正常诊疗秩序事件1567起。湖南省卫生厅的统计也显示，全省曾在一年半的时间内发生过医疗纠纷1110起，其中围攻医院、殴打医务人员事件568起，398名医务人员被打伤，32人致残，医院陈尸事件179起。[①] 据统计，医患发生纠纷以后到医院打闹、扰乱医院工作秩序的行为发生率达到了73.5%，有些个别极端案件甚至直接造成了医护人员

---

* 赵桂民，山东临沂人，中国人民武装警察部队学院副教授，法学博士，研究方向：刑法学、军事法学，E-mail：shuzhi781019@sohu.com。李代君，湖北宜昌人，中国北方工业公司职员，法律硕士。

① 张先明："医院暴力：医生不能承受之重"，载《人民法院报》2006年1月20日。

人身伤害。[①] 据报道，湖南省卫生厅医政处对湖南各地医院的统计表明，近 3 年来共发生殴打医务人员事件 462 起，其中致伤、致残 58 人。[②]

据中国医师协会举办的 2011 年医师执业风险和患者的权利高级研讨会公布的数据显示，近 3 年来，中国大陆每家医院平均发生医疗事故 66 起，患者打砸医院 5.42 起，平均打伤 5 名医生，平均赔偿额超过 10 万元。

2013 年 8 月 15 日，中国医院协会（Chinese Hospital Association）公布了《医院场所暴力伤医情况调查报告》，报告旨在调查近年来医院场所的暴力伤医情况，从法律和行业管理的角度为决策者提供建议。2012 年 12 月至 2013 年 7 月间，中国医院协会和中国医院协会医疗法制专业委员会共同开展了"医院场所暴力伤医情况调查"。调查采取抽样方法，面向全国三级、二级综合医院与专科医院的医务人员和患者，共发放调查问卷 32 400 份，实际回收有效问卷 16 908 份。这项调查覆盖全国 30 个省（自治区、直辖市）的 316 家医院、8267 名医务人员、8204 名患者。调研报告显示，2012 年我国暴力伤医事件上升迅猛，医务人员遭受侵害种类更为多样，执业环境进一步恶化。据统计，2003～2012 年，全国共发生恶性暴力伤医事件 40 起，其中仅 2012 年就发生 11 起，远远超过前面数年的总和，且均造成医务人员功能障碍、残疾、死亡等严重后果，共计造成 35 人伤亡，其中死亡 7 人、受伤 28 人，涉及北京、黑龙江等 8 省市。调查报告显示，医务人员遭到谩骂、威胁较为普遍，发生医院的比例从 2008 年的 90% 上升至 2012 年的 96%；医务人员躯体受到攻击、造成明显损伤事件的次数亦逐年增加，发生医院的比例从 2008 年的 47.7% 上升到 2012 年的 63.7%。每年发生次数在 6 次及以上的比例逐年上升，2012 年（8.3%）是 2008 年（4.5%）的将近两倍，平均来看，每年都会发生 1～3 起此类事件，2012 年达到顶峰。2008 年每所医院发生的平均数为 20.6 次，2012 年为 27.3 次。一年发生 100 次以上的医院比例 5 年间翻了近一番，2008 年为 7.0%，2012 年为 12.5%。相比往年，2012 年出现暴力事件的医院越来越多，63.7% 的受访医院表示受到过暴力的困扰，除语言暴力、肢体暴力、持刀伤害外，事件针对护士群体的性骚扰案件也逐年上升。[③] 2013 年《医院场所暴力伤医情况调查报告》显示，医务人员受到性骚扰或性袭击的概率也呈逐年上升趋势，2012 年平均每家医院 0.6 次，是 2008 年的两倍。住院区、就诊区、办公区成为医院场所发生暴力伤医事件的高发区。2014 年 3 月第十二届全国人民代表大会第二次会议上，医卫界委员的"紧急提案"数据显示医院暴力事件愈演愈烈，2013 年仅 8 个月，全国伤医事件已达

---

① 李守全、温凌洁："引入人民调解化解医患纠纷的实践与思考"，载《中国卫生监督杂志》2010 年第 17 期。

② 刘朝晖："目前医患关系现状及对策探讨"，载《学理论》2009 年第 25 期。

③ 贾岩："暴力伤医：医患对话错位之疡"，载《医药经济报》2013 年 8 月 28 日。

2240 件，比 2012 年全年的 1865 件还多 20%。

2013 年《医院场所暴力伤医情况调研报告》认为，恶性暴力伤医事件愈演愈烈，主要呈现如下趋势：一是暴力伤医事件数量不断增加；二是事态范围扩大，群体围攻医院或者殴打医务人员现象经常发生；三是事态发展严重，有些已构成刑事犯罪。这些都严重干扰了医院正常的诊疗秩序，不仅给医务人员带来了身心伤害，也给患者和社会造成了危害，成为当前亟待解决的重要问题。

（二）暴力伤医的特征

暴力伤医分为心理暴力和身体暴力以及性暴力。通俗地讲，心理暴力即语言暴力，就是使用谩骂、诋毁、蔑视、嘲笑等侮辱、歧视性的语言，致使他人精神上和心理上遭到侵犯和损害，属精神伤害的范畴。从伤害流行病学角度，比较规范的定义是：心理暴力是指故意用力（含体力威胁）反对他人或集体，从而导致对他人身体、脑力、精神、道义和社会发展的损害，包括口头的辱骂、威胁、攻击和折磨，但当事人之间没有身体接触。身体暴力包括打、踢、拍、扎、推、咬等暴力行为。身体暴力最明显特征是当事双方有身体接触，这种接触不一定是身体与身体间的直接接触。当肇事者使用一般工具甚至常规武器进行攻击时，也会存在身体接触，只不过是间接的，而且此时暴力的后果往往更严重，如火器伤、刀伤。身体攻击的结果可能未导致伤害，也可能造成轻度损伤、明显损伤、功能障碍或永久性残疾、死亡等严重的不良后果，给医务人员本人、家属乃至社会带来无可估量的影响与伤害。身体暴力还包括性骚扰和强奸。性暴力是指任何违背受害者意愿的有关性的言语和动作，包括性骚扰（或性挑逗）、性袭击以及强奸（或强奸未遂）。很明显，当性暴力的当事双方存在身体接触时，不论其后果如何，单从字面意义上来讲，此时性暴力更接近于身体暴力；但是如果仅局限于言语、文字的攻击，则接近于一般意义的心理暴力。

暴力伤医主要有三种形式：一是采取停尸闹事，少则几小时，长则几天，直到医院答应给予巨额赔偿为止。二是纠集大量人员打砸医院，封门堵路，制造高压态势，迫使医院答应其要求。三是限制医院相关人员的人身自由，进行侮辱、谩骂及恐吓，甚至大打出手。

暴力伤医具有以下四个方面的特征：第一，主体的特定性。暴力伤医的主体是患者或其家属，绝大多数暴力伤医是患者家属施暴，患者家属是暴力的行为人。第二，暴力对象的特定性。暴力对象主要有三类：一是医疗机构的医务人员。医务人员不仅包括在第一线工作的医务技术人员，还包括医院的管理人员。二是医疗机构的财产。破坏医疗设施已成为暴力伤医的袭击目标。第三，暴力行为的客观性。这是构成暴力伤医的关键因素。暴力行为包括三类：第一类是心理暴力，包括辱骂、威胁和语言的性骚扰；第二类是身体暴力，包括打、踢、拍、扎、推、咬、杀等暴力行为，还包括躯体的性骚扰和强奸；第三类是财产暴力，主要是对医院财产的损害。第四，危害后果的严重性。暴力伤医不仅干扰医院的正常医疗秩序、影响医院形象，而且严重影响医务人员身心健康、对医院财产安全构成严重威胁。①

二、暴力伤医的危害

2013 年《医院场所暴力伤医情况调研报告》显示，2003～2012 年，全国共发生恶性暴力伤医事件 40 起（2012 年达到顶峰，共 11 起），均造成医务人员功能障碍、残疾、死亡等严重后果。调查结果还表明，2008～2012 年，因暴力伤医事件造成财产损失的医院比例由 58.0% 升至 68.2%，损失金额在 10 万元以上的医院比例也由 8.0% 升至 11.8%。

在 2013 年 8 月召开的"2013 中国医院论坛"上，中国医院协会秘书长王玲玲告诉记者："我国的暴力伤医事件正呈现出明显的上升趋势，其中导致医务人员死亡的恶性事件数量上升较为迅猛，近六成医务工作者对现有执业环境表示不满。"2013 年《医院场所暴力伤医情况调研报告》显示，高达 96.8% 的医院表示暴力伤医对医院影响非常大或比较大，98.7% 的医务人员表示暴力伤医事件对自己有影响，且高达 87.2% 的医务人员表示暴力伤医事件对自己影响非常大。这一点，2013 年 11 月，《法制日报》记者用 5 天时间体验北京安贞医院副院长助理的角色时就深深地感受到了，当记者穿上白大褂走在就诊区楼道时，遇到一位就诊人员问"彩超在哪里"，当时记者答不上来，明显看到了问者的不满，记者立即有种恐惧和防范心理，害怕无缘无故被揍，同时觉得穿白大褂在医院里更没有安全感。调查数据显示，28.4% 的医务工作者明确表示会选择自我保护型诊疗，39.8% 的医务工作者表示有过放弃从医的念头或计划转行，11.7% 的医务人员表示自己在诊疗时对患方会心存戒备，而 78% 的医生不希望子女从医，16% 的医务人员表示"坚决不同意孩子学医或从医"，在中国已经出现"医不过二代"现象。

恶性暴力伤医事件伤害的范围已远远超过受害者本身，整个医务工作者群体的不安全感也在迅速增长。在一个名为"面临伤医案件时，你的心情如何"的选择题前，选择"愤怒"的医生占到了 43%，选择"寒心"的占到了 30%。全国政协委员白岩松指出："如何去建立一个彼此信任、信赖的医患关系，已经成为当下中国躲不开的一个问题。伤医事件的发生，甚至社会中弥漫的仇医心态，最终都会让病人自己受到伤害。"② 中国医师协会先后进行了四次医师执业状况调研。2011 年第四

---

① 王番宁、冯玉芝："医院暴力的成因与对策浅析"，载《锦州医学院学报（社会科学版）》2006 年第 3 期。

② 贾岩："暴力伤医：医患对话错位之疡"，载《医药经济报》2013 年 8 月 28 日。

次统计结果显示，近一半（48.51%）医疗工作人员对目前的执业环境不满意，而满意的比例为 19.02%。有关调查统计显示，级别越高对医疗执业环境不满意的比例也越高。其中正高级别医务人员不满意的比例最高，为 55.47%；这可能和高级别的医务人员工作压力更大、责任心更强有关。一级医院满意程度较低，仅11.46%；乡村医院工作人员对执业环境的满意度最低，其中不满意的比例高达59.86%，满意的比例仅为 5.44%。[①] 2013 年《医院场所暴力伤医情况调研报告》显示，超过 60% 的医务工作者对当前执业环境感到失望。正如有学者指出，"在一个健康的社会结构中，医生的角色至关重要。但是，频发的暴力伤医事件，已经降低了很多医务工作者的职业认同感，也让他们丧失了尊严和安全感。一项调查称，近 90% 的医务工作者表示不会再让子女学医，这是一个值得忧虑的信号，它表明当前的医患关系正遭遇严重的危机。如果从医成为一个高风险职业，如果医务工作者的权益得不到良好保护，最终蒙受损失的将是全社会"。[②] 2010 年 8 月，世界著名医学杂志《柳叶刀》发表文章《中国医生：威胁下的生存》，文章称："中国医生经常成为令人惊悚的暴力的受害者"，"医院已经成为战场，因此在中国当医生便是从事一种危险的职业"。

总结而言，暴力伤医的危害表现在如下四个方面：

第一，暴力伤医伤害了医疗管理人员和医务人员，致使其受到轻伤、重伤甚至死亡等严重后果，破坏了医务人员的家庭，也损害了医疗机构的财产。暴力伤医同时也损害了医务人员的心理健康，造成了心理压力，医务人员的心理状态和认识发生变化，相应地出现应对行为，如厌烦患者、保守医疗、过度保护、医疗不作为、消极怠工、放弃行医等。

第二，暴力伤医有可能危及其他患者的生命。一旦危重病人失去医务人员救治和监护，其他患者的生命就处于危急状态。

第三，暴力伤医伤害了患者本人。只有医务人员在安全的环境有安全感地执业，才有可能给患者带来更好的医疗服务。

第四，暴力伤医危害了医疗环境和医疗秩序，伤害了社会。医疗服务是民生问题，也是影响国家稳定的重要因素。暴力伤医带来了医疗危机，破坏了社会的稳定。

总之，当前医患关系日趋紧张，医患矛盾十分突出，有升级和激化的趋势。杀医、伤医、武力袭击医院及医务人员等事件近年来在全国各地呈愈演愈烈之势，许多医疗纠纷甚至发展成群体性和暴力性案件，破坏了正常医疗秩序，直接影响了就医环境和社会的和谐稳定。

[①] 王君平："暴力伤医何时休"，载《人民日报》2013 年 11 月 22 日。
[②] 汤嘉琛："暴力伤医的结果将是医患'多输'"，载《中国卫生人才》2013 年第 8 期。

三、暴力伤医的预防

（一）医方的预防

（1）医疗机构应落实各项法律规章规定，加强内部管理，加强医德医风建设。其一，医疗机构要建立三级医疗安全警示制度，加强对门诊、外科、临床科室、麻醉科、放射科、检验科、病理科等重点科室的安全防范管理，合理规划和制订医疗质量监控方案，引进律师见证制度，建立三级监控网络，完善质量管理和考核评价体系。其二，加大对首诊负责制、三级医师查房制、疑难及死亡病历讨论制和会诊制的监督检查力度。其三，严格执行收费标准，禁止过度医疗，合理检查、合理用药，坚持药品、医疗检查收费项目公开制，努力杜绝"红包""回扣"。其四，强化医德医风建设，提高医务人员职业素养，增强医务人员为病人服务的主动性。

（2）医疗机构应提高防范意识，重视保卫工作，完善医疗应急处理系统和预警机制。医疗机构应加强管理和积极协调安保部门与医疗机构相关科室的医疗纠纷通报和沟通工作，及时掌握纠纷处理信息，在医务人员工作场所安装黄色警报按钮，定期举办医疗纠纷防范知识讲座，预防各类医患之间治安、刑事案件的发生，保护双方的合法权利和利益。

（3）引进并培养高素质的医事法律人才专门处理医疗纠纷，有效维护自身权益。医疗机构任用既精通医学知识又熟悉法律知识的医事法律专业人才来专门处理医疗纠纷，在应对患者及其家属、应对媒体以及加强自身制度建设方面都会有比任用非专业人员更加显著的效果。医院内处理医疗纠纷的人员，不仅要具备良好的职业道德品质，更重要的是要有良好的专业知识和超强的沟通能力和一定的耐心，使医疗纠纷成功解决。

（4）医疗机构和医务人员应加强与患者的沟通，积极履行告知和说明义务，公开医疗信息，重视和保障患者知情权，明确告知患者及其家属病情的严重程度、治疗风险和治疗预期结果等相关信息，增强患者对医院及医务人员的信任度，降低医疗纠纷发生的风险，提前化解潜在的医疗纠纷。

（5）医疗机构和医务人员应提高医疗服务水平和医疗业务水平，加强医务人员的医疗知识和人文知识教育，加强临床培训和交流，不断改善工作态度，加强责任心，端正服务态度，引导患者通过合法途径和正规渠道解决医疗纠纷。

（6）医疗机构保卫部门应加强安保力量，尽职尽责，处置得当。医疗机构应设置安保力量，配备适当的专职治安保卫人员，加强管理、培训和专项演练。安保力量要积极发挥其保卫和服务功能，完善报警设施，加强巡查和安检，维护医疗机构的正常秩序，创造安定有序的医疗环境。

（7）医务人员应加强医疗风险意识和安全防范意识，学习自我保护方法和技巧，提前采取应对暴力的措施，提高应对暴力的能力，增强自我保护，依法行医，避免医患纠纷的出现，降低被患者伤害的不安全因素。

（8）应加强法律教育，提高医务人员法律意识。医务人员缺乏法律意识是目前医患纠纷明显增多的最主要因素之一。医疗机构及其医务人员应严格遵守卫生法律、法规、部门规章和诊疗护理常规，恪守职业道德。医疗机构要组织医护人员认真学习法律，加强教育，提高法律意识及自我保护意识，在实际工作中依法行事。医疗机构要开展医疗卫生法律法规的学习和培训，明确权利义务关系，充分尊重法律赋予病人的各种权利。医疗机构要有证据意识，客观、真实、准确、及时、完整地记录病例。不断地增强医务人员法律意识，就能有效减少医疗纠纷。

（二）患方的自控

（1）针对自身的病情，补充医学知识，及时了解医疗技术水平及其局限。医学是一门自然科学，也是一门实验性学科。当前，医学方面尚存许多未知领域，但患者很难理解医疗行为的高科技、高风险以及医学领域尚存的诸多未知和变数，患者及其亲属对医疗行为的成功与否缺乏科学的认识。因此，针对患者医学知识的欠缺，患者应该具体针对自己的病情，多方了解其医学理论、治疗程序、治疗预期结果和产生的副作用，加强医学背景知识的学习和补充，做到有所准备。除了药物不良反应、疾病的自然转归、医疗意外等客观因素以外，患者个体差异较大，同样程度的疾病个体的外在表现并不一定相同，有可能出现医生救治方案无误但患者因自身原因出现并发症。而且，一些疾病发展很快，如果错过了最佳治疗阶段，治疗过程中病情可能会迅速恶化。但由于医学的专业性，一般患者不可能对这些情况完全知晓。当今的社会现实是，患者对医学本身认识局限、缺乏了解。很多患者都认为，现代医学技术已经如此发达，医生理应妙手回春，起死回生。可实际的情况是，医疗领域仍然充满着未知数和变数，国内外都承认医疗确诊率只有70%，各种急重症抢救成功率也只有70%～80%，相当一部分疾病原因不明、诊断不清，这是医学的无奈。很多人对医学的期望值过高，一旦发生医疗意外，医患之间立刻就会变成不共戴天的仇敌。①

（2）完全告知医方病情病史，与医方加强诚信沟通，改善和重塑相互尊重和相互信任关系，消除紧张关系，共同对抗疾病。面对医方的诊疗，患者应对发病情况、自身的病史、治疗经过、治愈情况、后遗症状、不良反应等等相关情况如实、完全告知医方，不得隐瞒相关病情。患方积极参与医疗方案，与医方合作，配合治疗，不拖延病情。医患双方平等互动、相互理解，采取多种形式和方式的沟通途径，如对话、谈话、讲座、座谈、病友会、征求意见表、会诊、投诉反馈，构建多样化的

---

① 代丽丽："伤医不断 明天谁来当医生？"，载《北京晚报》2014年4月8日。

沟通渠道。关于患者家属对治疗过程中患者的病情发展不知晓、对医生给出的解释从内心里也不愿接受、医疗信息的不对称加深的医患之间的不信任的情况，在医方建立信息交流平台、医疗信息公开、治疗流程公开的同时，患者要与医方保持良好的沟通和对话，尊重医务工作者的人格，信任医生的医术，理解医疗过程与医生职业的特殊性，消除诚信危机和纠纷隐患，加强与医方的相互尊重、相互信任的关系，各自认真行使权利和履行义务。患者及其家属要树立诚信意识，发扬优良传统道德，不基于经济利益的驱动恶意制造事端骗取医疗赔偿或逃避、减免医疗费用。

（3）转变原有的旧观念，树立正确的价值观念和道德观，提高自身法律素质。患者及其家属发扬社会良好道德和信仰，反对利益观和金钱观，树立医患平等观念，坚持基本的是非观念，消除牟取医疗赔偿或其他非法利益的思想，提高法律意识，树立法制观念，学习和了解医疗法律知识，遵守国家医疗法律法规规章制度的规定和国家医疗政策，遵循医疗常规，理解医务人员的诊疗行为，将自身的行为限制在法律允许的范围内。

（4）科学认识医学发展和医疗技术以及医疗行为，对医疗结果保持合理期望，保持心理平衡，理性处理医疗纠纷。与过去几年相比，当今社会的医学发展日新月异，随着人们生活条件的改善和医疗技术的提高，人们对生命健康的预期也随之提高。由于缺乏对医学知识和医学发展水平的充分认识，患者及其家属不能完全了解医疗过程的高风险性以及疾病治疗的不可预测性，往往对医疗治疗结果的期望值过高，认为进了医院就好比进了"生命保险箱"，通过一次入院就治好疾病，医生也理应治好。但是，就目前来看，由于医学发展本身的局限性，医疗技术的发展仍然滞后，医疗经验仍待丰富，患者不可能人人康复；但患者家属往往难以保持理性，如果治疗效果达不到预期，他们就无法接受。因此，患者及其家属应正确认识和了解医疗风险，合理预测医疗质量和效果，对治疗失败要控制自己的失望情绪，提高心理准备和心理接受能力；对医疗纠纷，合理控制愤怒、焦虑、失望、无助、抑郁等消极的情绪和过激、偏激的言行，不提出过分或者无理的要求，实事求是，理智处理医疗纠纷。

（5）积极寻求法律途径妥善解决纠纷，消除暴力能解决一切问题的观念和思维。对发生的医疗纠纷，患方应讲理性、讲道理，在法律框架内维护自己的合法权益，正确行使法律规定的解决纠纷的权利，积极寻求及时、有效的解决方案。合理采取纠纷解决措施，无论是采取投诉、协商、和解、申诉、求助媒体的方式还是第三方调处、诉讼的方式，都应按照法律程序公开、公平、公正、合理解决纠纷，耐心等待对纠纷的调查和处理结果，和平解决医疗争议，消除过激行为，坚决不采用暴力手段，不诉诸武力解决医疗纠纷。发生医疗纠纷后，对于不走法律途径依法解决而是借助家族势力和亲戚朋友人多到医院打砸闹、围攻殴打医务人员和医院领导、非法限制他人人身自由、给政府和院方施加压力、干扰医院的正常工作秩序的行为，不但不参与和支持，还应坚决抵制和制止。

四、对社会的警示

（1）加快和深化医疗改革，改变以药养医体制，加强政府公共服务和社会管理职能，完善社会保障体系，将安全保障体系作为医院的审批和考核标准，加大财政投入，加强医疗卫生监管，加强医院的公益性，扩大社会保障体系和医疗救助，健全医保制度，建立医疗风险分担机制和医疗责任保险、医疗意外强制险体系，降低医疗费用，普及和均衡医疗资源，优化服务结构，平等对待公立与私立医院，形成公平竞争。

2013 年《医院场所暴力伤医情况调研报告》指出，中国医疗体系也缺乏可靠的问题处理机制，无法让患者可以在遇到医疗纠纷或医疗事故时能够采取法律行动。调查报告提出应建立医疗风险救助机制，完善医疗风险补偿机制。对于无医疗过错产生的医疗损害，建立输血感染及不良反应、药品不良反应等补偿机制，使用无过错机制提出补偿诉求，及时救助患者因损害造成的困难。2013 年《医院场所暴力伤医情况调研报告》显示，55.9% 的医院已为全院医务人员投保医疗责任险。

医疗行业观察人士称，医疗系统资金不足的情况凸显了医院体制存在的问题：政府加速扩大医疗保险的涵盖范围，在全国各地开设医院，但一直无法引入足够医疗人才来满足新设施不断增加的需求。中国医师协会 2011 年对 6000 名医师进行的一项调查显示，95% 的受访者表示他们的工资过低，中国人眼里医生就相当于公务员，但他们每个月的工资只有人民币 3000 元左右（约合 490 美元），并不比餐厅服务员高。由此造成的结果就是医生短缺。世界银行（World Bank）的数据显示，2010 年中国每千人仅拥有 1.4 名医生，而美国每千人拥有 2.4 名医生。医生的短缺势必造成工作量的加大；医生们坦言，他们给每位病人看病的时间不得不缩到最短。这影响了医患之间的信任，形成一个恶性循环。

（2）建立和完善解决医患纠纷的积极、有效的途径，妥善处理医患纠纷。医患纠纷的处理主要有以下途径：医患双方民事解决，如双方协商解决、第三方协调调解解决；医患双方行政解决如患方向医政管理机关申请医疗事故鉴定并根据鉴定结论解决、医政管理机关的行政处理和处罚；医患双方司法诉讼解决，如提起民事诉讼、行政诉讼和通过刑事诉讼解决。目前多数选择医患双方协商解决，但因为双方对争议涉及的医疗问题及责任划分和赔偿数额协商不成，导致纠纷久商不决。因此，需要积极探索建立医患纠纷的多方、多元解决机制。

2013 年《医院场所暴力伤医情况调研报告》显示，以往的医疗纠纷主要通过三种途径解决，即自行协商、行政调处、民事诉讼。一般来说，以上方式中，医患协商解决占80%，行政和司法解决各占10%。为了突破传统解决途径的局限，医疗纠纷人民调解委员会应运而生。根据本次调查结果，67.1%的医院表示通过人民调解处理过医疗纠纷。而且，通过人民调解处理医疗纠纷的比例比较高：通过人民调解处理医疗纠纷在30%及以上的医院比例近七成，其中90%以上医疗纠纷是通过人民调解处理的医院比例达到了19.6%。2013年《医院场所暴力伤医情况调研报告》认为，通过人民调解处理医疗纠纷具有积极意义，值得提倡和推广。但是，2013年《医院场所暴力伤医情况调研报告》也指出，对人民调解医疗纠纷的效果信心不足，仅32.2%明确表示人民调解可以减少暴力伤医事件发生。即使如此，面对我国医疗纠纷解决的机制和现状，现在解决医疗纠纷和暴力伤医的途径，目前主要是完善第三方调解机制，保持独立性、公正性、中立性和权威性。

（3）成立专职的医患纠纷管理机构。出现医疗纠纷后应积极采取措施，立即组织调查核实，表现出负责的态度和解决问题的诚意，以坦诚公正的态度面对问题，用行动赢得患方信赖，努力营造医患双方融洽沟通的氛围，为妥善解决纠纷打好基础、创造条件。成立投诉纠纷专职处理机构，选派专职人员，配备法律顾问，专门负责接待处理各类投诉纠纷。2013年《医院场所暴力伤医情况调研报告》显示，在接受调查的316家医院中，绝大多数（98.7%）医院表示已经设置了专门的患者投诉管理通道，其中49.4%的医院设有医务处（部、科），43.5%的医院设置了医患关系处或办公室。在医疗纠纷防范及处理方面，72%的医院有警务工作站且已投入使用，96%的医院有相关培训。

（4）制定和完善统一的法律规定。立法的缺陷导致现行法律法规不利于医患纠纷的解决，法律依据的不一致造成了医患纠纷处理和适用法律上的"二元化"。例如，被鉴定为医疗事故的案件依据《医疗事故处理条例》进行赔偿，而不被鉴定为医疗事故的案件则依据《民法通则》和相关司法解释的规定进行赔偿。然而，两种完全不同法律依据的背后，却是相差悬殊的经济赔偿额，通过后一途径得到的赔偿明显多于前一途径。显然，《医疗事故处理条例》《民法通则》和《侵权责任法》等现行相关法律规范的冲突、矛盾及程序不合理和实体不公正，是医疗纠纷难以和平解决的重要原因。因此，要消除医疗纠纷中的恶意巨额索赔和暴力索赔等现象，就应尽快制定我国统一的医患纠纷处理法，提升现行法律层次，完善处理机制和程序;[1] 制定医疗执业法等相关法律，明确医患法律关系的性质，对医患双方权利义务进行统一立法规定，重新界定医患双方的法律地位;制定统一赔偿标准，取消赔偿标准"二元化"，构建统一的司法赔偿机制，实现社会的公平正义。

（5）普及全民健康教育知识。开展宣传教育、缩小医患间信息不对称。通过多

---

[1] 方巍、方志林："医患纠纷法律治理研究"，载《福建政法管理干部学院学报》2008年第2期。

种形式向社区居民宣传健康教育知识，扩大沟通内容，开展对常见病的科普知识、医疗法规、医疗保险、医患监督制度等专题讲座教育，使广大市民相信科学。了解医疗这个特殊服务行业的高风险性，通过各种渠道加大宣传教育力度。尽可能使广大群众获得相关信息，缩小医患之间医疗信息不对称差距；通过信息传递，使医患双方依法维权意识增强，避免医院暴力发生。

（6）加强执法部门执法力度和司法的公正。尽管公安部、卫生部曾多次联合发文对医疗机构治安案件处理作出明确规定，但实际上一旦医患矛盾激化，公安机关在处理医疗纠纷时仍缺少力度，医务人员安全已经成为一个突出的问题。医院是为患者提供医疗服务的特殊工作场所，但由于目前在处理医院暴力事件中相应的法规不够完善，给执法者带来一定难度，要制定专门法规，做到有法可依。广大医务人员呼吁政府部门尽快出台专门针对医院暴力的法规，在保护患者合法权益的同时依法维护医疗机构的正常工作秩序；医疗机构要成立安全防范小组，并制定有效的防范措施，切实保障医务人员的人身安全。在执法上加大对医务人员的保护力度，行政执法部门也要公平保护患者一方。在司法上平等公正地对待医患双方，权衡医患双方的权利与义务，客观公正地作出判断。

（7）媒体正面宣传和引导。个别媒体对医患纠纷、医院不正之风的报道事实不清、信息片面，报导不实甚至歪曲事实，错误渲染误解一方，把简单的医疗纠纷复杂化，片面、局限、不客观的报道在激化医患矛盾的同时又诱导了个别患方有理无理都大闹医院甚至伤害医务人员，使医患关系进一步恶化。[①] 因此，媒体应该在事实调查清楚的基础上客观、积极地引导民众，加强正面舆论宣传，在医患纠纷发生之后能够做到客观公正地报道，客观公正地评价医患关系，正确地引导社会舆论，帮助社会大众重建对于医疗事业的信心。新闻媒体应多宣传国家法规及医学科普知识，加大医疗服务的风险性、不确定性的宣传，让患者了解医学的特殊性、复杂性、高风险性。一旦发生医疗纠纷，医患双方都应遵守相关的法律法规，依法处理；而不是采取非常手段，加剧冲突和矛盾。应通过宣传增强群众对我国卫生事业改革与发展的理解和支持，树立患者正确的就医态度，营造良好的卫生工作环境和社会氛围，增加公民对医务人员的尊重。让全社会共同参与，营造一个良好的就医环境。

---

① 李珑、王晓燕、王辰等："医患不信任问题对医方医疗行为的影响及对策分析"，载《中国医院管理》2012 年第 1 期。

论医疗技术损害的责任构成

马　辉*

我国医疗侵权案件医方败诉率"畸高",动辄 50% ~ 60%,甚至 70% ~ 80%,① 广州市中级人民法院发布的 2010 ~ 2014 年医疗纠纷审判《白皮书》显示,在二审判决结案的 270 例案件中,判令医疗机构承担赔偿责任的案件 173 件,占 64.07%。② 如此高的责任承担比例,已经严重影响了医生的工作积极性,防御性医疗行为不断上升。也许,是时候重新审视医疗侵权责任理论了,特别是医疗侵权责任构成理论。学界通常认为,侵权责任构成要件包括违法行为、损害结果、因果关系、主观过错。构成要件齐备,由加害人承担责任;缺少任何一个要件,加害人免责。这一理论套用于医疗侵权的产生以下结果:损害结果要件恒常存在,无责任免除功能;因果关系要件主观程度高,无力从客观上论证归责或免责的正当性;作为一体两面的违法行为和主观过错,是发挥归责、免责功能的重要甚至是唯一要件。

一、损害结果的恒常性

损害结果,是医疗损害责任的必备条件。按照侵权法一般理论,医疗损害结果包括因技术过失导致的生命健康权等物质性人格权损害、因物质性人格权受损而伴随的精神损害以及相伴随的利益损失。简单分析不难发现,只要是患者,几乎都能毫无障碍地证明自己遭受了上述损害。

(一) 物质性人格权受损的必然性

按照物质性人格权与精神性人格权的区分,医疗行为侵害物质性人格权是常态。任何医疗行为都可能侵犯患者身体权和健康权,几乎任何人都至少有一次请求医方承担侵犯生命权责任的机会;如果仅从损害结果的角度,任何患者都可比较方便地证明物质性人格权受损的事实存在。

---

* 马辉,首都医科大学民商法学博士,副教授,E-mail:zhcfhui@163.com。

① 张晓敏、赵杰:"用法律平衡医患关系——和平法院医疗纠纷案件患者胜诉率78%",载《人民法院报》2008 年 5 月 3 日。

② 刘冠南:"广州法院公布医疗纠纷《白皮书》六成医院担责",载《南方日报》2015 年 5 月 21 日。

首先，只要医生没能阻止死亡后果的出现，理论上均可认定为侵害生命权的损害后果出现。从这个角度来说，至少有一个医生的医疗行为，会与生命权受侵这一损害后果联系在一起，即生命权受损这一结果的发生具有恒常性。

其次，健康权受损也具有常态性。《辞海》中健康的概念是"人体各器官系统发育良好、功能正常、体质健壮、精力充沛并具有良好劳动效能的状态。通常用人体测量、体格检查和各种生理指标来衡量"。[1] 1946 年世界卫生组织（WHO）定义的健康是"一种在身体上、心理上和社会上的完满状态，而不仅仅是没有疾病和虚弱的状态"。这将健康从生物学领域扩大到了精神和社会关系领域。[2] 医疗行为造成患方损失，也已扩展到以上全部领域。患者因病去医院，其身体机能本来不正常（非诊疗目的性医疗行为，例如整容，从广义角度来说，也属于精神不健康的类型）。假使医生无法将其身体机能逆转为完全健康状态，其都可声称健康权受侵。而世界上真正健康的人如此之少，理论上绝大部分患者都有行使该权利的可能。如果再扩展到医疗行为或者疾病所造成的精神和社会关系不完满状态，那么，几乎任何一个人，只要他乐意，就能证明其健康遭受了不利益。

最后，身体权受损具有常态性。身体指人或动物的整个生理组织，有时特指躯干和四肢。[3] 患者就医，医生采取的初步检查方法是"望、闻、问、切"和"望、触、扣、听"；中医的"切"与西医的"触、扣、听"都直接作用于人体，都是医生与患者身体的直接接触。理论上，如无患者同意，都是侵犯身体权的行为；如果涉及身体敏感部位，更是如此。曾有一名很正直的男医生，在给一名女患者进行牙齿治疗时，将器械放在了铺在女患者胸前的治疗巾上，男医生的做法主要是为了取拿器械方便，节省治疗时间。女患者认为男医生有不良企图，此类行为的确难免侵犯身体权的嫌疑。[4] 司法实践中，默视的同意等补充规则就是为解决此类难题的。

（二）精神损害的恒常性

医学并非精密科学，单从结果来看"错误"比比皆是，这些错误会在不同程度上造成患者的精神痛苦。只要实施医疗行为——诊断或治疗，就很可能造成接受者的肉体或者精神痛苦，所不同的只是痛苦的程度。就现实案例观察，何种痛苦可被视为具有法律意义的损害结果，对此尚缺明确且统一的认识；但可以肯定的是，医疗行为导致精神痛苦是普遍而且经常的。

误诊自然会给患者带来精神痛苦。对于疾病的诊断来说，要求 100% 的正确率只能是"幻想"；但经验观察表明，临床误诊的概率不低，甚至相当高。以理应

---

① 百度百科"健康"词条，百度网，http：//baike. baidu. com/view/18021. htm，2011 年 12 月 1 日访问。
② 同上。
③ 百度百科"身体"词条，百度网，http：//baike. baidu. com/view/38173. htm，2011 年 12 月 1 日访问。
④ 民航医院李蓓医生提供的案例。

"零"误诊的死亡为例，因诊断方式简单、诊断标准明确且时间能够提供极大的帮助，[①] 不应出现诊断错误，但错误屡屡发生。广东佛山弃婴案，护士将引产的活婴作为死婴处理，后家属发现婴儿尚为存活状态（对于新生儿的救护及判定死亡等问题，中华医学会有其严格的操作规范：孩子出生时无呼吸、无哭声、全身青紫，应该是出现了窒息的情况，需要立即进行复苏；经规范复苏 10 分钟后，如果没有心跳，没有呼吸，才可以宣布死亡）。[②] 东莞一女子被车撞飞，血肉模糊，医院 120 急救医生现场检查后称其已经死亡。医生走后不久，一围观者脱下上衣盖在该女子头上时，意外发现她的手还能动，遂送至医院；经抢救，患者脱离险境。[③] 国外也发生过临床死亡又奇迹般复活的事例。[④]

在最不可能误诊的死亡问题上，尚难以避免误诊，其他疾病的诊断便更是如此，如果误诊为肿瘤、烈性传染病或者其他难以治疗的疾病，精神痛苦可以想象。与此同时，漏诊也不可避免地会影响患者治疗，增加患者的精神痛苦。

在治疗领域，精神痛苦也是难以避免的。最常规而且安全的医疗措施要数静脉穿刺了。静脉穿刺也会有疼痛感，其他侵袭性更强的医疗行为所造成的痛苦通常要更大。

（三）利益损失的恒常性

就患者所遭受的损害结果来看，权利受损是否存在，有时还需要通过对病历材料进行评估，然后才能得出结论。从这点来看，权利是否受损的认定尚有轻微难度。相比而言，利益受损的事实连起码的评价程序都可免除，直接出示医疗费等证据则可。因此，只要接受过医疗行为，利益损失几乎必然存在，且极其方便就可得到证明。

二、鉴定阶段因果关系认定的主观性

既然患者能够极其方便地证明存在损害结果，医方如欲免责，可以主张损害结果非因医疗行为所致。实际案例中，绝大部分医方均声称损害结果为疾病之自然转归，与医疗行为无因果关系。此类案件，因果关系的最终认定通常依赖于鉴定意见。遗憾的是，鉴定通常也不能得出客观、可靠的结论，相反，主观色彩却极其浓厚。

---

① 马辉："'生''死'误诊太不该"，载《新京报》2008 年 4 月 16 日。

② "佛山'弃婴门'事件调查"，搜狐网，http://health. sohu. com/s2011/foshanqiying/，2011 年 11 月 12 日访问。

③ "120 医生称车祸伤者死亡 围观者发现救其一命"，腾讯网，http://view. news. qq. com/a/20100112/000039. htm，2011 年 11 月 12 日访问。

④ 康娟："男子被宣布死亡后复活 医生原计划切除其器官"，http://news. qq. com/a/20080612/003547. htm，2010 年 5 月 10 日访问。

（一）诊断阶段客观原因确定的主观性

误诊、漏诊是诊断阶段最常见的纠纷原因，一旦出现漏诊、误诊，需要查明该损害结果是否可归结于医方的行为。实际上，漏诊、误诊是否归因于医疗行为的判断充满了主观性。

以检验结果互认制度为例，患者长期反映重复检验过多，各大医疗机构几乎只认自己的检验结果，导致换一家医院就要重复检查一次。其实早在 2006 年 2 月，卫生部颁发了《关于医疗机构间医学检验、医学影像检查结果互认的通知》，各地卫生行政主管部门相继印发了医院间医学检验结果互认的文件。医院有认可其他医疗机构检验结果的义务，卫生行政部门推行的力度也不可谓不强，但就是没有效果。为什么？

"医院管理者和医务人员最担心的是，一旦因为互认出现医疗纠纷，谁来承担法律责任，因为到底是谁的责任是没有办法查清的。"[①]以漏诊为例，只有确诊了才有漏诊的问题。假设患者经过甲、乙、丙三家医院治疗，甲医院实施了检测但误诊，乙医院信赖甲医院的检测结果而没有重复检测直接治疗，丙经再次检测确诊。作为执行了互认政策、认可了甲医院检测结果的乙医院，其承担损害赔偿责任的可能性是提高了，还是降低了？首先，患者可以以乙未尽注意义务为由要求乙承担责任，理由是医生应尽万全的注意，乙应该预见到甲的检测结果可能存在误差。其次，患者还可依据违法性要求乙承担责任，根据是《执业医师法》的明确规定，"医师实施医疗、预防、保健措施，签署有关医学证明文件，必须亲自诊查、调查"，乙未经亲自检测作出诊断，并按照错误的诊断实施治疗，应承担法律责任。最后，患者可以根据汉德公式请求医生承担责任，[②] 理由是，再检查一次不用花费很多成本，但误诊却造成了人身受损的严重后果，乙没能以较小的成本避免较大的损失，应承担责任；最重要的是，乙很容易通过"若有，则很可能不"的检测，如果乙重复检测了，的确有可能避免误诊的持续。总之，认可了甲检测结果的乙，漏诊的责任很难避免，误治的责任几乎必须承担。相反，假设乙医院进行了重复检测，结果就大为改观。首先，假设乙重复检测，乙可能就纠正了漏诊的问题，自然毫无责任；假设乙医院经过了检测，依然没能纠正误诊，乙医院可以主张已尽到注意义务，误诊属不可避免。总体看来，对乙来说，重复检测有百利而无一害，认可他人检测结果只能使承担责任的风险大幅度提高。

---

① 首都医科大学卫生法学研究生班学员对检验结果互认制度存在问题的分析。

② 在美利坚合众国政府诉卡罗尔拖轮公司一案中，法官汉德（Learned Hand）提出了著名的汉德公式：B < PL；B：预防事故的成本；L：一旦发生所造成的实际损失；P：事故发生的概率；PL：（事先来看）事故的预期损失。只有在潜在的致害者预防未来事故的成本小于预期事故的可能性乘预期事故损失时，他才负过失侵权责任。参见百度百科"汉德公式"词条，百度网，http：//baike. baidu. com/view/996494. htm，2012 年 1 月 11 日访问。

可以说，除了追逐利益之外，检查结果互认的最主要障碍在于责任，在于医疗损害客观原因发现的困难。一旦出现漏诊、误诊、误治，参与诊疗的各个医疗机构自己都说不清，任何一家医疗机构都符合"若有，则很可能不"的检验标准，都是潜在的责任承担者，只能被牵连其中，难以独善其身。

（二）治疗阶段客观原因确定的主观性

治疗阶段出现损害结果的，特别是严重损害结果的，客观原因更加复杂。到底由哪个原因所致，更加超出人类的认知能力。

以患者死亡原因查明为例，法医们经尸检能够得出相当客观的结论，临床医生们通过病例分析得出的结论则差得多。有人回顾了几十年的尸检资料，发现尸检诊断与临床死亡诊断的符合率在 63.7%，其中 20 世纪 90 年代仅为 58.2%。[①] 有人对因猝死（外表似乎健康的人，因内在疾病而发生急速、意外的死亡，从发病到死亡在 24 小时以内）尸检的 269 例进行回顾性分析，发现临床与尸检相符或者基本相符者仅为 39.8%。引发纠纷的原因是未能对致死疾病作出准确的诊断和合理解释。[②] 这些数字充分说明，在能够对患者（死者）充分检查的情况下，在能得到任何一处组织标本的前提下，有死亡原因客观、明确的证据的情况下，对比分析法医和临床医生对死因的判断，有 1/3 甚至接近 1/2 的实际死因与临床医生们的主观判断都不相符。那么，绝大多数没有病理诊断、患者仅仅是声称健康权受损的案例中，医生们的判断正确率也不可能高于这个数值，换言之，医生们给出的原因答案，大约 1/3 到 1/2 是错误的，是与客观实际不相符合的。

如果再考虑医疗损害因果关系的特点，即多因现象，除了考虑原因在死亡时所起的作用外，还要考虑患者自身疾病情况、特异体质、诊疗历史等，事实原因的查明就会遇到更多的困难。[③] 何况，医疗损害因果关系的认定者还不是最了解情况的主管医生，而是主要根据病历记载推断问题所在的、"没有利害关系"的其他医生，甚至是无实际临床经验的法医。有理由认为，这种事后原因认定的结论与客观事实不符的比率会相当高。因此，治疗阶段造成损害，损害的客观原因是什么，尽管专家们能给出了一个答案，但该答案与客观事实的符合率通常是比较低、甚至非常低，至多不超过 50%。

三、法律原因认定的主观性

民法领域，原因可被分为作为型原因与不作为型原因、单因与多因、确定性原

---

① 竺可青、章锁江："50 年尸体解剖资料分析"，载《中华内科杂志》2004 年第 2 期。

② 刘伟强、冯菲、白辰光等："猝死致医疗纠纷 269 例临床病理分析"，载《临床与实验病理学杂志》2009 年第 3 期。

③ 单国军：《医疗损害》，中国法制出版社 2010 年版，第 89 页。

因与不确定性原因、强势原因与弱势原因等；无论这些原因区分的具体标准如何，基本共识是不同类型的原因主观性不同。在原因确定过程中，更多体现主观色彩的原因类型是不作为型原因、多因、不确定性原因和弱势原因，而医疗损害的原因通常都属于这一范围。

（一）不作为型原因为主

理论上，"无不能生有"。有比较极端的学者认为，不作为情况下，缺少有效的能够导致结果发生的力量，不作为型侵权责任构成中无需因果关系要件。① 当然，大部分学者承认不作为侵权也需因果关系要件。

与作为型原因相比，不作为型原因受更多主观因素的干扰。在作为型原因的情况下，加害行为是客观的，损害结果也是客观的，因果关系要件的任务是在两个客观事实之间建立联系，即三个要素中有两个是客观的、一个是相对主观的。在不作为型原因中，采用"若有，则很可能不"规则，此时，仅损害结果是客观的，加害行为是建立于假设基础上的，是参照同类情况"虚拟"的，即三个要件事实中，仅有一个是客观实在的，另外两个要素均建立于假设的基础上，仅具有相对客观性。因此，与作为型原因相比，不作为型原因具有更大的主观性。

无论按照哪种理论，绝大部分医疗行为都可划入不作为的范畴。理论界认为，作为指侵权行为人在受害人的法益上制造了危险；不作为则是指未排除威胁到受害人的危险。精确点讲，作为行为中被主张权利者自己启动了具有法律意义的因果链，而在不作为中则是未中断这一因果链。②

例如，原告哮喘病史8年，因突然发作就医。入院时生命体征平稳，但心率快，医生给予心得安治疗。由于哮喘患者禁忌使用心得安，该患者使用后诱发哮喘大发作，抢救无效死亡。③ 此时，医生人为制造了哮喘大发作，且造成患者不治身亡的后果。医生的行为无疑是作为。假使患者无哮喘病史，生命垂危，且无心得安使用禁忌，但医生使用后仍然出现了上述结果，医生的行为是作为还是不作为？此时，如果不采取治疗措施，患者很可能也会因原发病身亡；但采取了该治疗措施，患者直接因医疗行为丧失生命。从患者死亡的直接后果反推，医生给药的行为是作为；但另一方面，医生有义务中断患者疾病的进展，阻止患者死亡结果的发生，但没能中断该因果链条，又符合不作为的特征。医疗损害的通常形态均是未实施适当的医

① ［德］李斯特：《德国刑法教科书》，徐久生译，法律出版社2006年版，第186页。
② ［德］冯·巴尔：《欧洲侵权行为法》（下卷），焦美华译，法律出版社2004年版，第248页。
③ 患者李某，男性，25岁，支气管哮喘病史8年。因咳嗽、胸闷、心慌就诊。查体，两肺呼吸音稍粗，未闻及干湿罗音；心率112次/分，率齐，未闻及杂音。因患者心率快，医生给予心得安5mg静脉推注。5分钟后，患者呼吸急促，口唇发绀，满肺哮鸣音，心率下降，抢救无效，10分钟后死亡。参见刘振华主编：《医疗纠纷预防处理学》，人民法院出版社2005年版，第436页。

疗行为而使疾病恶化。[①] 所以有人说，"积极的有所为与消极的有所不为有时不易区分"，[②] 特别是在医疗领域这一特点非常明显。

在医疗损害诉讼中，损害结果与受害人的自身疾病毫不相关的领域有：存在禁忌症仍然实施医疗行为，违反操作规程的医疗行为直接造成的损害，疫苗接种、计划生育导致的损害，也只有此类医疗行为属于比较典型的以作为的方式侵权。

（二）多因、多果现象为主

按照造成同一损害的法律原因是唯一的还是复数的，原因被分为单因和多因。在医疗损害领域，作为单因的医疗损害主要有两种情况：一种是非诊疗需要的医疗行为（此时还有特殊体质的问题）；一种是为有禁忌症者实施治疗。前者不需考虑原发病的问题，后者通常直接造成损害结果，例如，为有过敏史患者注射了会导致其过敏的药物，过敏反应立即出现；为不能手术的患者实施手术，损害后果立即发生。

医疗本身的经验性、高风险性、不确定性，使得医疗损害很少是单一医疗行为所致。例如，在一起新生儿脑瘫案中，医疗机构的过错只有催产素使用不规范，但孩子出生后窒息、脑瘫。市医学会鉴定认为，不属于医疗事故；省医学会鉴定认为，脑瘫与医疗行为之间存在部分因果关系，医院应负次要责任。山东省高级人民法院再审后认为：医疗事故技术鉴定书仅明确了医院的违法违规事实，并未综合分析医疗过失行为在导致医疗事故损害后果中的作用、患者原有疾病状况等因素，不足以判定医疗过失行为的责任程度。一、二审认定医疗机构负次要责任的依据不足。根据医疗损害举证责任倒置的规定，判决医疗机构承担全部责任。[③]

在涉及损害的原因为复数的情况下，需要综合以确定医疗行为在损害中所占的比例。基于人类认识的有限性，该比例的确认高度主观，即便要求比较客观地得出主要原因、次要原因、轻微原因的结论，已属不易，何况还要动辄具体到百分比。

如果再考虑到损害结果也是复数，还须考虑损害结果之间是否有因果关系、哪些利益损失是由哪个损害结果造成的，因果关系的复杂程度就更难以想象了。

四、医疗过失标准的决定性

在医疗损害诉讼中，损害结果要件恒常存在，且证明方便，几乎不能发挥免责功能。而因果关系要件的高度主观性，意味着其主要起"标签"作用，方便裁判者论证其结论的合理性；但缺乏科学性、客观性，说服力有限。因此，理应由四要件

---

① 夏芸：《医疗事故赔偿法》，法律出版社 2007 年版，第 214 页。

② 王泽鉴：《侵权行为法》（第 1 册），中国政法大学出版社 2001 年版，第 91 页。

③ "吕佳慧、孙艳萍、吕春祥诉山东省博兴县人民医院医疗纠纷抗诉案"，北大法宝，http：//vip. chinalawinfo. com/Case/displaycontent. asp？Gid=117863974&Keyword=，2012 年 1 月 6 日访问。

共同承担的归责和免责功能，通常只能由违法行为和主观过错两个要件承担。当前，主观过错标准客观化是一大趋势，即确定主观过失时不以主观标准衡量，而是依据客观标准——一般注意义务，违反该注意义务则主观上有过错。① 换言之，在医疗侵权理论上，可严格区分违法行为和医疗过错；但在具体判断上，则统一为注意义务之违反，行为人违反了注意义务，则违法行为及主观过错两个要件同时齐备。因此，医方的注意义务标准——医疗过失标准成为责任构成的决定性因素。

（一）医疗过失标准检讨

当前的医疗过失标准，通常以诊疗行为的安全、有效为主要考量因素，甚少关注价格低廉、便捷等价值追求。其造成的恶果是，医方动辄得咎。

学界通常认为，医方应负最善的注意义务。最善的注意几近于结果责任。纵观医疗侵权的案例，一般都能找到一个以上的医生"应该"、实际上"没有"实施的医疗行为，或者"应该"达到、实际上没有"达到"的医疗水平。这些"应该"如果成为"现实"，则患者人身损害后果要么不会发生，要么不会达到目前的严重程度。按照这样的标准要求，即使"全国人民上协和"，协和医院也不可能提供所有理论上"应该"的服务。

按照《医疗事故处理条例》，医疗过失判断标准是法律、法规、诊疗规范和常规。因法律、法规难以规范到具体的医疗行为，承担过失标准的通常是诊疗规范，"以卫生部、教育部在全国通用的医学院校统编教材中规定的诊疗标准、用药原则和中华医学会提出的且已被临床广泛运用的诊疗技术作为医疗行为是否合理的一般标准"。② 教课书和医学会的诊疗规范，是医学界的最杰出人士在总结前人所有经验基础上针对疾病得出的所有的通常认为有效的诊断、治疗措施。其优点是客观、明确、准确、全面；缺点是除了少数的超级医院，其他医院不具备实施条件，有时是缺乏几种条件，在下级医院往往是缺乏绝大部分条件。

（二）医疗过失标准选择

在国家大力倡导基本医疗的今天，医疗过失标准应综合权衡"安全、有效、方便、价廉"四个要素，相对而言，实践中的医疗水准——诊疗惯例、常规标准符合上述四个要求。

医疗水准的概念最早由日本学者提出，伴随着一系列早产儿视网膜病变案例的判决而完善。20 世纪 70 年代，医生发现早产儿吸氧可能发生视网膜病变，有医生试验采用光凝固疗法进行治疗，有成功的个案报道。原告以医师应该知道光凝固这种新疗法、应该履行告知该疗法并建议转院的义务为由，请求医疗损害赔偿。法官

---

① 杨立新：《侵权法总则》，人民法院出版社 2009 年版，第 327 页。
② 汪海莹："浅析医疗纠纷中的医疗过错认定"，载《成都医药》2005 年第 1 期。

在判决论述到：即使医疗行为尚未得到医疗界的一般认可，医师也应当实施——这是医师应尽的最大注意义务。[①] 此案受到医学界的强烈批评，医学界和法学界展开了一场大讨论，以明确医疗过失的判断标准——"诊疗当时的医学知识"到底是什么。讨论的最终结论是，医疗过失应以实践中的医疗水准为标准，实践中的医疗水准应具备两个基本条件：一是该医疗行为的安全性和有效性已经得到认可；二是该医疗行为已经推广，设备、人员培训等已经完成。[②] 这等同于确认了"诊疗惯例、常规标准"。

结语

与一般人身侵权相比，医疗侵权时损害结果要件恒常存在，因果关系要件弹性度高，决定责任构成的是违法行为和主观过错。在主观过错客观化的背景下，医疗过失成为责任有无的决定性因素，甚至是唯一因素。为平衡医患双方的权益，医疗过失标准应适当。当前通行的最善注意、诊疗规范和常规标准，过于关注医疗行为的安全性和有效性，忽视了方便和价格低廉两个价值追求，造成医方败诉率畸高、防御性医疗增多的恶果。为基本医疗的顺利推行，法学界应重拾"诊疗惯例、常规"标准。

---

① 夏芸：《医疗事故赔偿法—来自日本法的启示》，法律出版社 2007 年版，第 112～113 页。
② 同上，第 113～114 页。

我国医疗损害风险分担机制
存在的问题及对策

曹艳林　文学斌　魏占英　郑雪倩*

当前，我国正处于社会转型的重要阶段，各种社会矛盾凸显。医疗纠纷作为各种社会矛盾在医疗领域的集中体现，呈现快速增长势头多样化、复杂化趋势。据中国卫生部统计数据显示，中国每年发生的医疗纠纷逾百万起，平均每年每家医疗机构发生医疗纠纷的数量在 40 起左右。[①] 中国医院协会 2013 年完成的一项研究显示：医务人员躯体受到攻击、造成明显损伤事件的次数逐年增加，发生医院的比例从 2008 年的 47.7% 升至 2012 年的 63.7%。每年发生次数在 6 次及以上的比例，2012 年（8.3%）将近是 2008 年（4.5%）的两倍。医务人员遭到谩骂、威胁较为普遍，每年每所医院发生的平均数从 2008 年的 20.6 次，上升到 2012 年的 27.3 次。[②] 因此，有必要在我国建立和完善医疗损害风险分担机制：一方面分散医疗损害风险，保护患者；另一方面也给医务人员提供一个宽松的执业环境，推动医患关系的和谐发展。

一、医疗损害风险分担现状

医疗损害风险是客观存在的，与医疗基础条件、医疗技术的发展水平、医务人员的职业素养、患者的就医期望等密切相关。医疗损害风险可以降低，但不可能绝对避免。自 2002 年我国《医疗事故处理条例》颁布以来，以推行医疗责任险和成立医疗纠纷第三方调解机构相结合为特征的医疗损害风险分担机制已经初具规模。

（一）各地通过医疗纠纷人民调解机制化解医疗损害风险

自 2010 年以来，各地认真落实《中华人民共和国人民调解法》和《关于加强

---

* 曹艳林，中国医学科学院医学信息研究所。文学斌，中南大学公共卫生学院。魏占英，中国医学科学院医学信息研究所。郑雪倩，北京华卫律师事务所。

① 张有义："卫生部拟重点推行人民调解制度"，载《法制日报》2011 年 12 月 23 日。
② 陈会扬、刘虹："医院场所暴力伤医事件逐年递增"，载《健康报》2013 年 8 月 16 日。

医疗纠纷人民调解工作的意见》的要求，积极推进医疗纠纷人民调解工作，健全了综治、公安、司法行政、卫生计生、保监等部门协同参加的医疗纠纷预防和处置工作机制，建立以人民调解为主要模式的第三方医疗纠纷化解机制，取得显著成效。[①]据统计，截至目前，全国共建立医疗纠纷人民调解组织 3396 个，人民调解员 2.5 万多人，55% 的医疗纠纷人民调解委员会有政府财政支持。2013 年共调解医疗纠纷6.3 万件，调解成功率达 88%，维护了医患双方合法权益，维护了社会和谐稳定。[②]

（二）部分地区积极探索通过医疗责任保险分担医疗损害风险

我国从 1999 年就开始推行医疗责任保险，政府陆续以行政手段介入医疗责任保险的推动工作，政府规范性文件相继在部分省市出台。目前上海、深圳、云南、四川、北京等地已经积累了一定的经验。这对于保障医患双方权益、强化政府职能有积极的意义；在一定程度上降低了医疗纠纷发生率，提高了医院管理水平，缓解了医院的经济责任和社会压力。

（三）部分医疗机构积极探索通过医疗意外保险化解医疗纠纷

现有的医疗损害风险分担机制针对无医疗过失造成的医疗损害风险并没有切实可行的处理方法，病人受到意外伤害后缺乏有效补偿机制。在处理此类医疗纠纷的时候，医患双方权益都得不到有效保障。这是医疗纠纷发生率日趋增多的主要原因之一。目前国内几个具有手术风险高、费用高、死亡率高等特点的医院，例如协和、阜外、安贞、佑安医院，尝试开展了医疗意外保险。使患者家庭在因病失去亲人后能获得一定的经济补偿，避免出现"人财两空"的极端后果。但是在实际操作过程中存在诸多问题，如有部分医疗机构或医务人员通过引导或强制患者购买医疗意外保险，转移医院经营风险，而不是通过医疗意外险积极维护病人权益，从而损害了医疗机构的形象，加剧了医患关系的紧张。2008 年，卫生部专门下发《关于医疗机构不得宣传、推销和代售麻醉意外险等保险产品的通知》，叫停了医疗意外险的推广和宣传。

二、医疗损害风险分担机制存在的问题

（一）国家层面上缺乏医疗损害风险分担机制的顶层设计

尽管 2006 年国务院颁布的《关于保险业改革发展的若干意见》以及 2009 年党中央、国务院发布的《关于深化医药卫生体制改革的意见》对医疗损害风险分担机

---

① 杨筱青、郭华峰："医疗风险特点分析和医疗风险分担机制建设展望"，载《中国现代药物应用》2013 年第 11 期。

② 中华人民共和国国家卫生和计划生育委员会："全国医疗纠纷人民调解工作现场会在天津召开"，http：//www.nhfpc.gov.cn/yzygj/s3590/201405/9801d4c22bad4457839c3a4ca3f984e6.shtml，2014 年 5 月 5 日发布。

制提出了一些要求，但总体而言，我国还缺乏一套较为完善的医疗损害风险分担机制。现有的医疗损害风险分担机制既没有有效调动政府、社会、媒体、医疗系统和广大患者的资源来分担医疗损害风险，也没有覆盖全部医疗损害风险范围及主体。医疗损害风险分担机制仅限于部分地区尝试性地实施医疗责任保险和医疗意外险，机制呈现碎片化，有必要从国家层面对医疗损害风险分担机制进行顶层设计。

（二）医疗责任保险推广进展并不顺利

从医院方面来说，一是保费较高，赔付率、赔付额较低，免赔条款太多，大部分医院通过测算，认为"买保险不合算"；[①] 二是医疗责任保险的赔偿限定于医疗事故，不能解决医院的绝大多数医疗纠纷赔偿问题，医院认为意义不大；三是索赔条件苛刻，理赔手续繁杂；四是参保后，医院仍然无法摆脱患者打闹的局面，没有真正从医疗纠纷中解脱出来；五是对现有医疗责任保险产品的期内索赔制不满意，医院丧失了自主性。从医务人员方面来说，由于医疗责任保险是由医疗机构统一购买，保费的高低与医务人员个人执业行为的关联度不高，通过医疗责任保险来提高医务人员的责任心和执业水平的目标也未能达到。从保险公司方面来说，表现在以下三个方面：一是医疗责任险涉及保险、医疗和法律等知识，只有保险、医疗、法律三通的人才参与险种的开发与赔案的处理，才能保证保险条款的适用性、严密性和处理赔案的合理性，目前这类人才缺乏；二是医疗责任保险起步晚，经验不足，数据缺乏，无法按照"大数法则"来科学合理地计算保险费率和设计保险条款；三是技术设备先进、管理规范、效益好的医院不愿参保，管理不规范、设备技术较差、执业范围局限、抗风险能力弱的医疗机构想投保而保险公司又不愿意承保；四是参保医院少，保险公司的运营成本相对较高，保证不了预期利润。

（三）医疗意外险实施困难重重

从患者角度来说，一是对医疗意外险的认识不足，不理解保险的"大数法则"。由于信息不对称，患者或其家属不能正确认识医疗损害风险的概率，有些盲目投保，如未发生医疗意外，觉得自己"亏了"或者"被忽悠了"；二是认为保费高，赔付额度较低，对买医疗意外险态度不积极。从保险公司角度来说，一是费用问题，参保人数少，难以形成保障公司"利润"的基金池，而且需要投入较大人力、物力，包括与医院的沟通、宣导、培训和公关等，无形中加大其管理运营成本；二是人员问题，医疗意外险的专业性很强，需要具备医学、法学、保险学等方面知识的专业人才，这方面保险公司的配备不足；三是产品研发问题，由于不同医院不同科室的医疗特点差异较大，需要紧密贴合临床需要设计不同的产品，这对保险公司来说也是一大挑战。

---

① 赵孝源："我国医疗责任保险发展模式探讨"，载《健康教育与健康促进》2009 年第 2 期。

三、完善我国医疗损害风险分担机制建议

现代风险救助理论认为，现代社会的损害，个人不易防范，事后难以承担，必须结合国家和社会的力量，有效率地保障人民安全，并使其遭受损害时获得合理必要的救济。[①] 但从我国目前的社会、经济发展现状而言，我国还不能单纯依赖国家担负起医疗损害风险的全部责任，应该辅以社会中的行业管理部门、商业部门等力量共同推动。我国应构建侵权责任与保险赔偿、社会救助的平行模式，三种方式功能上应统筹协调，尤其要安排好三种方式的救济顺序、赔偿额度、责任构成及请求权的行使等问题，使受害人能够获得及时救济，从而实现损失分担的社会化并减少个人风险的发生。

（一）完善医疗纠纷预防处理立法

法律是法治社会中社会治理和风险分担的有效手段。只有通过完善的医疗纠纷预防处理立法，建立科学、民主、适时的医疗纠纷预防处理法律制度，以法律形式确立医疗损害风险分担机制，明确政府、社会、媒体、医疗机构和医务人员、广大患者在医疗损害风险分担机制中的地位、职责和权限，携手合作，共担分险，为医疗纠纷疏通出口，才能建立和谐的医患关系，共享健康和谐的社会。

（二）建立多层次、多渠道、综合全面的医疗损害风险分担体系

就现代社会的风险分担理论而言，一个完善的风险损害分担体系应该包括政府救助、社会互助、政策性保险和商业保险四个方面。基于医疗行业的福利性和医疗技术的高风险性，单纯依靠个人或商业保险都难以承担，有必要建立以政府医疗损害风险救助基金和强制医疗责任保险、医疗行业互助保险、医疗意外险等共同组成的医疗损害风险分担体系，发挥各自的作用和功能，共同构建有中国特色的医疗损害风险分担机制。

（1）发挥政府作为医疗损害风险损害分担机制的"网底"功能，建立以政府投入为主的医疗损害风险公共救助基金。

我国的民众历来有遇到困难找政府的传统。当医疗损害风险发生时，不论是医疗机构和医务人员，还是患者，都希望政府能在医疗损害风险防范和分担机制中发挥重要的作用。因此，政府不仅要积极建立有效的医疗损害风险分担机制，动员社会、医患双方共同承担医疗损害风险；而且在上述风险分担机制失灵时，还要承担起医疗损害风险分担机制中最后一道防线的作用，承担医疗损害风险分担机制的"网底"功能，这也是政府对公民健康权负责的一种表现。具体来讲，就是政府要积极组织筹建医疗损害风险公共救助基金，筹资渠道可包括财政专项和医保基金拨

[①] 吕群蓉著："医疗责任保险制度的法理基础分析与制度构建"，西南政法大学 2011 年博士研究生论文。

款、社会捐赠和慈善团体捐款等。医疗损害风险公共救助基金主要用于一些确实无力支付费用的患者或家庭，也可以用于医疗机构救治"无主病人"的医疗费用。当社会保险、医疗责任保险等不能有效分担患者医疗损害风险时，此公共救助金发挥医疗损害风险分担功能，使患者能够看得起病，解除医疗机构开展公益事业的后顾之忧。

（2）发挥强制责任保险的社会风险共担、强制投保和承保、政策支持优势，建立强制医疗责任保险。

目前我国部分地区开展了医疗责任保险工作，甚至有部分地方以政府文件的形式要求各医疗机构应该参加医疗责任保险；但医疗责任保险还不是法定强制保险，开展并不顺利，难以真正发挥医疗责任保险的医疗损害风险分担机制功能。建议参照《机动车交通事故责任强制保险条例》的立法经验，将医疗责任保险确立为法定保险，实行强制购买。建立由医疗机构和及其医务人员投保的"组合型"医疗责任保险机制：医疗机构作为参保主体缴纳统筹险，同时医务人员根据所在科室类别、技术职称、疾病风险等级等方面进行分层缴纳个人补充责任险，双轨并行。当然，在将医疗责任保险确立为强制责任险过程中，保费如何确立、保险公司责任和作用如何发挥、政府如何进行监管，还有待进一步做深入的调研。

（3）发挥行业组织的行业互助和自律功能，建立医疗行业互助保险制度。

充分发挥医院协会、医师协会在医疗行业中的行业管理、自律维权、行业互助功能，探索建立以医院协会牵头的各类医疗机构共同投保的医疗机构团体险和以医师协会牵头的医师执业团体险，避免单家医疗机构和医师以个体身份与保险公司谈论保险中权利义务处于的弱势地位；还可以将医疗损害风险与具体医疗机构和医师个体的执业行为直接联系，明确风险责任；也有助于医院协会和医师协会发挥行业管理者的作用，加强行业自律，提高医疗质量，提高全行业的风险防范意识，从而更好地为广大患者服务。

（4）有效利用商业保险的灵活性和风险共担性，进一步完善医疗意外保险制度。

由于医学科学是经验性学科，医疗损害风险源于医学的局限性，至今医学科学仍存在大量的未知领域。当某项医疗损害风险发生后，医患双方都没有过失，强制医疗责任保险和医疗行业互助险有可能都难以覆盖，或者是即使能够覆盖但补偿标准相对于患者的损失而言只是杯水车薪，这时候就可以借助商业保险的风险共担和自我调节功能，建立医疗意外保险制度。由患者根据自己疾病程度、手术难度确定是否投保。医疗意外险主要适用于重大疑难疾病的诊治或难度很高的手术的风险分担，能为这一类型的患者提供除医疗责任保险和医疗行业互助保险之外的另外一条风险救济途径。

（三）促进各种医疗损害风险保险救助制度与医疗纠纷人民调解制度的有机衔接，构建高效医疗纠纷化解途径

20 世纪 80 年代以后，非诉讼纠纷解决方式已经成为世界性的时代潮流。应充分发挥医疗纠纷人民调解制度的优越性，促进各种医疗损害风险保险救济制度与医疗纠纷人民调解的有机衔接，在责任鉴定、赔偿标准、争议解决等方面发挥医疗纠纷人民调解委员会的第三方身份优势，共同构建高效的医疗纠纷化解途径，畅通医疗损害风险发生后的出口，促进医患关系的和谐，维护广大公众的健康权益。

器官捐献者脑死亡的认定及司法审查

屈建业　王利冬[*]

器官移植被誉为"21世纪医学之巅"。20世纪90年代以后，移植学出现突破性进展，存活率大幅提高。器官移植手术的日益成熟，使多数绝望的患者通过器官移植获得了第二次生命。但目前我国器官移植中最大的问题是供体缺乏，很多人在无尽的等待中死亡。[①] 而在器官捐献过程中，供体死亡标准的缺失，使得医院不敢贸然摘取脑死亡者身上的器官，这使得器官捐献这一有效解决供体不足的途径又遭遇人为瓶颈。

2014年5月1日23时2分，昵称为"Cola_妈咪"的网友发出一条求助信息："恳请2014年5月2号，下午17：55，南航航班号CZ3287由桂林飞往北京的航班全力确保准点起飞，因为有一个捐献器官搭乘该架飞机，我的孩子急需这个器官移植救命，如果错过了最佳移植时间孩子会……"。此前，5月1日22时左右，一份紧急申请函发送到了南航广西分公司销售部门："因心脏供体离体时间要求在6小时以内，为保障心脏移植手术顺利进行，希望南方航空公司予以协助保证该航班正点起飞以挽救患者生命！"5月2日下午4时55分，这颗心脏离开了已经脑死亡的21岁主人叶劲，被装入冷保温箱送往桂林机场，南航航班提前15分钟起飞，并提前35分钟降落北京首都机场。当晚8时53分，叶劲的心脏被急救直升机送抵北京安贞医院。23时12分，主刀医生宣布，22时半，受心者——12岁江西男孩小包心脏已恢复跳动。至此，从16：55分到22：30分，叶劲的生命仅经过约5小时35分的休眠后，得以在小包身上延续。[②]

---

* 屈建业，医学学士、法律本科，主任法医师，华东政法大学、常州大学兼职教授，现任常州市中级人民法院政治部副主任、教育培训处处长。王利冬，法律硕士，常州市中级人民法院政治部教育培训处审判员，E-mail：408709824@qq.com。

① 来自卫生部的统计数据显示，我国每年等待器官移植的患者超过150万人，但其中只有1万人能够幸运地得到供体，其余99%的患者只能在等待中逐渐绝望。见彭波、徐隽："器官捐献呼唤立法规范"，载《人民日报》2012年7月18日。

② 王卡拉、李禹潼、赵嘉妮："一颗心飞越千里4小时生命接力"，http：//www.bjnews.com.cn/news/2014/05/03/315368.html，2015年5月10日访问。

一场感动千万人的生命接力在此画上一个圆满的句号。但是，在我国没有脑死亡标准的立法背景下，摘取脑死亡者身上的器官是否存在法律和伦理风险是广大医务工作者和司法工作者不得不面对的现实问题。上文中 12 岁的小包是幸运的，但这是医务工作者在承担了巨大的法律风险下实现的，事件虽然感动了万千国民，但由此引起的法律思考却从未停止。

一、定义：二元死亡标准概述

随着现代科技的发展，在死亡问题上出现"心死说"和"脑死说"之争，虽然目前"心死说"这种传统的学说在理论和实践上仍然居于支配地位，但从学界尤其是医学界来看，主张"脑死说"的观点日益变得有力起来。

"心死说"是指以心跳、呼吸和血压消失以及体温下降作为死亡宣告的死亡标准。长期以来，在传统医学与法律实践中，"心死说"标准一直居于支配地位，心脏是否已经停止跳动一直是人类公认的死亡标准。

"脑死说"是指包括脑干在内的全脑技能丧失，出现不可逆转状态而作为死亡宣告的一种死亡标准。人体一些部位的细胞在受到伤害后可以通过再生来恢复功能，而神经细胞则不同，一旦坏死就无法再生。所以，当一个人的脑干遭受无法复原的伤害时，脑干就会永久性地完全丧失功能，以致呼吸功能不可逆地丧失。"脑死说"是随着现代科技发展提出的一种新的死亡判定标准。1959 年，两名法国医学家在对23 名深度昏迷的病人进行临床观察时首次发现了一种新的死亡状态。根据对这 23名不符合传统死亡观念的深度昏迷者的临床研究，1966 年国际医学界正式提出了"脑死亡"的概念。两年后，美国哈佛大学医学院的研究小组，提出了第一个"脑死亡"的临床诊断标准，具体可用四个标准作为判断：没有感受性和反应性；没有自主运动和呼吸；没有诱导反射；脑电图显示脑电波平直。[①]

自出现"脑死说"以来，两种学说互为冲突和博弈，谁也无法完全说服谁，虽然说"心死说"不如"脑死说"科学，但由于伦理、法律以及传统等多种原因，在我国无论是立法、医学实践还是普通民众都没有完全接纳"脑死说"这种新的学说。

在死亡判定标准上，各国立法虽然存有一定差异，但归总来看主要是两种立法形式：一种是一元论的立法形式，即把心死亡或脑死亡作为死亡判定的唯一基准。另一种是二元死亡标准立法模式，即将脑死亡和心死亡并列作为判定死亡的标准。一元死亡标准包括传统的一元心脏死亡模式和一元脑死亡模式。在 1968 年哈佛脑死亡标准出台以前，心脏死亡是大多数国家实行的死亡标准，我国目前实际上就是采

---

① 何佳倪、周帆："浅议脑死亡立法的必要性和可行性"，载《知识经济》2009 年第 1 期。

用这种死亡标准的判定。二元死亡标准即把脑死与心脏死并列作为判定死亡的标准。例如，美国《统一死亡确定法》对死亡的定义是：（1）人体的血液循环功能和呼吸功能处于不可逆转的终止状态；（2）人的整个大脑系统处于不可逆转的终止状态。目前，已有80个国家承认脑死亡的标准，美国（1983年）、丹麦（1990年）、日本（1997年）、韩国（2000年）等相继通过了相关的脑死亡立法，这些国家多数采取的都是二元死亡标准。[①]

二、现状：我国目前的死亡标准

我国尚没有死亡标准认定的专门立法，一般而言，我国习惯上（并非法定）是以心脏停止跳动或呼吸停止为死亡标准。不过，在我国学界，包括医学界、生命法学界都倡议我国立法应确立脑死亡标准和传统死亡标准同时共存的制度。其理由概括起来主要有以下两个方面：一方面，世界上大多数国家都已接受并通过脑死亡的立法，我国虽未立法，但在世界医学界普遍接受脑死的新概念并在临床实践中广泛应用的大趋势下，我国也应作出积极的努力，通过分步到位，首先实行脑死和心死并行的生命终结标准。另一方面，死亡标准确立不仅需要坚实的生命科学和医学的科学依据，还需要充分考虑到我国民众的社会文化、伦理道德和思想观念。几千年来受到儒家伦理影响的我国及东亚国家都具有深厚的宗族观念和先人崇拜意识，具有强烈的血缘伦理观念的家属很难将仍然具有体温、心脏仍然跳动的患者看作"死者"。特别是由于我国广大乡镇医院不具备微型脑电图机和脑血管造影的条件，难以在全国范围内统一采用脑死亡诊断标准，故宜采用脑死亡与传统的心肺死亡并存的二元死亡标准，患者或其家属可自由选择，亦可由医生视情况而定。如果患者及其亲属选择传统心脏死的判定标准，那就尊重其意愿，脑死之后医院继续维持治疗，在其心跳与呼吸未停止的情况下，不得作为尸体处理，不能摘取其器官作移植之用；如果他们选择脑死亡的判定标准，则在脑死亡之后，心跳尚未停止时医院终止治疗，在符合器官移植的条件下，可以摘取其器官作移植之用。这种立法形式比较灵活，容易为社会公众所接受。[②]

三、价值：确立脑死亡标准的现实基础

如前所述，脑死亡标准的确立有其合理性，一元心脏死亡标准虽然在技术上能够避免各种纠纷，但是仅仅采用传统心脏死亡标准无法考虑特定人群，尤其是器官移植以及器官捐献者的利益。就目前而言，传统文化的影响使我国既不适合采取单

---

① 蒋卫君："论我国二元死亡标准的确立"，载《山东社会科学》2008年第12期。
② 同上。

一的脑死亡标准，而器官捐献的现实需要也使我们不可忽视对脑死亡标准的需求，笔者同意确立起以心脏死亡标准为主，脑死亡标准为辅的二元死亡标准立法模式。目前也已具备了确立脑死亡标准的现实基础，主要基于以下几点。

（一）有利于缓解我国器官供体不足的困局

来自卫生部的统计数据显示，我国每年等待器官移植的患者超过 150 万人，但其中只有 1 万人能够幸运地得到供体，其余 99% 的患者只能在等待中逐渐绝望。而另据中国红十字会公布的数据，启动人体器官捐献试点工作两年来，全国 16 个试点省区市共完成器官捐献 207 例，捐献大器官 546 个，挽救了 500 余名患者的生命。[①] 另一方面，长期以来我国器官捐献主要依靠死刑犯的现象一直备受争议。早在 2009 年，时任中国卫生部副部长黄洁夫向英文版《中国日报》透露，中国捐献器官者 65% 是死刑犯。这一比例虽然有些出乎意料，但从一个侧面印证了我国长期以来主要依赖死刑犯器官捐献与移植的这一事实。[②] 当然，从 2015 年 1 月 1 日起，我国已全面停止使用死囚器官作为移植供体来源，公民逝世后自愿器官捐献将逐步成为器官移植使用的唯一渠道。

目前医院判断是否死亡，先看有无心跳、呼吸，脑部检查往往仅作为辅助手段。有数据显示，国内医院脑死亡病例仅占住院死亡病例的 3.3%。但从临床死亡看，大概 90% 属于心死亡，10% 属于脑死亡，这说明在我国有大量的脑死亡案例由于各方面原因而没有得到确认。据 2009 年的一份统计数据显示，当时全国已有 63 名脑死亡者捐出 283 个器官，使 270 人受益。[③] 而在脑死亡的状态下，患者血液中还有氧气，确保了各种脏器的完好，而完好无损的各种脏器是做移植手术、挽救他人的最佳时机。但是，目前国内大多数医院进行器官移植还是以心的死亡标准进行，这样不但缩小了器官移植供体的范围，器官的质量也比较差，成活率比较低。如果能够在立法层面明确脑死亡的法律地位，提高人们对脑死亡的认识以及器官捐献的意愿，对缓解当前我国器官供体短缺无疑至关重要。[④] 当然，生命本是没有高低贵贱之分，无论多么短缺，都不能剥夺一方的生命去挽救另一个人的生命，尤其是在牵涉到生与死这一最基本权利之时。所以，是否应当确立脑死亡标准，固然不能以器官移植是否需要为依据，关键还是要靠脑死亡是否有其科学、法理和社会基础。

（二）脑死亡标准的判断具有科学上的可操作性

其实法律是否承认脑死亡并不取决于法律，而是取决于脑死亡标准本身的科学

---

① 彭波、徐隽："器官捐献呼唤立法规范"，载《人民日报》2012 年 7 月 18 日。

② 丁冬、朱美芬："我国死刑犯器官捐献与移植研究述评"，载《法制与社会》2012 年第 7 期（下）。

③ 冬虎："明确立法方可解决器官捐献困境"，载《医药经济报》2012 年 4 月 4 日。

④ "卫生部即将公布脑死亡标准再引激烈争论"，http://news.163.com/09/0404/05/561JJNUP0001124J.html，2015 年 5 月 10 日访问。

性、可操作性。由于心脏死亡的表征三症候——呼吸、心跳停止和瞳孔散大具有直观性的特点。而脑死亡的概念却颠覆了人们对死亡的经验判断，脑死亡认定所涉及的脑干死亡、全脑死亡不具有直观性的特点，因此，只有建立科学的、可以验证的标准体系才可能改变长期以来人们形成的死亡概念。这就要求医生在临床认定上有充足的医学知识和临床经验，同时，还需要有明确的标准和标志，用以改变人们依赖的心脏死亡的先验经验。在现有的医学科技条件下，已能够通过必要的科学检测和临床经验，准确地判断出是否已经脑死亡，相关采用脑死亡标准的国家也都制定了详细的检测标准和操作规则，虽然在具体的标准规则上可能有细微的差别，但是一个不争的事实是，现有的科学技术已经能对是否已经达到脑死亡标准作出客观、准确、可靠的科学判断。①

（三）脑死亡标准已经逐渐取得社会认同

通过医学界的广泛普及以及新闻媒体的普遍宣传，脑死亡标准已经不再是少数学者的一家之言，而逐渐被社会各界包括广大群众所认同。同时，目前我国在器官移植方面的法律规范和机构设置已初步建立，自 2007 年 5 月国务院《人体器官移植条例》颁布以来，卫生部通过开展政策法规培训、移植资质管理、活体移植规范、网络数据直报、器官捐献试点等工作，使我国器官移植管理日趋制度化、规范化。2010 年 9 月，成立了中国人体器官捐献工作委员会和中国人体器官捐献办公室。2011 年 12 月，成立了中国人体器官捐献专家委员会。2012 年 3 月 19 日，卫生部同意首都医科大学宣武医院申请，并作为卫生部脑损伤质控评价中心，开展脑损伤的评估研究，并适时、规范开展脑死亡判定技术及培训工作。② 这些都为今后人体器官捐献和脑死亡的科学鉴定创造了前提条件。

（四）脑死亡标准已经逐步取得法律认可

针对医学界对于死亡的新的认识，法学界在理论研究中给予了相当的重视，纷纷在著作中吸收最新科研成果，提出判断死亡标准应该采用脑死亡标准作为唯一标准或者选择标准，最起码应该承认脑死亡标准的合理性。我国台湾地区"人体器官移植条例"第 4 条规定：医师自尸体摘取器官施行移植手术，必须在器官捐赠者经其诊治医师判定病人死亡后为之。前项死亡以脑死判定者，应依"卫生主管机关"规定之程序为之。③ 卫生部早在 2009 年即曾公布过《脑死亡判定标准（成人）（修订稿）》和《脑死亡判定技术规范（成人）（修订稿）》，但由于社会公众受传统观念影响，草稿刚一公布就在社会上引起了激烈争论，导致相关规范最后不得不搁浅

---

① 蒋卫君："论我国二元死亡标准的确立"，载《山东社会科学》2008 年第 12 期。
② 彭波、徐隽："器官捐献呼唤立法规范"，载《人民日报》2012 年 7 月 18 日。
③ 蒋卫君："论我国二元死亡标准的确立"，载《山东社会科学》2008 年第 12 期。

至今，但是无论是在医学界还是法学界，对脑死亡标准的认可基本已经达成共识，现在主要在于公众的接受上还有一定的难度。

四、建议：属于捐献的器官移植中确立脑死亡标准的司法审查程序

由于脑死亡不像心肺死亡那么直观，所以在如何认定脑死亡上必须具备更为严格的认定程序，尤其是在认定器官捐献者脑死亡上，由于可能受到来自各方利益的干扰，所以必须在科学严格的认定标准基础上，确立必要的司法审查程序。结合目前我国的法律精神和实践经验，笔者提出如下建议。

（一）立法确定脑死亡的法律地位

目前我国尚未就死亡标准的认定进行专门立法，习惯上仍是以心脏停止跳动或呼吸停止为死亡标准。在死亡这一涉及人身基本权利的认定上没有相应的立法标准，不能不说是我国立法上的重大缺陷。当前，世界上多数国家都已接受脑死亡并通过立法予以确认，我国虽未立法，但在世界医学界普遍接受并在临床实践中广泛应用的大趋势下，脑死亡也逐步为医学界、法学界和社会公众所认知与接受。当然，死亡标准的确立不仅需要坚实的生命科学和临床医学的科学依据，还需要充分考虑到我国民众的社会文化、伦理道德和思想观念。由于长期受到传统文化和儒家伦理影响，我国公民都具有深厚的宗族观念和先人崇拜意识，很难接受仍然具有体温、心跳的患者已经死亡的结果，[1] 加之我国广大基层医疗单位技术条件有限，无法对是否脑死亡进行科学的技术检查和诊断。所以，目前客观上也无法在全国范围内统一采用脑死亡的死亡标准，故宜采用脑死亡与传统的心肺死亡并存的二元死亡标准，具体由患者本人或者近亲属选择适用标准。当然，这也存在生死问题是否可以由本人进行选择的法律伦理障碍以及在不同标准下就会出现某人是生是死完全不同的现实尴尬。不过，笔者认为，这是现代科技进步对传统观念挑战的必然影响，之所以要让心肺死亡与脑死亡标准共同存在，不是脑死亡标准不够科学，而是因为部分公众由于传统观念的影响而不愿接受脑死亡，让二元标准共存是现代科技和立法实践不得不向传统观念作出的妥协，这不是医学科技层面和立法技术层面的问题，当然也不能从立法技术层面来否认二元标准存在的合理性。

（二）赋予公民死亡标准的选择权

有观点认为，在器官移植的场合，为了救助其他的患者，对已经没有救治可能的器官捐献者的死亡时间，应当尽可能早一些，可以优先适用脑死亡标准。例如，施行心脏移植手术，不仅要求提供心脏的人要处于死亡状态，同时所提供的心脏必

---

① 蒋卫君："论我国二元死亡标准的确立"，载《山东社会科学》2008 年第 12 期。

须功能还没有完全消失才可以，脑死亡无疑是最好的实施阶段。[①] 但是，生命是平等的，为了挽救一个生命而漠视另外一个生命无论在法理上还是在伦理上都是错误的。所以，在二元死亡标准存在的前提下，在判定死亡的标准上，就应当给公民以适当的选择权。如果患者选择采用心脏停止作为死亡认定的标准，就尊重其意愿，在其心跳和呼吸没有停止之前，不得将患者作为尸体处理，不能摘取其器官作为移植之用。如果患者选择采用脑死亡标准，则在脑死亡发生之后，心跳停止前医院可以终止治疗，在符合器官移植的条件下，可以摘取其器官作为移植的需要。[②] 在具体操作上，如果患者曾经签有相关声明或者确认书，则以此声明或者确认书为准；如果没有，则其有民事行为能力的配偶、成年子女、父母等近亲属可以提出相应申请。

（三）设立独立专业的鉴定委员会

在确立了脑死亡的法律地位后，除了明确脑死亡鉴定标准和技术规范外，还必须设立相应的鉴定委员会。因为脑死亡不像心肺死亡那样容易为一般人所判断和认知，而死亡的认定事关人的最基本的生存权利，一名患者是否已经达到脑死亡的程度，患者家属等普通公民显然是无法作出准确判断的，而如果交给一名主治医生由其一人作出决定和判断无疑也是不慎重的，尤其是在存在器官移植等可能受到利益干扰的情况下，医生的判断难免会受到各方利益的干扰。所以对患者脑死亡的认定必须由独立的专业机构按照规定的程序作出严格的认定。在具体设计上，可以借鉴医疗事故鉴定委员会或者伤残鉴定委员会的制度设计，在地级市层面成立跨单位、跨部门的由医院的医生和司法机构的法医共同组成中立的鉴定委员会，在患者达到脑死亡标准后由主治医师向所在医院的主管部门提出申请，由该医院向鉴定委员会提出鉴定申请，在鉴定委员会内随机选取 3 ~ 5 名专家作为鉴定小组，为慎重起见，需所有鉴定小组成员意见一致才能作出认定患者脑死亡的鉴定，而主治医师等可能有利益冲突的人则应当回避，排除在鉴定成员之外，保证鉴定的严肃、客观与公正，从根本上铲除在脑死亡方面不法行为的滋生土壤。

（四）设立司法审查程序

一般情况下，是否认定为死亡由医院或者相应的鉴定委员会认定即可，但在器官捐献过程中，由于死亡的认定可能会受到各方利益的干扰，且脑死亡标准由于不够直观，普通百姓无法对是否脑死亡进行直观的判断，故笔者认为，在器官捐献过程中，如果捐献者被认定为脑死亡的，则必须通过必要的司法裁决程序。在具体程序上，可以借鉴法院宣告死亡的程序，由患者的近亲属或者鉴定委员会向法院提出

---

① 李越："联邦议会通过法案，德国人直面器官捐献"，载《中国妇女报》2012 年 6 月 12 日。
② 蒋卫君："论我国二元死亡标准的确立"，载《山东社会科学》2008 年第 12 期。

司法认定的申请。申请必须提供如下材料：申请书，患者本人或者其近亲属签署的同意捐献器官的志愿书，患者本人或者其近亲属同意适用脑死亡标准的意见书，鉴定委员会出具的该患者已经脑死亡的鉴定报告，捐献器官的种类及流向。由所在地中级法院根据相关材料，判断认定死亡是否符合脑死亡标准，是否符合患者本人或者其近亲属的真实意思表示，以及是否受到其他利益的影响等，并依法作出裁决。考虑到器官移植的时间紧迫性，法院的审查周期不得超过 24 小时，在 24 小时之内必须作出是否认定的裁决。

结语

器官捐献救人性命，善莫大焉；死亡标准事关生死，事莫大焉。但是当死亡认定与救人性命不期而遇时，究竟如何取舍，这既是一个科学判断的问题，更是一个事关伦理、道德、价值、司法的复杂的社会问题，生命是平等的，我们无法用一个生命去否认另外一个生命的价值，我们赞扬那些把自己的身体无私奉献给他人的人，但是我们也必须保证这种捐献是在科学、严肃和无私的情况下进行的，否则不仅是对善心的辜负，更是对生命的亵渎。

医疗产品缺陷损害责任的思考

——对《侵权责任法》第 59 条的解读

胡晓翔*

《侵权责任法》第 59 条，针对患者在接受医疗服务的过程中，因药品、消毒药剂、医疗器械的缺陷受到损害的情形，视医疗卫生机构为药品零售商，创设了患者也可以向医疗机构请求赔偿的明确规定。兹认为此规定不合法、不公正，涉嫌国有资产流失，背离医改大方向，对公立医院药品加价提成性质判断有误。本文从法理和实践两个层面对这一问题展开讨论。

一、《侵权责任法》第 59 条立法概述

患者在接受医疗服务的过程中，如因药品、消毒药剂、医疗器械的缺陷受到损害的，对此种人身损害纠纷的性质，众说纷纭。[1] 2010 年 7 月 1 日生效施行的《中华人民共和国侵权责任法》第 59 条，针对此类情形，创设了明确的规定："因药品、消毒药剂、医疗器械的缺陷，或者输入不合格的血液造成患者损害的，患者可以向生产者或者血液提供机构请求赔偿，也可以向医疗机构请求赔偿。患者向医疗机构请求赔偿的，医疗机构赔偿后，有权向负有责任的生产者或者血液提供机构追偿。"该条第一次明确规定了对药品、消毒药剂、医疗器械和血液的缺陷造成损害的责任。有人认为该条明确了血液属于产品的范畴，医疗机构应当对输入不合格的血液导致的损害承担产品责任。[2] 该条规定全然不考虑当事各方的过错，像是"产品责任"，本质是在此种情形下对医疗机构赋加以"无过失责任"归责原则。笔者以为，针对医疗卫生服务领域数人侵权案件如此创新规制，尚有难以逾越的法理障碍，即医疗卫生机构终究不是药品、器械及血液的"销售者"，参考《药品管理

---

* 胡晓翔，南京市卫生局。

① 高胜平主编：《中华人民共和国侵权责任法立法争点、立法例及经典案例》，北京大学出版社 2010 年版，第 624 页。

② 王利明：《侵权责任法研究》（下卷），中国人民大学出版社 2011 年版，第 410、411 页。

法》、行政法规《麻醉药品和精神药品管理条例》《医疗器械监督管理条例》等的划分，医疗机构属于并列于药品生产者、经营者的"使用者"。且"无过失责任制度"通常以责任保险制度为现实基础，以使损害赔偿最终社会化分担。无过失责任的范围，也应由法律规定法定的最高限制，适当限制无过失责任承担者的责任范围。

二、《侵权责任法》第 59 条规制的依据

关于《侵权责任法》第 59 条的立法依据，笔者梳理各家阐发，主要有两种学说。

（一）销售说

很多专家认为，《侵权责任法》第 59 条的创举，与"齐二药"事件的审判实践关系密切，"齐二药"事件的审理，可以说是此说的"先响"。

2006 年 3 月，齐齐哈尔第二制药有限公司用假丙二醇辅料生产了大量亮菌甲素注射液，并进入市场销售，最终造成多人身体受到损害、13 人死亡的惨剧。后中山大学附属第三医院被多名患者家属起诉，要求赔偿。2007 年 8 月，卫生部新闻发言人毛群安表示："中山三院不应承担赔偿责任。"2008 年 12 月，广州市中院终审宣判：假药生产商应赔偿 11 名受害人 350 万元，而用药的中山三院和两家药品经销商承担连带责任。法院认为：在以药补医、以药养医的机制下，非营利性的中山三院加价获取收益，其行为与药品经营企业的销售并无本质区别，属于销售者。

对此，杨立新教授认为，凡是因药品、医疗设备的缺陷造成患者损害的，既是产品侵权责任也是医疗事故责任，其主要性质是前者。张新宝教授认为，在我国的医疗实践中，医疗单位既是诊疗护理服务的提供者，同时也是药品的最大零售商。鉴于这一实际情况，缺陷产品器材等致人损害的赔偿应当按照我国《产品质量法》所确定的赔偿原则办理。我国《产品质量法》第 43 条规定："因产品存在缺陷造成人身、他人财产损害的，受害人可以向产品的生产者要求赔偿，也可以向产品的销售者要求赔偿。属于产品的生产者的责任，产品的销售者赔偿的，产品的销售者有权向产品的生产者追偿……"[1] 王利明教授认为，允许患者直接向医疗机构索赔，其原因在于医疗机构出售了药品等，其作为销售者原本应当承担产品责任。[2] "医疗机构作为医疗器械的销售商，只要患者向医疗机构提出赔偿要求，医疗机构就应承担产品质量责任"[3] 也就成了法学界通说。

---

① 高胜平主编：《中华人民共和国侵权责任法立法争点、立法例及经典案例》，北京大学出版社 2010 年版，第 624 页。

② 王利明：《侵权责任法研究》（下卷），中国人民大学出版社 2011 年版，第 412 页。

③ 奚晓明主编：《〈中华人民共和国侵权责任法〉条文理解与适用》，人民法院出版社 2010 年版，第 415 页。

如此，则《产品质量法》第 43 条就被改头换面变成了《侵权责任法》第 59 条。

（二）便民说

梁慧星教授认为：考虑到生产者在外地甚至外国，患者很难起诉缺陷产品生产者，因此，本条规定患者可以向医疗机构请求赔偿。[1] 王利明教授也主张，药品、消毒药剂、医疗器械和血液的生产者可能距离受害人过于遥远，要求医疗机构赔偿便于受害人主张权利。[2]

三、关于《侵权责任法》第 59 条的讨论

（一）对《侵权责任法》第 59 条合法性的质疑

如此创新规制的核心根基，在于把用药者——医疗机构，视为药品销售者。

（1）"销售说"与《药品管理法》有冲突。同样为法律的《药品管理法》，在多处是把药品生产者、销售（经营）者、使用者三者并列规制的，例如，第 34 条规定："药品生产企业、药品经营企业、医疗机构必须从具有药品生产、经营资格的企业购进药品……"第 55 条第 2 款规定："药品的生产企业、经营企业和医疗机构必须执行政府定价、政府指导价，不得以任何形式擅自提高价格。"也就是说，在《药品管理法》这部同位阶的特别性规范里，三者不是一个概念，而是并列的三个。行政法规《麻醉药品和精神药品管理条例》《医疗器械监督管理条例》更为清晰。

另外，《药品管理法》第 14 条第 1 款规定："开办药品批发企业，须经企业所在省、自治区、直辖市人民政府药品监督管理部门批准并发给《药品经营许可证》；开办药品零售企业，须经企业所在地县级以上地方药品监督管理部门批准并发给《药品经营许可证》，凭《药品经营许可证》到工商行政管理部门办理登记注册。无《药品经营许可证》的，不得经营药品。"第 73 条规定："未取得《药品生产许可证》、《药品经营许可证》或者《医疗机构制剂许可证》生产药品、经营药品的，依法予以取缔，没收违法生产、销售的药品和违法所得，并处违法生产、销售的药品（包括已售出的和未售出的药品，下同）货值金额二倍以上五倍以下的罚款；构成犯罪的，依法追究刑事责任。"也就是说，"无证销售经营"药品为法律所禁止，认定医疗机构"是药品的最大零售商"的话，又如何"予以取缔"并处罚呢！

（2）"销售说"与税法有冲突。假如视医疗机构"是药品的最大零售商"，那么，税收问题如何解决的呢？

---

[1] 奚晓明主编：《〈中华人民共和国侵权责任法〉条文理解与适用》，人民法院出版社 2010 年版，第 374 页。

[2] 王利明：《侵权责任法研究》（下卷），中国人民大学出版社 2011 年版，第 412 页。

（二）对《侵权责任法》第59条公正性的质疑

（1）对于多数人侵权，连带责任只能适用于在主观过错（或客观因果关系）上具有同一性的领域。[1] 医疗卫生服务过程中的产品缺陷致害，多半可以经由鉴定分清当事各方的过错、参与度、责任，无视此背景，一概赋予数人侵权的各方连带责任，对于医疗卫生服务机构是不公正的。对于医方无过错的案例，不应适用连带责任。

（2）2014年全国各级各类医疗卫生机构的业务总量超70亿人次，其中八成以上的医疗服务由公立非营利性医疗卫生机构完成。药品等又是风险产品，如此的风险由公立医疗机构承担连带责任，尽管"它是一种不真正的连带责任"[2]，但实际上，往往就是由公立机构买单，大的事件，往往是事发地政府买单。因为药品等的生产者可能并不具有足够的赔偿能力，[3] 即事发地的全体纳税人为外地的药品生产者有过错的商务行为买单，非国有资产流失而何！

（3）公立非营利性医疗卫生服务的作价原则是"不计人力的低于成本作价"。政府举办的公益性非营利性医疗卫生服务机构，其生存与发展的资金缺口本当由财政投入保障，但全国性的长期保障不到位，只能满足需求的10%，因此则允许公利医疗卫生服务机构进药加价提成以弥补财政投入之不足部分。因此，公立医疗机构的加价提成行为，与其视为销售以牟利，其实更贴近于财政投入，是一种变通支付手段。所以，实质上是政府在加价提成。而且医疗机构的进药渠道，限制于集中招标采购的入围名单，并非完全自负其责的自选行为。怎能被视为销售者而承担连带责任呢！

今年医改的重点是强力推进基本药物零差率措施，那么，在这个零差率药品和免费药品（例如有些抗肺结核药、艾滋病药物）日益增加的背景下，还能再说医疗机构"是最大的药品零售商"么？

（三）关于血液的性质分析

血液及其制备的成分，是不是产品，是不是商品，本身就争议极大，没有共识。

在医疗临床用血的过程中，包括血液捐献者、血液采集者和血液使用者的"供方"，与"需方"（受血者）双方之间的关系，完全基于"血液的流动"，离开了"血液"这个介质，在此领域双方也就不存在任何关联。而当今，在合法的医疗临床用血领域，血液都来自于无偿献血。《献血法》第2条规定"国家实行无偿献血制度。国家提倡十八周岁至五十五周岁的健康公民自愿献血。"在无偿献血体制内，

---

[1] 李中原：《多数人侵权责任分担机制研究》，北京大学出版社2014年版，第129页。
[2] 王利明：《侵权责任法研究》（下卷），中国人民大学出版社2011年版，第412页。
[3] 同上。

献血者无偿提供血液的行为，是发扬人道主义精神、救死扶伤的高尚行为，决不是具有买卖内涵的经济牟利行为。发展无偿献血事业、保障临床医疗用血供给，是法律赋予地方各级人民政府的职责。同时，在无偿献血的整个过程中，我国法律也不允许任何相关单位和个人利用公民无偿捐献的血液牟取私利。[①] 对此，《献血法》第11条规定："无偿献血的血液必须用于临床，不得买卖。血站、医疗机构不得将无偿献血的血液出售给单采血浆站或者血液制品生产单位。"

另外，输血作为"补充血液成分的损失、破坏和缺乏"的主要支持与代偿性的治疗措施，其施用具有严格的适应证。

《献血法》第8条规定："血站是采集、提供临床用血的机构，是不以营利为目的的公益性组织。"第14条规定："公民临床用血时只交付用于血液的采集、储存、分离、检验等费用；具体收费标准由国务院卫生行政部门会同国务院价格主管部门制定。无偿献血者临床需要用血时，免交前款规定的费用；无偿献血者的配偶和直系亲属临床需要用血时，可以按照省、自治区、直辖市人民政府的规定免交或者减交前款规定的费用。"也就是，用血的收费，并非作为商品的对价，而是用于弥补无偿献血的动员、采集、保管、包装等成本。因此，王利明教授认为"血液采集机构将血液作为商品出售给医疗机构，最后由医疗机构出售给患者使用，这一过程和一般的产品流通过程并无区别"[②] 的观点显然是错误的。

综上可见，医疗临床用血供—受双方之间的关系中，不存在地位平等的主体、自由让渡的商品、等价有偿的对价的内容，即排除了民事法律关系构成的一切要素。显然，它不是民事法律关系，而是行政法律关系。在此体系内产生的涉血侵权损害，应当适用国家赔偿法。[③]

四、对《侵权责任法》第59条的建议

尽快修订《侵权责任法》，删除第59条。

（1）呼应源自于美国的"去连带化运动"，与国际法理的演进同步。美国的去连带化运动，对欧洲和我国的侵权法学界都产生了较大的影响。在这样的背景下，按份责任在多数人侵权的责任分担机制中地位显著提高，甚至可能成为主要手段。[④] 我国的侵权行为民事立法，也应及时跟进先进理念，结合社会实际与时俱进地加以调整。

（2）更加贴合全面推进医改之后的我国医疗卫生事业实际。有关医疗产品责任

---

① 王陇德、张春生主编：《中华人民共和国献血法释义》，法律出版社1998年版，第23页。
② 王利明：《侵权责任法研究》（下卷），中国人民大学出版社2011年版，第414页。
③ 胡晓翔："献血法律制度浅述"，《南京医科大学学报（社会科学版）》2009年第3期，第210页。
④ 李中原：《多数人侵权责任分担机制研究》，北京大学出版社2014年版，第128页。

等其他医疗侵权责任，也可以分别纳入其他责任制度中加以调整。[①] 删除《侵权责任法》第 59 条后，涉及"数人侵权纠纷事件"，完全可以区分不同情形，分别适用《侵权责任法》第 8 条、第 10 条、第 11 条、第 12 条、第 13 条、第 14 条。而且，医疗产品责任也可以适用产品责任制度的相关规则，[②] 无须依赖于这个第 59 条。

---

① 王利明：《侵权责任法研究》（下卷），中国人民大学出版社 2011 年版，第 368 页。
② 同上，第 421 页。

缺陷出生案件中残疾赔偿金和死亡赔偿金探析

——以两起缺陷出生案件为例

朱丽华*

一、问题提出

随着中国环境污染的加剧、居民工作生活节奏的加快及工作生活压力的增大，新生儿缺陷出生案件的咨询越来越多，在笔者所办理案件中所占比例越来越大。同时，缺陷出生案件损害后果严重，相关的经济付出和精神损害往往伴随缺陷儿的一生，而其父母或其他抚养人，甚至整个家庭都陷入巨大、长期的物质和精神泥沼中。另外，大量缺陷儿缺陷状态生存给整个社会的保障体系也带来巨大压力和挑战。中国是出生缺陷高发国家之一，据统计，每年有 80 万～120 万名出生缺陷儿，平均每 30 秒就有一名缺陷儿出生。其中，除 20%～30% 患儿经早期诊断和治疗可以获得较好生活质量外，30%～40% 患儿在出生后死亡，约 40% 患儿将成为终生残疾，这意味着每年将约有 40 万家庭被卷入终生痛苦的漩涡中。[①]

虽然近年来有人大代表从其他角度，如父母重视、参加产检的角度建议阻断严重缺陷儿的出生，但是从长远看，随着时间推移、产检基本诊疗技术在广大城乡的推广和普及、孕妇重视产检的同时，医疗机构重视产检相关法律法规对其技术的基本要求，重视产检相关技术人才的培养，尊重父母的知情选择权、对相关结果进行法定的书面告知，出现过错造成缺陷出生后医疗机构能够及时、充分地进行相关的赔偿，均是下一阶段阻断缺陷出生问题中，更加值得重视的问题。本文以笔者代理过的两例缺陷出生案件为基本材料，对出生缺陷相关法律问题进行研究。

---

* 朱丽华，女，法学硕士，北京市盈科律师事务所律师；E-mail：bjylls@ 163. com。

[①] "全国平均每30秒诞生1名缺陷儿年花费数百亿"，环球网，http：//china. huanqiu. com/roll/2010 - 09/1094971. html，2015 年 9 月 22 日访问。

【案件1】成某某诉北京市T区妇幼保健院孕期保健服务合同纠纷案

自2011年7月起，成某某（女）在北京市T区妇幼保健院建档，进行孕产期保健服务，多次接受产检，其中包括6次产前B超检查，未被告知胎儿异常。2012年1月10日成某某在该医院产下一名男婴，后被诊断男婴有右肺发育不全、脊柱侧弯、伴椎体畸形等疾病。2013年，成某某向法院提起诉讼。法院委托进行鉴定，鉴定意见为：（1）患儿成某某之子产后诊断的异常属于先天性疾病，与医院的诊疗行为无关，且由于目前医学发展的局限性和胚胎的发育特点，无法在产前明确诊断，需产后进一步检查确诊，医院产前未予以诊断不违反诊疗常规；（2）医院产前检查过程中对胎儿进行必要的畸形筛查，未违反医疗常规；（3）医院对成某某及新生儿的诊疗行为符合诊疗常规。综上认为医院对成某某的诊疗行为不存在过错。原告对鉴定意见存在异议。通过对鉴定机构鉴定人的当庭质询，法庭未批准原告的重新鉴定申请，但是，司法鉴定机构出具了补充鉴定意见。补充鉴定意见表述为：被告医院在脊柱生理曲度改变的告知中，被告存在不确切的过失，建议参与度为B级（1%～20%），同时鉴定患儿脊柱的伤残等级为九级，累计伤残率25%。法院在判决中未支持脊柱等部位的残疾赔偿金的赔偿。

【案件2】梁某诉北京某区人民医院孕期保健服务合同纠纷案

原告梁某，女，28岁。因妊娠反应于2012年5月22号到北京市某区人民医院检查，被确诊怀孕并随后在该院建档、接受该院的系统孕产期保健服务。在该院以后的多次产前检查中，医院未告知梁某夫妇胎儿存在异常或可疑异常。直至2012年11月6日，梁某因"血糖高2个月"在被告处住院，期间因查出胎儿"小脑延髓池宽1.0cm"等问题，梁某到安贞医院检查和问诊，并于2012年11月13日、20日在安贞医院查出胎儿存在第三脑室扩张、心脏右室双出口、室间隔缺损等严重、多发的畸形。梁某夫妇紧急前往具有产前诊断资质的北京大学某医院就诊，该院于2012年11月26日进行了相关检查、并验证了上述胎儿多发畸形的存在，之后，北京大学某医院又让梁某回某区医院待产。12月17日，梁某最终生下一个眼珠缺失、心脏等全身重要器官多发严重畸形的新生儿，新生儿出生6天后死亡。同时据安贞医院对新生儿的尸检报告证实，新生儿的死因为心脏严重畸形。梁某起诉至法院并申请鉴定，鉴定机构的鉴定意见认为：医疗存在过错诊疗行为，该过错和患儿的缺陷出生及随后死亡存在因果关系，责任比例建议为1%～20%。随后海淀区人民法院判决被告医院按照20%的比例，承担原告方死亡赔偿金、丧葬费等费用。被告上诉至北京市一中院，二审双方调解结案。

上述两个案件的性质基本相同，适用法律也相似，但是在法院的判决中，对残疾赔偿金、死亡赔偿金是否支持却并不相同。本文仅对缺陷出生案件中残疾赔偿金、死亡赔偿金等赔付问题做重点探讨，期待以此小的环节，推动整个缺陷出生规避的法律体系更加完善。

二、缺陷出生诉讼相关法律背景介绍

缺陷出生，也有人称之为不当出生，其本身并不是一个严格意义的法律概念，而是一个学理概念。一般认为，缺陷出生诉讼的概念来源于 20 世纪 70 年代的美国、法国等国家，它是指妇女在怀孕后担心胎儿有残疾等严重的先天疾病，于是请求医生对其胎儿进行检查，如果医师因失职行为导致孕妇失去了选择堕胎的权利，生出来有疾病、残疾的胎儿，就构成对义务的违反，自然就应对其行为造成的损害承担责任，于是发生生下缺陷儿的双亲向法院提起诉讼的情形。这些缺陷涵盖婴儿出生前发生的身体结构、功能或代谢异常，通常包括先天畸形、染色体异常、遗传代谢性疾病、功能异常如盲、聋和智力障碍等。

美国的立法及司法实践起初，"缺陷出生"的赔偿诉讼请求在法律上是遭受否定的，判决一般对原告、患方不利。但随着时间的推移和此类案件不断增多，终于有一起"缺陷出生"诉讼案件中，原告（生下缺陷儿的双亲）最终获胜，给美国判例开了先河。现在，法官们的意见更偏向和支持原告。如果不是医生的过失，孩子也许就不会出生。正是医生的过失使父母丧失了关于堕胎的选择权。

我国虽然在立法上没有明确"堕胎权"这一概念，但以立法形式予以明确保护的，是胎儿父母在产检中的"知情、同意、选择权"或"优生优育选择权"等相关权利。如卫生部关于印发《产前诊断技术管理办法》相关配套文件的通知规定，根据目前超声技术水平，妊娠 16～24 周应诊断的致命畸形包括无脑儿、脑膨出、开放性脊柱裂、胸腹壁缺损内脏外翻、单腔心、致命性软骨发育不全等。诊断后，医疗机构应作出相应的明确书面告知及包括终止妊娠等的专业医学建议。

三、缺陷出生案件是否应该赔偿残疾赔偿金或死亡赔偿金

在缺陷出生案件中，如患儿出生后存在残疾或发生死亡，且医院在产检中存在过错，医院是否应该赔偿患方残疾赔偿金或死亡赔偿金呢？这一问题确实存在争议。

（一）目前业界存在的三种主要看法及其理由

（1）应该赔偿残疾赔偿金，不应该赔偿死亡赔偿金。理由是：缺陷出生案件，患儿如果残疾出生，患方根据病情不同，可能需要长期承担医疗费、护理费等费用，且残疾生存影响患者将来收入，故根据残疾程度和过错比例，赔偿残疾赔偿金是必要的；而死亡案件中，患儿因死亡不再产生新的费用，更为重要的是无论患儿出生前因流产或引产而死亡，还是出生后死亡，除了医疗费的增加，最终均为死亡的结果，在经济支出方面对患儿父母均没有实质性影响。同时认为，也正是患儿的死亡，在一定意义上反而减轻了患儿父母之后的经济负担，因此不应该赔偿死亡赔偿金。

（2）两者均应该赔偿。此种观点的理由是，缺陷出生案件中，患儿若有残疾或死亡的实际损害后果，而医院又有过错，上述两项赔偿符合我国现行法律的规定，应予赔偿。

（3）两者均不应赔偿。持该种观点的人认为：缺陷出生不仅给患儿父母造成了物质上的损失，同时也造成了精神损害。物质上的损失主要是扶养缺陷儿比扶养正常儿多支出的费用。比如存在过错的医疗机构应承担生产患儿的医疗费、诊断和治疗（包括后续治疗）先天缺陷的费用以及护理费、住院伙食补助费、营养费、残疾辅助器具费以及与此相关的父母的误工费等。此外，还应当包括需要特殊照顾的费用和特殊教育的费用。[1] 缺陷出生案件中残疾和死亡的损害后果，均是患儿自身生长发育形成或导致的，和医院的诊疗行为没有因果关系，医院仅应该赔偿相关医疗费、精神损害抚慰金等其他损失，不赔偿残疾赔偿金和死亡赔偿金。[2]

（二）本文主张应当给予残疾赔偿金或死亡赔偿金赔偿

笔者认为，缺陷出生案件，若医疗机构存在过错，应该赔付患方残疾赔偿金或死亡赔偿金。

（1）残疾赔偿金或死亡赔偿金的性质均为物质性赔偿，应给与同等对待。

诚如上述第一种观点，缺陷出生案件中，患儿出生后存在残疾，且产检时医院存在过错，医院依法应该支付残疾赔偿金。那么举轻明重，患儿出生后死亡，医院依法应该赔偿相应的死亡赔偿金。因为根据残疾赔偿金和死亡赔偿金的性质，两者均为物质性赔偿，赔偿的目的均为对受害方将来收入等物质损失的弥补，目的具有同一性，死亡患者若能存活，将来同样有预期的收入的减损，同样应该获得赔偿。若依法可以赔偿残疾赔偿金，而不能支持死亡赔偿金，从赔偿的目的这一角度来看，是一个法律上的悖论。

（2）公民的民事权利能力始于出生，终于死亡，胎儿出生后即依法享有民事权利，死亡应该享有相应的赔偿。

死亡赔偿金作为与"死亡"相对应的赔偿项目，指作为民事主体的有生命的自然人身体受到损害导致死亡所应获得的赔偿，是以因死亡减少的预期财产损失来衡量的，若胎儿娩出时为死体，即不成为民事主体，也不存在预期财产损失，因此不存在死亡赔偿金，若胎儿娩出时是活体，那么赔偿上就应该有这一赔偿项目存在。更为重要的是，在接受孕产保健服务中，患儿家长追求的是畸形儿在出生前的合理、合法处理和处置，避免其出生、残疾、或死亡等的结果，而不是追求出生后的死亡结果。因为依据现行法律和一般认识，胎儿出生前类似于母体的一个特殊器官，还

---

[1] 李瑞翔：《人民法庭民事审判实务问答》，法律出版社2014年版，第296页。
[2] 本文案例Z的判决书中所述的理由，与此观点相同。

不是一个法律意义和生活意义上的"人"。出生前的流产和引产对患儿父母和社会的意义、影响和伤害，绝对不同于出生后一个孩子的死亡对其父母和社会的影响和伤害。

（3）根据权利和义务平衡的法律精神，医疗机构若不因过错承担残疾或死亡赔偿金，将导致患方和医方的权利义务失衡。

诚然，不当出生案件中，患儿都有自身基础性的生长发育不良状况存在，这些不是医疗行为的过错直接导致的。但是，应当注意的是，在绝大部分医患之间的医疗损害责任纠纷中，患者都会有基础病和原发病的存在。因此，本身疾病或缺陷并不是医疗机构一个法定的免责基础。

因此，医疗机构责任有无的关键，应该从平衡医患之间权利义务的角度出发。患方在医院建档产检，以支付相关诊疗费用为义务，以取得医疗机构专业的产前保健服务为权利，这其中包括了解胎儿生长发育状况、获取异常或可疑异常的告知及专业处置建议等。而后，患者才有条件根据自己的意愿，对孩子出生后、家长未来是否愿意面临和承担孩子的某些负面状况，自主作出选择。也就是说，依据我国现有法律规定，胎儿父母在承担相应的诊疗费用后，有权从医疗机构获取必要的医学信息，从而作出放弃异常胎儿的选择，达到对自己和孩子未来面临的一系列负面状况进行提前规避的目的。若医方未履行相关告知和医学建议的法定义务，导致患儿父母在无任何主观过错的情况下，被动承担任何可能的负面后果和一系列沉重的经济负担，那么作为过错方的医院，应该为其过错行为买单。同时，如果让毫无专业知识、毫无风险防控能力的患儿父母承担大部分、甚至是全部责任，而医院承担少部分、甚至是无需承担责任，那么对今后减少医疗损害纠纷发生，无疑是一个不利的导向。另外，患方主观上会认为自己没有过错，却承担不应该承担的责任，从而质疑法律的严谨公正。

因此，从权利义务责任衡平的角度，应该让最能够控制缺陷出生风险、享受产检收费权利的医疗机构，在作出不当诊疗行为并导致产检流于形式时，承担或分担一系列损害赔偿后果；让对缺陷风险发生毫无专业知识、也无防控能力、更没有过错的患者，不承担或少承担任何相关不良后果，是符合现有法律规定和公平正义的立法原则的。

（4）缺陷出生案件，首先遭受损害的是患儿父母的利益，其次才是患儿的生存权和健康权。

生存的权利大于一切，因此"缺陷出生"的理论本身就是错误的，因为任何胎儿都有出生的权利。事实上，我们无法征求任何一个健全或畸形的胎儿的意见，无法得知胎儿是否愿意出生，是否愿意终生残疾生存于世，甚至出生后死亡。但是损害了其父母的权利是毋庸置疑的，因为其父母产检的意愿是清楚的，其产检的目的是明确的，即了解胎儿的生长发育状况后自行作出选择，而不是在不知情的情况下，被动接受一个残疾或因严重畸形、即将面临死亡的孩子。对这些目标明确、存有一个普通人理性的患儿父母来说，缺陷生命的出生就是一个损害后果，优良的生命存在的价值应当远大于缺陷生命存在的价值。如果彻底否定父母的优生、自主选择权、知情同意权及其衍生的赔偿权利，那么我国现行制定的优生优育国策、《母婴保健法》《产前诊断技术管理办法》等就变得毫无意义。

患儿父母的选择权只有一次，就是在产检中根据胎儿情况，决定和选择自己是否愿意、或是否有能力承担胎儿出生后的一切经济和精神上的后果。但是当残疾患儿出生后，不管孩子状况为何，患儿父母即负有法定的、不容推卸的抚养义务，须无条件承担包括医疗、教育、喂养、护理、成年后的扶养（根据残疾情况等，若需要）等法定义务。而不管这个义务的承担，是否是违背患儿父母意愿的、是否是被动承受的。而在法律上至关重要的一点是，产检时，医疗机构是和患儿父母，并非是和患儿建立的诊疗关系，因此在法定范围内、尊重父母的知情权、尊重父母的意愿是医疗机构第一位的义务。若医疗机构罔顾父母的知情、同意、选择权，越俎代庖揣测父母腹中胎儿的所谓"意愿""生存权"，则直接侵犯了法律赋予患儿父母的意思自治权，该做法是欠妥的、缺乏法律依据的。此时医疗机构已侵犯了患儿父母的法定权利，并因此严重加重了其父母的经济和精神负担，因此根据过错责任原则，医院应该承担相应的后果和赔偿责任。

进一步讲，残疾儿在出生后，其残疾的痛苦、缺陷生命的损害、生存与生活的艰难，尤其是将来父母去世后孤身一人所面临的困境，是终其一生都无法摆脱的，而漠视这些损害、忽略人性的基本关怀才真正有悖于法律的公平、正义观念。

（5）缺陷出生案件中，法律上的被侵权人（父母）和健康损害后果的直接承担者（患儿）不是同一个主体。而依照"请求权基础"理论的要求，又只能以其父母作为权利请求人（原告）。但以此为理由剥夺患方残疾或死亡等相关的赔偿请求权，有失公平。

根据人类生产过程中的生理特征，患儿在出生前无法直接和医疗机构建立诊疗关系，一般认为，缺陷出生案件因侵犯的是患儿父母的知情权、生育选择权，因此此类案件的权利主体（原告）并非缺陷儿本人，而是患儿的父母，这样就造成了缺陷出生案件中，法律上的被侵权人（父母）和健康损害后果的直接承担者（患儿）不是同一个主体，这似乎"阻断"了医疗机构直接侵犯患儿权利的可能，造成患儿天生"维权不能"。

但是，很显然，医疗行为因过错未能阻断，客观上还造成了缺陷儿的出生，并由于缺陷给患方带来一系列物质、精神负担。举例来说，在患儿严重残疾但仍然存活的家庭，其父母因患儿缺陷而增加的相关抚养费用，显然不属于"被抚养生活费"这一法定项目的赔偿范围。如果又没有法定的残疾赔偿金的赔偿，对受害方是显失公平的。因此这需要我们重新审视和考虑相关残疾赔偿金和死亡赔偿金的问题，不能僵化地理解相关的赔偿项目，而应该根据权利义务的对等原则及实际造成损害后果的大小，灵活运用现有法律规定，进行有效、符合实际的赔偿。

如前文中的观点，有人认为需要核定除"残疾赔偿金或死亡赔偿金"之外的其他的赔偿项目进行赔偿。但是，其他的赔偿项目，如所谓的特殊教育费用和照顾费用，无现有法律依据和法定计算标准，随意性大，很多案件无法获得类似赔偿。但是残疾赔偿金或死亡赔偿金等物质性赔偿，可以等同于现有的法定标准或暂时弥补这一法律空白。而不至于出现相关的赔偿被搁置和虚化，而后不了了之，最终还是由患方家属来独自承受一切相关费用的局面。

同时笔者建议将来立法时，细化此类赔偿规定，对患儿缺陷出生后的残疾或死亡后果，确定更加明确的赔偿项目名称、赔偿标准。

（6）从实然的状态看，缺陷儿平均花费极高，给家庭和社会带来巨大负担，必须从源头遏制。而苛以风险控制端的医疗机构法律赔偿责任，问题将得到有效控制。

2015年3月13日新华网发表了一篇题为《代表委员问诊"缺陷婴儿出生率"过高问题》的文章，[1] 该文提到"重度'缺陷婴儿'生命周期平均需要的抚养、医疗费用高达109万元"，"缺陷婴儿"通常体弱多病，死亡率非常高，即便长大，对社会和家庭也是沉重的负担，因此多名人大代表建议阻断缺陷患儿的出生。

从该文的调查研究结果看，缺陷儿平均花费极高，给家庭和社会带来巨大负担。因此，必须从源头遏制父母不知情的情形下，缺陷儿"被动"的出生和抚养的局面。而苛以风险控制端的医疗机构以严厉的法律赔偿责任，包括残疾赔偿金和死亡赔偿金的赔偿和分担等，有助于问题得到有效遏制。

（7）未经产检和经过产检的法律责任承担应该有所不同。

对比一下，假如一个从未经过产检、来医院生产的产妇，娩出一个严重畸形或因畸致死的胎儿，医疗机构自然不应承担任何责任，因为家长实施的是一个高度自甘风险的行为，其对残疾或死亡后果自行承担；若经过专业机构严格产检，患儿父母在毫不知情的情况下，生下一个严重畸形或因畸致死的胎儿，而同时医院在产检发现异常时秘而不宣，家属是否还应该对此残疾或死亡后果独自承受？仅仅承担或分担为数不多的医疗费等，是避重就轻的做法，显然医疗机构应该承担包括但不限于医疗费之外的更多、更重的损害赔偿责任。

---

① 华晔迪、傅勇涛、于文静："代表委员问诊'缺陷婴儿出生率'过高问题——每年新增90万'缺陷婴儿'，这个'苦果'谁来咽?"，http：//news. xinhuanet. com/politics/2015 – 03/13/c_ 1114632679. htm，2015年5月19日访问。

四、对本文列举两个案例评析

（一）对案例 1 的评析

本文开头的两个缺陷出生案例，案例 1 判决未支持患方残疾赔偿金的赔偿，仅赔偿了产检和生产过程中的医疗费、护理费及患方的精神损害抚慰金等项目。笔者对此有不同的看法。

该案中，构成因果关系判断中"损害"的不仅仅是出生孩子的"残疾"本身，而是残疾孩子的"出生"以及由于该"出生"带来的一系列不利后果。孕妇生产有缺陷的婴儿，显然要比生出健康婴儿花费更多的医疗费、护理费、抚养教育费等，并会产生极大的精神痛苦。由于残疾孩子成人后必然面临劳动能力的丧失和未来劳动收入的减损，甚至有的缺陷儿有可能根本不具备自理能力，无法获得维持自身生存的经济收入，所以应依照具有物质赔偿属性的残疾赔偿金标准来弥补该类损失。何况从长远看，残疾患儿成年后劳动能力和未来收入减损，更进一步影响了对其父母履行赡养义务。无论对于父母还是孩子本身来说，这就是一种现实的损害事实，这些都是违背父母意愿、患儿缺陷出生直接导致的后果。此等先天残疾儿的出生以及由其出生产生的一系列不利后果，与医方的侵权行为具有直观的、不能分割的因果关系，这种因果关系的存在恰恰是残疾赔偿金等成立的基础。

立法确立残疾赔偿金项目就是为了使权利人因残疾所导致的生存、生活资源的丧失得到一定程度的弥补。在本案中，从保障残疾患儿生存和成长的角度，残疾赔偿金的偿付也是必要的和有利的。虽然本案类型较一般人身赔偿案件特殊，但赔偿项目应当与一般人身侵权一致，残疾赔偿金从公平的角度讲不应予以否认。

从逻辑上讲，因残疾增加了特殊照顾费用、案件中的护理费等，这种特殊是相对于健康人而言的；那么残疾者因残疾导致的劳动能力、劳动收入较健康人的减损，依法也应该有相应的残疾赔偿费来弥补该损失。就本案而言，若法院仅仅支持医疗费、护理费等相对小额的费用，不支持残疾赔偿金的赔偿，是舍本逐末的，这样的处理在法律上是存在矛盾的。因为，判决支持了护理费等的赔偿，其理由在于由于医疗机构侵害了上诉人的优生优育选择权，从而应当对患儿因残疾增加的特殊照顾费用予以赔偿，其前提应当是已经承认了医方的侵权行为与患儿因残疾所产生的损害后果之间的因果关系，残疾事实的存在是赔偿的基础。残疾赔偿金同上述数个赔偿项目在赔偿的事实基础和因果关系上，是一致的，而且"残疾状态出生及因此面临的经济、精神困境"是患方最根源、最本质的损害，其他赔偿项目都是因其而衍生的，其他项目能够获得赔偿，那么残疾赔偿金同其他赔偿项目一样，也应依法予以赔偿。

（二）对案例2的评析

案件2中，鉴定机构的鉴定意见以及安贞医院的尸检报告等证据，充分证明了患儿的死亡原因是严重畸形。本案产检中被告未履行畸形告知义务等过错，无疑同患儿出生后因畸形死亡这一损害后果，具有相当的因果关系。一审判决被告部分支付原告死亡赔偿金等物质损害损失，是合理的。

另外，本案还涉及医疗纠纷的告知义务问题，从理论上讲未告知的责任是是与非、黑与白的问题，不应该存在参与度大或小的问题，即依法告知了相关事项，医疗机构即可免责，未依法告知即应该承担全部的损害赔偿责任，不应该存在中间的灰色地带。所以，理论上本案的责任分担问题还可以重新探讨。

结语

本文案例中的两个缺陷出生的患儿，一个将缺陷状态生存着，一个已经夭折。虽然生死不同，但是这两个家庭、患儿父母对这个事件的思考或遗憾将是终其一生的。相关死亡、残疾赔偿金的赔付仅仅是手段，促使相关产检机构充分尊重权利人的知情同意、选择权才是目的。愿同样的悲剧逐年减少。

医疗过错技术鉴定的
"一元化"路径探索

于　莲*

前言

本文统一将医疗纠纷中涉及医疗行为的鉴定称为"医疗过错技术鉴定"。何为"医疗过错技术鉴定"？即对医疗纠纷中医疗行为是否存在过错的技术鉴定。如果笼统地说"医疗纠纷所需的鉴定"，可能还包括文书鉴定、笔迹鉴定或者医疗手段中的医疗产品质量鉴定等；对于这些鉴定属于司法鉴定的范围，目前争议不大；目前争议较大的是对于医疗行为实施中的合法性、规范程度的鉴定。在本文中，所讨论的正是这一类鉴定。

鉴定的目的决定鉴定的名称，可以通过对鉴定的本质进行分析，从而对鉴定的名称进行详解。在医疗纠纷中，鉴定的对象是诊疗过程，鉴定的目的是判定诊疗过程是否符合专业诊疗水准和注意义务，如果不符合医学专业诊疗水准，不具有医学专业上处置的合理性，没有尽到医学专业注意义务，医务人员就存在过错。鉴定意见并不是对事实的直接描述，尽管它可能包括对一些事实的认定，例如对病情的认定，对特定医疗行为是否存在、产生了什么效果的认定，但核心意见却是对诊疗过程是否合乎专业水准的判断。在这一点上，医疗过错技术鉴定和法医学所考察的内容有所不同。法医学尽管也有推理的部分，例如从尸检所见病理改变情况推断出死亡时间、死亡原因等，但诸如死亡时间、死亡原因仍然属于事实。甚至对案件发生过程再现式的推导和描述也属于对事实的描述。这里的"事实"自然是人所认识到的事实，人的认识必然受到限制，人所认识到的只能是一种可能性，即一种概率。"早在20世纪60年代，英国法庭科学协会主席H. J. Walls就发表了非常精辟的论断：所有的科学结论都是概率问题。""因此，在科学证据方面，没有百分之百的确

---

* 于莲，中国人民大学哲学院 2011 级哲学博士研究生。

定性，也没有绝对肯定的鉴定意见，任何鉴定机构及其鉴定人员经过严谨的科学分析和研究，最终得出的鉴定意见，仍然是一种概率性的结论。即便是指纹同一认定、DNA 鉴定，都是概率认定。"① 这可以作为使用"事实"这一词语的前提。值得一提的是，这种"人所认识的事实"与事实本身之间的差距并不等于错误。例如，人们可以通过 DNA 来判断血迹的归属，这种同一认定本身是概率事件，只是结合人类 DNA 的独特性，一般可以得出同一认定的结论，尽管这也只是一个非常接近于 1 的概率；但这种概率差异与错误有着本质的不同：错误可以分为有意和无意两类，前者可能包括人为调换标本、篡改结论等；后者可能包括操作失误导致 DNA 标本出错，或者比对出错，或者记录出错等。人可能出错，机器也可能出错，尽管也可能存在整体的出错概率，但错误在个案中是完全可以避免的，这和"认识限制"是不同的。"认识限制"在现行的技术条件下不可能突破，或者无论在怎样的技术条件下都不可能突破。（例如，时间不能倒流，没有人能够回到过去，回到现场，百分之百地确定"当时发生了什么"。）

在其他司法鉴定中，所要查证的也是事实。例如，尽管笔迹鉴定的结论——某字迹是否由某人所写——是推导出来的，所能面对的只是字迹本身，字迹本身固然是事实，是证据，但鉴定意见反映了对事实的认识，因此也是事实，是证据。诊疗过程本身属于事实，但能够反映这些事实的证据并不是鉴定意见，而是病历和各种医学资料；可能一些数据、图像需要专业知识才能进行解读，但是法官所需要查清的事实并不仅仅是医疗行为是否发生、其本身所具有的含义，而是是否适当。要判断是否适当，必须掌握三步：其一，实际上发生的诊疗过程是怎样的；其二，合理、专业、正常的诊疗过程应该是怎样的；其三，对比二者，得出诊疗过程中是否存在过错的结论。可以看到，每一步都需要专业知识，尤其是第二步和第三步。这样的工作绝不是简单的认定事实，它具有两个属性：首先，它是法官查清案件事实所必需的；其次，它是凭借法官的知识水平无法胜任的。因此，必然需要专家予以辅助。医疗纠纷的本质是患者是否得到了应有的治疗。当然，如果结果颇好，即使诊疗过程中出现了问题，人们一般也不再去计较。但是，现实中仍然存在医疗结果颇好，而患方仍然认为诊疗过程中存在不合理之处，因而提起诉讼，而且可以得到法院的支持的情况。这就说明，医疗纠纷的核心并不在于患者是否受到了伤害，而在于诊疗过程是否规范合理。患者所需要的是合理的诊疗，合理的诊疗意味着在当前现实环境下最有利于患者的诊疗，落后于或者超越当前医疗水平的诊疗都不是标准。而什么是当前现实环境下最有利于患者的诊疗呢？自然是专业标准。

可以看到，医疗过错技术鉴定属于特殊的一类司法鉴定，医疗过错技术鉴定意

---

① 刘鑫：《医事法学》（第 2 版），中国人民大学出版社 2015 年版，第 195 页。

见属于特殊的一类证据。它关乎事实，帮助法庭查明真相。鉴定的核心在于过错，而不在于损害，也不在于责任。所以，首先，并不把医疗纠纷中的鉴定叫作"医疗损害技术鉴定"，因为许多医疗行为都可能造成一定损害，医生当时采取某种医疗行为，往往是因为它在产生一定伤害的同时可能产生一定治疗效果，而且治疗效果大于伤害。但当治疗效果不够理想，甚至是没有出现时，伤害仍然存在；或者不论治疗效果如何，伤害超过了预期，这时候，如果以"伤害"来判断，就可能造成对医务人员不公平的判定。而事实上，许多医疗纠纷就产生于这种情况——患方无法接受实际结果"弊大于利"的医疗行为，于是认为这是医生的过错。但这并不意味着医务人员有过错，而可能仅仅是医疗行为正常风险、概率或者病情复杂变化的结果。其次，不把医疗纠纷中的鉴定叫作"医疗责任鉴定"，因为尽管医疗过错技术鉴定意见不是普通的事实认定而是特殊的一类鉴定，但它仍然不是法律判断。医疗过错技术鉴定只是从医学专业角度来判断，诊疗过程中是否存在过错。至于是否要承担责任，则是法官在认定事实的前提下适用法律的结果，有过错可能无责任，无过错也可能有责任。

一、"二元化"的鉴定制度现象及其弊端

目前我国在医疗过错技术鉴定中存在"二元化"的现象，即所依据的法律不统一，鉴定主体不统一。甚至鉴定的名称也不统一，有"医疗损害技术鉴定""医疗事故鉴定""医疗过错技术鉴定"等。这往往会导致鉴定信度不高、双方各执一词，从而导致反复鉴定、诉讼陷入僵局的情况，或者尽管作出判决，却无法得到当事人的认可，乃至于让当事人（往往是患方）感到在诉讼中没有得到正义，采取极端行为。这其中最为主要的问题当然是鉴定主体的不统一。2007 年国务院颁布的《医疗事故处理条例》第 24 条规定："医疗事故技术鉴定，由负责组织医疗事故技术鉴定工作的医学会组织专家鉴定组进行。"即由医学会为鉴定主体的"医学会模式"。而 2013 年的《中华人民共和国民事诉讼法》第 76 条规定："当事人可以就查明事实的专门性问题向人民法院申请鉴定。当事人申请鉴定的，由双方当事人协商确定具备资格的鉴定人；协商不成的，由人民法院指定。当事人未申请鉴定，人民法院对专门性问题认为需要鉴定的，应当委托具备资格的鉴定人进行鉴定。"这一类鉴定主体是经过司法鉴定制度改革后市场化了的司法鉴定机构。后者不仅接受和承担医疗过错技术鉴定，还承接各种其他司法鉴定。

必须承认，失败的一元化可能还不如现行的"二元化"，但是这不是不面对问题的理由。谨慎行事固然是必要的，但要做的是寻找更好的解决办法，而不是停滞不前。目前并不存在这样的论证，证明所有的一元化方案都好于二元化方案。只要能够论证一种一元化办法比现行的二元化办法更具合理性，就可以去探索；即使目

前的法律和现实条件不足，也可以向着创造条件的方向努力。

那么，应当争取怎样的一元化方案呢？对于"医学会模式"和"司法鉴定机构"模式的各自优劣，已经有许多比较研究。① 比较公认的医学会模式的优势有：（1）科学性、专业性；（2）程序严格、科学、合理；（3）鉴定收费低。而"医学会模式"存在的问题有：（1）中立性问题，即医学会的鉴定本身是不是能够做到中立的问题；（2）取信性问题，即无论医学会的鉴定本身是否中立，鉴定结果能否取信于双方当事人，能否起到"定纷止争、平怨息讼"的社会效果；（3）出庭作证问题，目前医学会的鉴定专家组并不在鉴定意见上署名，鉴定专家也没有义务出庭；（4）权、责、利不一致的问题。在医学会模式中，从专家库中抽取的专家组成专家组，构成真正的鉴定主体，专家组在完成鉴定之后即解散，不是一个固定的机构，因此不可能成为民事责任的主体；而医学会虽然是常设机构，却根本就不是鉴定主体，只是鉴定活动的组织者而已。

司法鉴定机构模式的优势主要是其独立性，以及因其独立性而拥有的高取信度。弱势是：（1）目前司法鉴定机构只由法医做法医学鉴定，法医与临床医学相差甚大，因此鉴定的科学性、专业性存疑。尽管可以有临床医师做顾问，但临床医师不署名、不出庭，结论可能被法医更改；（2）鉴定程序规定不够严格；（3）收费高。②

这些总结非常有意义，但笔者认为，医学会鉴定模式最大的问题在于，对于这一制度的规定独立于证据法理和证据法规定之外，尽管在医学上程序严格且成熟，但鉴定意见不具有确定的诉讼地位，所遵循的原则和规范与诉讼法和证据法不完全符合，与诉讼中其他的环节标准也存在差异。医学会鉴定的主体不署名、完成鉴定以后即告解散，参与鉴定的专家不出庭接受质证，这是较为典型的违反了证据法基本精神的表现，自然会遭到许多质疑。更重要的是，医疗纠纷中所牵涉的利益巨大，医学界可能存在这样的担忧：如果自己失去了鉴定的权力，那么就可能开启巨额赔偿之门，甚至是不合理的巨额赔偿之门，让医院面临巨大压力。

而法医鉴定模式的问题在于，法医鉴定人很难对临床诊疗的合理性作出非常恰当的评估。首先，临床医学发展日新月异，即使是长期从事临床医学诊疗实践的医护人员也要保持学习，否则就可能出现失误；其次，临床医学包括科目众多，即使是在临床诊疗之中也可能存在"隔行如隔山"的情况，不同科目的人才培养内容差

---

① 刘鑫、张宝珠、陈特主编：《侵权责任法"医疗损害责任"条文深度解读与案例剖析》，人民军医出版社 2010 年版；刘鑫：《医疗损害技术鉴定研究》，中国政法大学出版社 2014 年版；肖柳珍：《中国医疗损害责任制度改革研究》，中国政法大学出版社 2014 年版；瞿宏丽：《医事民事诉讼证据协力义务研究》，中国政法大学出版社 2014 年版。

② 刘鑫：《医疗损害技术鉴定研究》，中国政法大学出版社 2014 年版，第 69 页；瞿宏丽：《医事民事诉讼证据协力义务研究》，中国政法大学出版社 2014 年版，第 147 页。

异很大，各个科目的医务人员在医疗实践中所遵循的规范、获得的经验也差异很大。最后，法医学的工作更加侧重于后果的伤害评定，但可能有大量的鉴定案例更聚焦于临床医学诊疗合理性的本质，即诊疗行为是否符合专业标准。这三点揭示出，如果不是长期从事该科目的诊疗实践，很难把握"诊疗专业标准"，也就很难对临床医学诊疗合理性作出准确的评估。因此，医疗行为鉴定的本质应当是同行评议，只有有临床医学背景，并且长期从事临床医学工作，拥有丰富经验的人才能够作出科学性的评定。

因此，可以看到，医学会鉴定模式可谓"实质到位，缺乏形式"，而司法鉴定则是"徒具形式，全无实质"。二者的优劣势是否构成互补？有学者认为并不互补，[①] 笔者认为这一观点值得进一步讨论。两种模式确实有一些共同的缺点，例如，目前的司法鉴定模式中也存在不少程序漏洞，如尽管法医可以咨询临床专家，但是临床专家和医学会鉴定模式中的专家一样不签名不出庭。但是，要看到，司法鉴定模式将鉴定意见作为证据参与诉讼，整体遵循证据法的规律和规定，而证据法的规律和规定都是长期思考和探索形成的诉讼规则，能够较好地保证公正、效率和诉讼的社会效应，能够保障当事人的利益。因此，司法鉴定这一形式代表了鉴定意见在诉讼中的地位，它只有这一种地位，必须遵循与这一地位相应的程序。医学会模式所欠缺的正是这一形式。而目前我国的司法鉴定模式在临床医学诊疗合理性上则缺乏同行评议的实质，因此，二者可以互补，但既不是保存其一废除其一，也不是简单相加，而是需要删、补和调和。在某种意义上，也可以说，采取司法鉴定的形式，医学会鉴定的实质，将两种模式统一起来，是一条值得探索的道路。

二、谁的正义，何种"一元化"？

（一）为何要采取统一的医疗损害鉴定模式

通过上面的论述，已经确定了"一元化"鉴定制度应当具有的几点：其一，鉴定意见是证据，必须接受质证；其二，权责必须分明，鉴定人必须署名、出庭；其三，鉴定人必须具备临床医学教育背景和执业经验。

那么，为什么一定要统一于司法鉴定这一形式呢？为什么不能对医学会模式进行程序上的完善呢？鉴定意见在我国民事诉讼法和刑事诉讼法中都正式地列为证据的种类，而目前已有各个层级的法律对司法鉴定的程序进行规范，属于已经存在、比较成熟并和司法体系充分融合的制度。而且如前所述，司法鉴定属于司法程序，遵循诉讼法和证据法的法理和规范，而医学会鉴定脱胎于卫生行政部门的处理方式，与司法程序的要求相去甚远，因此，医学会的鉴定意见虽然专业且科学，但是不符

---

① 刘鑫：《医事法学》（第 2 版），中国人民大学出版社 2015 年版，第 190 页。

合程序正义，导致取信度不高。

（二）可否在医学会鉴定模式基础上改革

那么，医学会能不能通过程序上的改革，让自己组织的鉴定中立而可信呢？

首先，作为行业协会，医学会很难做到在医患纠纷中中立。在广义的回避上，由行业协会——医学会来做关涉医务人员重大利益（不仅是金钱赔偿，更重要的是行业声誉）的医疗过错技术鉴定，本身就存在问题。尽管在许多案件中没有直接的利益联系，如没有直接的行政隶属关系，但医学会本来就是维护医师群体利益的行业协会。医学会的职能并不仅仅是进行医疗纠纷鉴定，还包括诸如组织学术活动、促进学术发展等；成立医学会的目的正在于保护医师的权益。医学会是医师的"娘家"，医生需要"娘家"。让医学会在涉医事务中"中立"，既没有必要，也很难做到。一个全部由医师组成的协会怎么做到在涉及自身行业利益的时候保持中立呢？如果做到了，成立这样一个协会又有什么意义呢？无论如何强调没有直接利益关系，医学会的性质也是一个硬伤，无论如何改革，也不可能改掉法理上"人不得做自己的法官"的问题，也不可能改掉诉讼中另一方当事人的疑虑。

在狭义的回避上，目前的医学会模式中尽管规定了回避制度，但回避的决定权却在医学会。这说明，可能在具体的案件中，狭义的回避也很难做到。自然，可以通过改革将决定回避的权力给予法庭。那么，这就向司法鉴定程序靠拢了——没有必要在医学会模式上动不符合其本性的手术，使其无法履行其应当履行的义务，而是将不属于它的职责拿走，让已经具有合法地位、合理程序的主体——司法鉴定机构来履行职责。

医学会可以并且应该保护医师的利益，但是，医学会的权力不能是无限的，不能为医师提供无限的保护。法律所规制的应当是，它以什么方式、什么程序、在什么范围内保护医师的利益。在现行制度下，医学会具有医疗事故鉴定的权利，它就必然会在这一问题上保护医师的利益——而这种保护就意味着可能损害患者的利益、掩盖事实、损害公正。因此，这种保护医师利益的方式和领域有违公正，不能再任其继续。现代政治和法治的精髓是，利益的博弈，分权与制衡以及基本权利。法治的社会基础正在于社会活动中的主体都充分认识到自己的利益，并且为自己的利益寻求实现空间；同时，这种利益应当符合公平正义的基本原则，符合基本人权的原则，在法律体系中的实现方式应当符合法理。寻求自身利益本身不仅不应当被谴责，而且是参与立法和司法的一部分目的——患方同样在寻求自身利益。只是寻求自身利益的过程不应当有违公平正义，不应当有违基本人权，不应当有违法理。而医学会目前通过医疗纠纷鉴定来维护医师利益的方式则违反"自己做自己的法官"的法理，有违公平正义，也有违基本人权。如江苏省高级人民法院《关于医疗损害鉴定工作的若干意见（试行）》规定这一证据只能由医学会提供，[①] 如果患方不配合医学会的鉴定就视为不配合证据提供、不配合诉讼程序，甚至就不得提起诉讼，这在实质上剥夺了患方的诉权。而诉权属于基本人权，在诉讼中最为核心的环节则是提供证据。而鉴定是医疗纠纷诉讼中最核心的证据。将鉴定主体统一于医学会，违反了法治的基本要求。

医学会可以在不违背公正的基础上继续开展各种各样维护医师利益的活动。例如，如果医学会愿意为涉及纠纷的医方提供专业上、法律上、经济上、道义上等各种援助，那没有任何问题。但直接介入司法程序，取司法鉴定而代之，就违反了法治的基本原则，这样维护医师利益的方式则不可取。

（三）如何改造现有的医疗损害司法鉴定模式

那么，再来看，司法鉴定机构模式的弱势能不能弥补，如果能够，该如何弥补呢？

首先是最核心的科学性问题。2015 年年初，国家卫计委等五部门联合公布了《关于推进和规范医师多点执业的若干意见》。多点执业可以让医师由"单位人"向"社会人"转变，让医师的价值、贡献和报酬更多地依靠自己的技术而不是单位的规模、等级，或者自己在单位中的资历、地位。这可以促进医师的竞争，可以促进医疗市场的开放和自由。这不由让人进一步想，这种放宽能否延伸到另一个领域——医疗过错技术鉴定呢？

目前反对司法鉴定机构模式的意见中，往往认为其仅仅包括法医学鉴定，而在医疗纠纷中所需的鉴定与法医学鉴定有区别，因此，医疗纠纷中所需的鉴定并不能够被司法鉴定机构的业务范围覆盖，所以必须采取医学会组织的鉴定。临床医学的鉴定和法医学鉴定有区别，这一点是确实的。诸如前者往往基于活体，而后者往往基于尸体甚至物证；前者针对医疗行为而后者基于患者的身体或者物证；这些都很好地指出了医疗纠纷中的鉴定和法医学鉴定的区别。法医学的课程与临床医学大不相同，法医学的毕业生甚至不能报考执业医师。一个法医更不可能对临床医学那么多分科日新月异的发展了如指掌。既然临床医师具有判断医疗行为是否符合专业性的专业素质，为什么不能将司法鉴定人的范围扩大到从事临床诊疗的人员呢？

目前医学会模式中，鉴定人属于兼职。一些支持医学会模式的学者指出，临床医学分科极细，发展很快，而且在这一领域的水平非常依赖经验的积累，这些因素

[①] 关于医疗损害鉴定的委托与受理：（1）人民法院委托的医疗损害鉴定，医学会应当受理。除具有法定回避情形外，医学会应当自收到委托书后 10 日内作出受理决定，并制作《受理通知书》，函告人民法院。对不予受理的应当在《不予受理通知书》中说明具体理由。（2）医疗损害鉴定一般应委托本行政区域内市医学会组织进行，当事人均同意委托其他司法鉴定机构进行鉴定的，应予准许。本地医学会存在回避等情形的，人民法院可委托本省其他市医学会组织鉴定，必要时经省高级人民法院司法技术部门同意后，商请省医学会组织鉴定。医疗损害需要重新鉴定的，由省医学会负责组织。江苏省高级人民法院编：《江苏省高级人民法院公报》，法律出版社 2011 年版，第 187 页。

都使得兼职模式是比较适合医疗过错责任鉴定的模式。① 但这一论断并不能得出目前的医学会模式是更合适的模式。因为既然从事鉴定工作的医师可以兼职，为什么要兼职在医学会中的鉴定机构，而不是兼职在司法鉴定机构呢？为什么要在医疗纠纷中独立设置一个与其中一方有着密切关系的鉴定机构呢？同样地，我国也有"中国法医学会"（其业务主管单位是中国科学技术协会，中华人民共和国公安部为挂靠单位，这两个单位双重负责管理中国法医学会），为什么法医学鉴定没有由中国法医学会来出具呢？可以看到，目前司法鉴定人并不排斥兼职的情况②，其他种类的司法鉴定人可以兼职，医学会模式下的鉴定专家可以兼职，为什么临床医学的司法鉴定人不可以在司法鉴定机构兼职呢？如果没有制度障碍，执业医师以个人身份兼职司法鉴定人就是可行的，这样既能解决鉴定的科学性问题，也能解决鉴定的中立性和取信度问题。

在司法鉴定的科学性问题上，如果将临床医师纳入司法鉴定人的范围，将兼职作为其鉴定工作模式，就可以大大提高司法鉴定的科学性。司法鉴定人管理办法对司法鉴定人的资格进行了非常严格的限定，③ 其中"具有相关的高级专业技术职称；或者具有相关的行业执业资格或者高等院校相关专业本科以上学历，从事相关工作五年以上""申请从事经验鉴定型或者技能鉴定型司法鉴定业务的，应当具备相关专业工作十年以上经历和较强的专业技能""所申请从事的司法鉴定业务，行业有特殊规定的，应当符合行业规定"都可以适用于临床医学鉴定。其中的"行业职业资格""专业技能"和"行业规定"都可以由医学会来进行规定、管理和考核，这也就可以保证鉴定人的专业水准。因此，医疗过错责任鉴定不是减少了对鉴定人的考核，而是在医学会的考核之上增加了一重考核，因此标准不会降低，只会提高。

至于目前医学会模式中鉴定程序本身的优势，例如时间上的紧迫性和密集性使得它的取信度很高，可以说，只要是合乎法理又合乎医学规律的，就可以为司法鉴定模式所借鉴和移植。既然《医疗事故处理条例》对于鉴定程序已经有了详细而且科学的规定，而司法鉴定机构的类似规定较为粗疏甚至空白，那么可以尝试将这一

---

① 刘鑫、张宝珠、陈特主编：《侵权责任法"医疗损害责任"条文深度解读与案例剖析》，人民军医出版社 2010 年版；刘鑫：《医疗损害技术鉴定研究》中国政法大学出版社 2014 年版，第 83 页。

② 《司法鉴定人登记管理办法》第 14 条：个人兼职从事司法鉴定业务的，应当符合法律、法规的规定，并提供所在单位同意其兼职从事司法鉴定业务的书面意见。司法部：《司法鉴定人登记管理办法》（2005 年）。

③ 《司法鉴定人登记管理办法》第 12 条：个人申请从事司法鉴定业务，应当具备下列条件：（一）拥护中华人民共和国宪法，遵守法律、法规和社会公德，品行良好的公民；（二）具有相关的高级专业技术职称；或者具有相关的行业执业资格或者高等院校相关专业本科以上学历，从事相关工作五年以上；（三）申请从事经验鉴定型或者技能鉴定型司法鉴定业务的，应当具备相关专业工作十年以上经历和较强的专业技能；（四）所申请从事的司法鉴定业务，行业有特殊规定的，应当符合行业规定；（五）拟执业机构已经取得或者正在申请《司法鉴定许可证》；（六）身体健康，能够适应司法鉴定工作需要。司法部：《司法鉴定人登记管理办法》（2005 年）。

套职业领域内的优秀经验移植过来，例如司法鉴定机构中的鉴定人同样可以组成专家鉴定组，可以讨论形成意见，只是不能重复目前广为诟病的鉴定人不签字的问题，而应当按照《司法鉴定机构管理办法》中的规定，由鉴定人出具意见并负责。

对于鉴定人出庭的问题，如果将司法鉴定机构的鉴定人范围扩大到临床医师，也就不需要再限制临床医师不能署名、不能出庭，而是与现在的法医适用一样的规定即可。统一于司法鉴定模式以后，可以完全解决不出庭问题吗？应当仍然很困难。目前我国诉讼中普遍存在证人出庭难的问题，这可能需要证据法的完善、国民法制素质的提高、司法执行力度的增强等许多不同的方面共同努力。但医疗纠纷中鉴定人不出庭的原因除了一般案件中证人不出庭的原因以外，还有自己的独特原因——依据目前法律，对司法鉴定人的出庭要求高于对医疗事故鉴定出具机构的要求。当然，仅仅将临床医师列为司法鉴定人并不可能彻底解决这一困难，因为还存在普遍性的困难，但能够解决一层困难至少也可能会增加鉴定人的出庭率。目前医学会鉴定模式中不署名在一定程度上可以保护鉴定专家，让他们免于遭到诉讼当事人（尤其是患方）的憎恨和攻击；但是，首先，如果这种保护是以牺牲程序正义为代价，是不合理的；其次，这种坚决不署名、不负责的做法进一步瓦解了诉讼当事人（尤其是患方）对鉴定意见的认可，让患方感到无法从制度性救济中得到公正，从长远来说激化了医患矛盾，会造成"医患矛盾尖锐—不敢署名—医患矛盾更加尖锐"的恶性循环。

那么，将医疗过错技术鉴定完全交给目前已经市场化了的司法鉴定机构，会不会造成司法鉴定完全由利益牵着鼻子走？这可以由诉讼程序本身来进行限制。如果鉴定意见的科学性存在问题，诉讼中自然会有一方提出。而且，既然是由司法鉴定机构进行鉴定，与医学会鉴定模式相比，自然是医方担心偏袒鉴定患方，而医方与患方相比，在科学性上具有更强的质疑能力。反过来，可以看到，如果是医学会进行鉴定，患方由于专业知识的匮乏，在质疑能力上更弱，这本身更加破坏了诉讼中的力量平衡，导致患方在医学会模式中疑心重重，又提不出专业的质疑，只能消极地不认可，或者使得诉讼陷入僵局，或者采取更负面的行动。由司法鉴定人提供的鉴定意见必然会遭到医方更为专业更为严格的审查，这种审查可能防止司法鉴定被利益牵着鼻子走。

利益的诱惑是诉讼中永远存在的一部分，不能因为存在风险就不启用市场化的制度，而应当通过诸如行政监管、市场竞争和诉讼程序的设计控制利益的不良影响。否则，整个市场化的司法鉴定制度存在的合理性都可能成问题，甚至律师制度的合理性也成了问题。

至于司法鉴定机构模式中鉴定费用较高的问题，这可能是需要进行规范和改革的，如果司法鉴定的商业化带来了市场混乱、收费不合理的情况，必然会导致这一鉴定模式的吸引力下降。因此，如果要将目前的两种鉴定模式统一于司法鉴定的形式，就必须对收费标准进行规范化。一方面，这必然需要行政管理部门介入，另一方面，如果充分地发展司法鉴定行业，让这一行业充分地市场化，随着竞争的展开，也可能会对鉴定费用制度的合理化起到推动作用。

除了这些必要的改革以外，还应当考虑到，诉权属于基本人权，进行司法鉴定属于诉权的实质部分，因而也属于基本人权。同时，有一部分人可能在医疗事故中受到了较大损害，但目前经济实力非常有限，确实无法负担起哪怕是合理范围内的鉴定费用。这种情况下完全可以让司法鉴定机构承担一部分公益鉴定任务，或者设立一部分法律援助基金。尽管实现完全的公平和保障人权是困难的，现在还没有建立起"公益司法鉴定补充市场化司法鉴定"的制度，但会看到，在公平和保障人权方面，目前的医学会模式并不会比经过上面建议改造的司法鉴定程度更好，也完全可以建立起新的制度。

（四）如何解决临床医师做兼职鉴定人问题

当然，这样进行改革之后可能会产生新的质疑：既然是医师个人兼职作为鉴定人，那么为什么这就不涉及行业利益了呢？这样的模式的中立性和取信度又怎么保证呢？

首先，在进一步放开和落实医师多点执业改革后，医师可能具有更多的独立性，在诸如职称、收入这些问题上更少地依赖单位，从而这至少可以在实际利益上为医师作出更客观更中立的鉴定提供保障；更重要的是，鉴定组织主体统一于司法鉴定机构之后，鉴定意见要根据对于司法鉴定的相关规定，遵循证据法的规则，要接受严格的质证，这种公正的程序本身就是对鉴定意见和鉴定人最好的保护。作为兼职鉴定人的医师达到中立要比作为医学会成员的专家达到中立要容易得多。在个案中，对于鉴定人的回避决定由法庭作出，这样就排除了医学会作为行业共同体的中立性障碍；而在排除了狭义回避之后，就不存在实质上的利益纠葛，只剩下医师对于同业者心理上的同情了，但这是为了鉴定的科学性所做的必要折中。必须承认，在心理上，医师仍然偏向医方，这是可能的。这种心理上的同情不一定是坏事：一方面，它确实可能与患者的心理状态不同，另一方面，它可以让鉴定人更准确地体会医方作出所鉴定医疗行为的心理状态，从而作出更合理的判断意见。这里必须强调的是，改变现行鉴定主体的目的绝不是让鉴定结果有利于患方，而是让鉴定结果更符合事实以及符合公正的要求。由医师来做医疗过错责任鉴定不仅提高了鉴定的科学性，也可以提高鉴定的准确性和公正性。也可以再一次考虑，鉴定结果还要经过法庭的审查，而法庭中无论是专职法官还是人民陪审员都不属于医方的职业共同体，他们的存在以及履行职责可以为鉴定意见"把关"。

当然，这种模式也可能存在困难，例如，会不会有那么多临床医师来从事这一兼职？如果医师们没有从事鉴定人这一职业抱负，对于从事鉴定可能没有兴趣，那么会不会缺乏兼职鉴定人？这是很有可能出现的，尤其是在这一制度实行初期。不得不承认，医学会拥有庞大的医师资源。但医学会对于专家库中的专家同样没有强制其参加鉴定的能力。不自愿、不出庭的鉴定人即使多一些，也不一定能够比虽然人数较少，但自愿的、出庭的鉴定人取得更好的社会效果。可以尝试分析临床医学专家参与鉴定的积极性不高的原因，从这些原因入手，提出一些可能有助于提高临床医师在司法鉴定机构兼职的积极性的建议。

1. 临床医师参与鉴定活动的价值

医师们从事临床诊疗工作的动机可能在于，救死扶伤是医生的天职，对于患者和社会的价值都显而易见，也比较有成就感；而医师参与医疗行为鉴定的价值目前看来却不明显。首先，就社会价值而言，医疗纠纷多为患者对医疗行为的质疑引发，本身就容易引发医师们的负面情绪；另一方面，当医疗纠纷发生，往往并不是生命和健康受到威胁的紧急时刻，即使有问题需要解决，也是各执一词、莫衷一是，参与鉴定看起来是卷入了矛盾的泥潭，费力不少，效果不明，还很有可能得罪人。

因此，首先，应当让医师们认识到，医疗纠纷中的鉴定确实看起来不像临床诊疗工作本身那样生命攸关，但它关乎患者对医疗行为和医疗机构的感受和认知。"社会—心理—生理"模式揭示了，患者来到医疗机构，需要关注的并不仅仅是生理上的疾病，还有社会角色上的转变和心理上的失落。从医生的角度来看，医务人员已经竭尽全力，达到了最好的生理效果，但在对疾病的整体认知上，患者可能疑虑重重，甚至认为自己吃了大亏。目前我国医患纠纷不仅多发而且尖锐，甚至伤医杀医的恶性事件也越来越频发，这也使得许多医务工作者对自己的职业生涯产生了灰心失望之感。恶性事件固然需要严厉打击，但医患之间愈演愈烈的不信任却是医患纠纷的深层次原因。医生认为自己在诊疗过程中"尽力"了，却忽略了患者并不仅仅是一台待修的机器，同时还遭受着心理、经济等各方面的损失，并且会产生各种各样可能不符合医理但符合常理的怀疑，这往往就会导致医疗纠纷。当患者开启医疗纠纷，往往就显示了患者的心理创伤和社会损失。因此，医师参与鉴定，可以说是诊疗过程的继续，是弥合患者由于生理疾患导致的心理创伤、社会损失的后续过程。当然，并不是说医疗纠纷是必需的、最佳的弥合过程，但当医疗纠纷产生，鉴定工作就具有这样的意义。因此，参与医疗纠纷中的鉴定的意义并不亚于临床诊疗行为。

其次，应当从制度上确保参与鉴定的临床医师的独立性、中立性，建立保护他们的人身安全和工作利益的制度，能够保障鉴定人即使在鉴定意见上署名、出庭接受质证，也不会遭到无论是来自患方还是医方的打击报复，免除临床医师参与司法鉴定的后顾之忧。

2. 鉴定收费与成本控制

对个体来说，在司法鉴定的各种付出能否得到合理的补偿？一方面，司法鉴定要耗费时间，临床医师可能会担心兼职司法鉴定人影响临床诊疗工作。对此，应当努力优化鉴定程序，提高鉴定效率，节约鉴定人的时间；另一方面，参加鉴定同样是技术含量非常高的工作，能不能获得符合工作价值的经济利益？对此，应当规范司法鉴定市场秩序，制定符合医师的付出和价值的价格标准，提高医师参与的积极性。

3. 司法鉴定效力优先

为了让临床医师参与司法鉴定的积极性更高，鉴于前文所论述的这种做法的优越性，可以考虑优先承认司法鉴定的效力，从司法制度上统一鉴定机制，限制医学会组织鉴定的权力以及医学会鉴定意见的司法效力，促进跨地区司法鉴定的便利和认可机制。这样从事医疗过错技术鉴定的机构就会越来越多，越来越规范和发达，对临床医师的吸引力也会更强。

即使临床医师参与司法鉴定的积极性较强，也可能存在一些困难。例如，首先，引入临床医师作司法鉴定人，势必会冲击现在的法医的利益；如果司法行政管理部门将这一变革理解为医学会对司法鉴定的"入侵"，也不会持赞同态度。而且，将临床医师引入司法鉴定之后，对这些临床医师鉴定人的管理可能存在很大困难，例如资质的认定、定期检验、违规的查处等。如果实施了这一做法，必然需要针对临床医师司法鉴定人的专门管理机构，需要大量管理人员，还需要对临床医师鉴定人的管理费用。在实践中还可能遇到其他的困难，这些困难如果不能解决，就可能造成一项看起来合理的制度无法施行。笔者希望能够有更多的学者和实务工作者共同来探索这些困难的解决办法。

三、对其他制度性建议的思考

最后，要问，"一元化"一定要在现行的两种模式中作出选择吗？还有没有其他的选择呢？

例如，为什么不在医疗纠纷诉讼中采用"专家证人"模式呢？由于我国基本采用大陆法系的设置，我国采取了司法鉴定制度。在英美法系国家中，专家证人在诉讼中的作用类似于鉴定人，尽管有所不同，但其不同正是两大法系的不同所导致的，进行事实认定这一部分的作用在两大法系中有所不同，因此才产生了鉴定人和专家证人这两种角色。在大陆法系中，诉讼的目的是为了查明真相，而在英美法系中诉讼的主要目的是保护当事人权利；诉讼中的各种程序和手段都是服务于诉讼的目的的。在大陆法系中，鉴定人的任务是辅助裁判人查明事实真相，而在英美法系中专家证人的任务是提供对当事人有利的证据。因此，司法鉴定人和专家证人并不需要同时出现在一场诉讼中，那样会出现角色的重合或者冲突以及司法资源的浪费，最重要的是可能出现认定程序上的矛盾。在我国，司法鉴定制度已经确立并且广泛适用于各类诉讼之中，如果在医疗纠纷中单独引入专家证人制度，那么会和司法鉴定制度形成冲突，形成新的"二元制"，甚至比现行的"二元制"更糟糕的局面：专家证人要取代哪一方呢，是取代司法鉴定，还是取代医学会的鉴定？不可能由医疗纠纷诉讼而废除整个司法鉴定制度，将我国的整个诉讼体系改变为英美法系的对抗制；专家证人是英美法系中的设置，它并不是一项单独的设置，要发挥好其作用必须有诸如控辩对抗模式、陪审团等设置，在我国如果要移植专家证人，就要同时移植这些设置，进而改变整个庭审模式和司法模式，这对于我国来说是不可能的，也是没有必要的。大陆法系和英美法系各有优劣，更重要的是各有其历史背景和发展过程，根植于国家的司法传统之中，并非可以轻易改换。那么，只有选择废除医学会的鉴定，让专家证人与鉴定制度并存，那么当二者出现冲突时怎么办？如果说目前的"二元制"仅仅是鉴定制度内部的"二元制"，那么，引入专家证人将会带来更大的分裂和冲突。因此，专家证人并不是解决我国医疗纠纷中技术问题认定的好办法。

还有一些人提出过设立"医事法庭"，在某些地区也已经有了实践。[①] 这与医疗过错责任一元化并不矛盾。在医疗纠纷多发的今天，设立医事法庭是完全可以的。在医事法庭内可以适用兼职医师作出的司法鉴定，即使不是医事法庭，也可以这样做。

有学者提出设立"专家陪审员"[②]，可以看到，这一提议与医疗损害技术鉴定一元化同样不矛盾。而且，在一定程度上，可以说这两种制度配套运行可能会更好。因为在大陆法系中司法鉴定的效力往往很强，被叹为司法鉴定人从法官的"仆人"变成了"主人"；鉴定的结论往往直接被法官采纳，而一旦采纳就已经在事实上决定了案件的结果和判决。因此，完全可以认为，将医疗纠纷中的鉴定权交给医方，就是将医疗纠纷诉讼的裁判权交给了医方；进而，将这项权力收走是对医方利益的重大克减。而设置"专家陪审员"作为这样一个"交易（trade off）"：将鉴定的权力从医学会手中收回，同时引入"专家陪审员"，即一方面减少医方在诉讼中的权力，在另一方面增加一些医方的权力，从而减轻鉴定制度的改革的现实推行的阻力。

当然，设置"专家陪审员"可能增加寻租风险。但必须考虑到，存在权力就存在寻租风险，法官本身就有寻租的风险，这正是司法腐败的起因，但不可能因噎废

---

① "绵阳试水'医事法庭'"，民主与法制网 http：//www. mzyfz. com/cms/benwangzhuanfang/xinwenzhongxin/zuixinbaodao/html/1040/2014 – 07 – 28/content – 1069584. html；"解决医疗纠纷 法院应设医事法庭"，《四川日报》2014 年 1 月 22 日 08 特刊，http：//epaper. scdaily. cn/shtml/scrb/20140122/52860. shtml。

② 肖柳珍：《中国医疗损害责任制度改革研究》，中国政法大学出版社 2014 年版，第 235 页。

食，取消权力。设立人民陪审员本身也增加了寻租的风险，但另一方面，它也消减了专业法官的寻租风险。陪审员本身的出现就可以给专业法官以制约，陪审员的非专业性、流动性和人数都会减少寻租的空间。同时，根据我国现行的人民陪审员制度，陪审员只能参与事实认定，不能针对法律适用发表意见和投票，这就限制了专家陪审员的权力；而且即使是专家陪审员也不可能是全职的和固定的，这就减少了寻租空间。

法律是寻求利益保护与平衡的艺术，是分权与制衡的艺术，而寻求利益博弈又要以公平公正和社会效果为原则。"专家陪审员"的设计属于另外一个问题，在本文中不能详细地进行论证和解释。如果真要实行，也需要更多的实践调查和逻辑论证，这并不是本文的重点。

结语

本文所提出的是探索性的想法，要建立新的鉴定制度，还需要诸多配套制度。不得不承认，首先，目前的二元化鉴定机制需要改革；其次，两种鉴定模式具有各自的优势和劣势，现在更合适的是寻找它们的融合，而不必完全另起炉灶。可能在紧张的医患关系中已经忧虑多多，医学界视担心，如果医学会放弃了医疗过错技术鉴定的权力，医务人员的利益甚至正常的医疗秩序都很难维护。但必须认识到，目前医患关系紧张的一大原因就是医患之间的不信任。信任的建设自然离不开道德，但制度才是最根本的保障。原本在医疗活动中医方由于有专业优势就占据优势地位，而由于医疗过错技术鉴定意见则是医疗纠纷诉讼中的决定性要素，目前由医学会把持鉴定权，这不能不说几乎把握了医疗纠纷诉讼的命脉。诉讼是权利救济最重要的途径，这样的设计不仅可能造成许多患者的权利受到损害，更会造成患者对整个医师群体深深的不信任。如果患者的利益诉求不能用诉讼的途径得到救济，一方面可能置社会的公平正义于无助，一方面可能酿成更为可怕的事件，进一步破坏医患关系，破坏医患之间的信任。医学会把握鉴定权自然可以在个案中和短期时间内维护医师群体的利益，但从长远来看，在恶劣的医患关系中没有赢家。

法律是各方利益的博弈场，但利益的博弈不等于在"丛林法则"中不择手段地争夺利益，也不是利用规则和制度不公平地保护自己的利益。医生是一个高尚的职业，这个职业需要法律的保护，但需要的是法律公平公正的保护。医疗行为关乎每个人的利益，让医师的行为在法律的阳光之下，让医疗过错技术鉴定合理、公正、透明是对这个职业根本而长远的保护，更是对每个人根本而长远的保护。

医疗损害责任纠纷中因果关系研究

——以江苏法院系统 85 份判决为样本

李晓东[*]

医疗行为属于高技术、高风险的职业领域，医疗职业的特殊性、疾病的复杂性、不可预见性以及医学技术的局限性，必然造成医疗职业具有其他职业所没有的高风险性的特点。笔者通过对 85 份裁判文书的比较研究后发现，对于因果关系的认定方面普遍存在因果关系认定笼统模糊、因果关系认定难度大、审理周期长、鉴定频繁、专家出庭率低、公信力不足、不利于事实认定的特点。

一、医疗损害责任纠纷审理中因果关系处理之现状

（一）因果关系认定模糊，"以审代鉴"现象明显

医疗纠纷中因果关系为双方争议的焦点问题，在 85 份判决中，因果关系为双方争议焦点的有 76 件。按常理，鉴定意见的证明力较高，应当对法院判决起决定性作用，但这却是以患者为代表的许多人抨击法院的原因："以鉴代审"倾向十分严重，甚至把鉴定视为判案的前置性程序，并指出：鉴定意见必须经过司法人员的审查判断，才能作为认定事实的根据，不能将它作为"科学的判决"。然而事实是，医疗损害赔偿纠纷案件审理普遍存在同情患者、就高不就低、"以审代鉴"的明显特点。同样是鉴定结果，表明医疗行为与损害结果之间不存在因果关系的情况下，存在三种不同的判决，分别为驳回 25 件、赔偿 12 件、补偿 16 件；按照鉴定意见作出判决 33 件（驳回 25 件、按照鉴定比例判决 8 件），占案件总数的 38.82%，其他 61.18% 的案件均未按照鉴定意见的比例判决，而是按照认定的比例作出了有利于患者的判决。（详见表 1）。

---

* 李晓东，南京市秦淮区人民法院审判员，E-mail：lixiaodong304@163.com。

表1　与因果关系有关案件裁判类型一览表

与因果关系有关案件裁判类型	判决数量（件）
无因果关系但补偿	16
无因果关系但赔偿	12
无因果关系驳回	25
有因果关系医方次要责任被判主责或全责	24
按照因果关系及原因力比例判决	8
合计	85

（二）鉴定有过错但无因果关系仍判决赔偿

此类案件共12件，医方存在过错有：病历书写不规范或者欠缺的3件，未尽告知义务或者注意义务的3件，对病情的发展及预后认识不足2件，存在医疗过失或者漏诊行为的4件。判决理由主要是"从过错、从缺陷"方面判决，而对于医方的过错及缺陷与患者的损害后果之间有无因果关系并无分析论证。判决未区分赔偿比例直接确定赔偿金额的为3件，分别为3万、3.5万、5万元；其余案件赔偿比例分别为5%、20%、25%、30%、45%、50%的各1件，赔偿比例是40%的为3件。判决理由很笼统，出现频率最高的词语是酌定、酌情等比较模糊、主观性较强的词语，或者不分比例直接酌定赔偿3~5万元不等的金额。

（三）鉴定有过错或无过错但无因果关系，判决补偿

此类案件为16件，其中医方未尽告知义务的为1件，存在相应的医疗过失或者过错、对病情的认识不足等医疗缺陷的为6件，其余9件无过错。此种判决类型的特点是医方补偿患者精神损害抚慰金，此次达到10件，补偿的主要理由是虽然医疗行为没有过错，但是患方有精神损害而予以补偿。总体上，分别为1万元2件，2万元4件，2.5万元1件，3万元2件，5万元1件，12万元1件；以各项损失为名进行补偿的金额为1020元、3000元、3万元、15万元各1件，1件没有补偿。值得一提的是，其中有三件虽经鉴定无因果关系，但医院仍自愿承担患者部分损失，故以自认的金额2万元作出判决。此类判决中裁判原则是"医方的过错大小及患者费用支出情况酌定补偿"，出现最多的词语也是"酌情""酌定""本案的实际情况"等，比较主观、模糊并无章法可循。

（四）鉴定轻微责任或次要责任但判决就高不就低

在鉴定意见表明构成医疗事故或者存在因果关系的情况下，判决结果亦不尽统一，与鉴定意见并不存在一一对应关系。例如，鉴定表明诊疗行为对损害结果的参与度为轻微或次要责任的为24件，但在此情形下仍然判决医方承担70%~100%的责任。其中有6件按照鉴定意见载明的责任比例予以判决，医方仍然被判承担超过

鉴定意见认定责任的达 16 件，赔偿比例为 30%、40%、70% 的较为常见，更有甚者被判承担 80%～100% 的赔偿责任。此类判决的主要特点是判决原则仍然是就高不就低；而判决医方承担比鉴定责任比例较大的赔偿责任的主要理由是鉴定意见不能作为民事侵权损害赔偿案件责任分配的唯一证据，医疗机构在事故中的过错程度，应结合案件实际情况，根据民事诉讼的归责原则进行综合认定；另外没有任何理由的"酌定""酌情"及"本案的具体情况"等仍然是判决医院承担较大的赔偿责任的常见词语；在两次鉴定意见相冲突的情况下，法院采取就高不就低的原则，对患者不利的鉴定意见要么视而不见。例如，〔2012〕苏中民终字第 688 号判决中，省市两级医学会鉴定均无因果关系，而司法鉴定有因果关系，而判决中两级法院于医学会的两次鉴定均未采纳，却只字不提不采纳的原因；要么在判决中直接言明"从保护弱势方考虑，可适当提高赔偿比例，对医方适用较高衡量标准并以此为鉴定依据"（详见表 2）。

表 2　鉴定医方次要责任被判承担责任情况一览表（24 件）

鉴定意见	判决医方赔偿比例
市、省医学会：无因果关系，司法鉴定：参与度 5%～10%	10%
参与度考虑 5%～15%	15%
轻微责任	20%
参与度 16%～44%	30%
次要责任	30%
参与度 16%～44%	30%
轻微责任	30%
次要责任	35%
次要因素	40%
次要因素	40%
次要责任	40%
市医学会：次要责任。省医学会：无因果关系	40%
次要因素	40%
存在一定的因果关系	55%
市医学会：无因果关系。省医学会：次要责任	70%
两次鉴定：次要责任	70%
医方负次要责任	70%

鉴定意见	判决比例
医方承担次要责任	70%
两次鉴定：存在因果关系	75%
医学会：术后并发症，无明确因果关系。司法鉴定：有因果关系	80%
两次医学会鉴定：轻微责任	80%
医方负次要责任	85%
不能确定患丙肝与输血有关	100%
次要因素	100%

二、审判实践中因果关系认定笼统模糊的原因分析

医疗损害赔偿责任纠纷中因果关系认定理由笼统、模糊，难免会留下司法专断的口实。笔者认为，问题的根源在于鉴定专家出庭率低，鉴定意见论证不充分，导致鉴定意见公信力低下，医疗损害责任纠纷中认定因果关系较其他侵权案件更加困难。而造成这种现象的深层次的原因则是法律功利主义及"深口袋"理论。

（一）因果关系鉴定意见问题较多

相当一部分鉴定意见表述不清、表述不严谨、缺乏论证、结论含糊，甚至缺乏逻辑性，致鉴定意见采信难。在 85 件案件中，经过鉴定程序的占 93.25%，经过市级医学会一次鉴定的为 18 件，经过市级、省级医学会鉴定的为 65 件，其中 12 件经过三次以上鉴定。经鉴定构成医疗事故或存在因果关系的占总委托鉴定案件数的 28.57%，所占比例较少。在 65 件经过两次以上鉴定的案件中，其中患方申请重新鉴定的为 53 件，所占比例为 81%；医方申请重新鉴定的为 10 件，所占比例为 15.38%；医患双方共同申请重新鉴定的为 2 件。省级医学会或者司法鉴定改变市级医学会鉴定意见的为 8 件，其余均与首次鉴定意见相一致。调查还发现，鉴定人大多不按民事诉讼证据规定要求出庭接受质询，专家经常以鉴定意见是集体讨论结果而拒绝出庭，或者以工作忙等各种原因推辞，即使出庭，也经常以"拒绝回答""无可奉告"来应付当事人发问，易使患方质疑鉴定意见的公正性。85 份判决中，鉴定人出庭接受质询仅 4 件，占医疗鉴定总数的 4.76%，这与重庆法院系统审理的医疗纠纷案件中专家出庭率为 4.7% 的调查结果出奇一致。

俗话说"知识就是力量"，但医疗诉讼中知识更是权力，患者因缺乏相应的知识，难以逾越医方的"专业围墙"。即使是代理律师，如果没有相当的医学专业知识，又有几个能看得懂如同天书般的病案？同样法官大多缺乏医学专业知识，对证据的判断也有相当大的困难。另外由于诊疗的专业性及封闭性特点，记载病情及治

疗过程的病历资料多由医疗机构制作和保管，患者往往对病历资料的真实性提出各种质疑。实际上医疗机构涂改、更换患者病历的现象依然存在；有医生坦言"在患者出院后可以复印资料前，医生大都会对病历进行检查或进一步完善，甚至对病历的某些内容进行修改，防止因工作疏忽而造成失误"。因此，在鉴定论证简单、频繁鉴定、鉴定专家出庭率低、因果关系认定难度大、鉴定意见公信力较低的情况下法院较少采信也实属必然。

总的来看，因果关系鉴定中的问题较多，具体表现为鉴定频繁、专家出庭率低、鉴定意见公信力低、因果关系认定难度大。

（二）因果关系认定标准不同致鉴定意见大多难以采信

医学鉴定与法院对因果关系的认定在判断标准方面均存在差异。虽然《侵权责任法》实施以来已将医疗过错鉴定与医疗事故技术鉴定统一为医疗损害鉴定。但医学会继续参照医疗事故鉴定程序进行医疗损害鉴定，鉴定机构亦只是在文书中将过错鉴定改为损害鉴定，其他运行程序与规范没有任何实质性改变。很多情况下，法院在参考鉴定意见中医疗机构是否存在过错，是否有医疗过失行为的基础上，仍要结合法学理论和法律规范，从法律角度重新对此过错行为与损害结果之间是否存在因果关系作出判断。鉴定人员并不具有法律知识，其判断有无因果关系往往不从侵权法中关于因果关系的法学理论出发，而是从医学的角度，围绕医疗事故的构成要件对整个医疗过程进行考量和严格的验证，往往要求医疗过失行为与人身损害结果之间存在必然的直接的因果关系，从而使医疗事故的证明标准符合极高的科学标准，这实际上是必然因果关系的判断标准。而法院则依据高度盖然性作为判断标准，且该医疗过失行为在损害结果的发生或发生的机率中起到一定作用，无论此作用的大小，均视为存在一定因果关系。两者的区别在于，前者强调结果发生的"必然性"，而后者强调结果发生的"可能性"。这也是很多鉴定意见未被法院采信的原因。

值得一提的是，根据 2013 年新修订的《民事诉讼法》规定，鉴定人出具的是"鉴定意见"而非此前规定的"鉴定结论"。由于鉴定主要是鉴定人利用自己的专门知识对某些专门问题作出的一种判断，它只是证据的一种获取途径，而非最终的结论，当事人可以提出异议或者举证予以反驳。所以修改民诉法时将原来规定的"鉴定结论"修改为"鉴定意见"。故从立法层面上反映的信息来看，也是赋予法院认定包括医学会出具的鉴定意见进行司法再次判断的权力，也就是说"以审代鉴"是有法律依据的。

（三）法律功利主义及"深口袋"理论使然

功利主义一直隐性地存在于现代法律之中，法律的功利主义为边沁首倡，为 19 世纪欧美最盛行而具影响力的学说，其一个重要观点是：法律并非理性的命令或者意志的宣告，法律好坏对错，应以"最大多数人的最大幸福是正确与错误的衡量标准"；功利原理可以用来证明其他任何事物，但它本身无法被证明。从功利主义的立场、角度出发，法院在判决案件的时候总是寻找各种理由保护患者的利益。这似乎也无可厚非，毕竟相对于患者，医院是个强势集团，多赔偿一点对其影响不大，这就进一步引申出法律上劫富济贫的"深口袋"理论，即富人的口袋比穷人的更深、更富有，从社会公正角度上看，让富人多承担责任并不违反社会正义。从经济实力上看，患者与医院相比，通常被认为是弱者，而后者拥有较多的财富。因此，我们不难理解为何在医学鉴定意见认为医疗行为与损害后果之间为次要因素、轻微因素或者不存在因果关系但有过错的情况下，法院判决普遍存在同情患者、就高不就低的现象，仍然要判决医院承担一定的赔偿责任甚至是主要责任、全部责任。法律功利主义、"深口袋"理论是此种判决的理论渊源。

三、审理医疗损害赔偿案件因果关系裁判规则的探讨

《侵权责任法》第54条规定："患者在诊疗活动中受到损害，医疗机构及其医务人员有过错的，由医疗机构承担赔偿责任。"现代侵权法以自己责任为原则，这一原则的基本要求之一就是侵权责任的成立必须以行为和损害之间存在因果关系为前提。民法上的因果关系的确定，是从已经发生的损害结果出发，查找损害发生的原因，因而具有逆反性的特点。因果关系的认定没有统一或者比较权威的理论支持，立法上出现空白和缺失，直接导致民事案件中因果关系难以认定。从自然科学角度看，对医疗损害责任纠纷中的因果关系判断至今还存在不少疑难问题。而现有因果关系理论大都以科学法则为依据，即因果关系必须依赖于人类已经掌握的科学经验得到证明，强调危害行为或者介入因素能够"合乎规律"地引起危害结果的发生，而"合乎规律"一般就是要做到自然科学上的证明。医疗损害责任中因果关系判断中的难题恰恰在于因果发展过程难以用已有的自然科学法则予以证明，如果遵循传统的因果证明原则，医疗损害责任纠纷中因果关系的成立是很少的，笔者的调查即反映了这一点，根据鉴定意见构成医疗事故或者存在因果关系的案件很少，而且85件案件中，医方均是次要因素及轻微因素，只占28.57%。

因此，在医疗损害责任纠纷中，应当引入相当因果关系理论、因果关系推定、事实自证原则，规范鉴定人出庭制度、推广远程庭审质证，从理论和法律适用上认定法律因果关系，统一医疗损害责任纠纷的裁判尺度。

（一）充分应用相当因果关系理论认定医疗因果关系

相当因果关系强调结果发生的"可能性"，即依"社会一般见解"，依一般的社会经验，认为有此可能性，即为有因果关系的发生。相当因果关系学说认为："如某事件与损害之间具有相当因果关系，则必须具备以下两个条件：其一，该事件是损害发生所必不可少的条件，即条件关系；其二，该事件实质上增加了损害发生的

客观可能性，即相当性原则。"也就是如果一个事件增加了另一事件发生的概率，两个事件之间就认为存在相当因果关系。从实践中看，在医疗损害赔偿中适用相当因果关系比较合理，首先，人体是一个由多个组织、器官、系统构成的有机整体，所谓牵一发而动全身，任何一个组织、器官、系统的变化都会影响到其他组织、器官、系统，可能会引起其他部位结构和功能的改变；其次，诊疗过程是一个复杂、综合的过程，引起损害后果的因素很多，如果强调直接因果关系或必然因果关系，不符合人体生理科学、诊疗特征，也与医疗领域的特殊性及当代法学理论相悖离，不利于对患者的保护。

对此许多地方法院的司法解释作出了明确规定，例如 2005 年上海市高级人民法院《医疗过失赔偿纠纷案件办案指南》第 13 条规定："因果关系的判断，通过直接因果关系、相当因果关系、复杂因果关系分析分别加以认定，并确定医疗过失原因力的大小。"此后不久的 2007 年《广东省高级人民法院关于审理医疗损害赔偿纠纷案件若干问题的指导意见》第 14 条规定：医疗事故技术鉴定意见认为医疗机构的医疗行为不构成医疗事故，但确认医疗机构的医疗行为存在不足、不当或过失，如人民法院认定上述过错与医疗损害存在因果关系的，可直接判决医疗机构承担医疗过错损害赔偿责任。可见，地方法院对于司法鉴定的结论并不完全采信，这里实际上就是规定采取的是相当因果关系判断。

如在李某某、陈某某诉邳州市东方医院医疗损害责任纠纷案中，2012 年 5 月患方亲属陈某某两次因高血压病、冠心病入住东方医院，经对症治疗出院后死亡。医患双方对于使用鲁米那、非那根等药物是否是导致患者脑出血死亡原因各执一词。鉴定认为患者有烦躁症状，鲁米那、非那根用于镇静，防止脑出血加重，但不利于观察患者意识状况，以了解其颅内出血的变化。诊疗过程中，仅病历记录存在不足，但与患者脑出血及最终死亡无关，诊疗行为无存在过错。法院审理后认为，在患者脑出血加重的情况下，仍然使用鲁米那、非那根不利于患者颅内出血的变化，与患者的死亡之间存在相当因果关系，故酌定医方承担 35% 的赔偿责任。可见，产生此种差异的主要原因就是在于鉴定机构是对"必然因果关系"作出的判断，而法院则是依据"相当因果关系"作出判断。

在英美法系侵权责任中将因果关系作为事实因果关系和法律因果关系进行了划分。法律上的因果关系应当在相当因果关系理论指导下，由法官依据法律法规进行判定。事实因果关系是指某一加害行为是否符合某一特定的侵权诉因的要件问题。实际上鉴定意见类似于英美法上事实因果关系，而法官依据法律法规认定因果关系属于法律上的因果关系。运用相当因果关系理论需注意的原则是加害人必须对以他的不法行为为相当条件的损害负赔偿责任，但是对超出这一范围的损害后果不负民事责任。相当原因必须是损害后果发生的必要条件，并且具有极大的增加损害后果发生的可能性，即"客观可能性"。具体到医疗损害赔偿案件中，如果诊疗行为与患者的损害之间没有达到这种客观可能性，那么医疗机构就不承担侵权赔偿责任。例如，在陆某某与常州市眼耳鼻咽喉医院医疗损害赔偿纠纷案，患者陆某某于1992年至医院输血，17年之后的2009年被确诊患有丙肝。后原告以1992年医方对其进行手术输血导致其感染丙肝为由要求赔偿。但根据卫生部的文件1992年采血时无须丙肝检测，1993年后相关部门才作出规定。

若依必然因果关系说，排除陆某某感染丙肝病毒的其他途径，那么陆某某必然是因为第一次在医院输血导致感染丙肝病毒，但仔细考察该学说在案例中的适用，是缺乏客观性的。因为从证据角度看，无法确定陆某某第一次输血的血液中含有丙肝病毒，更何况这种推定无法得到时间的检验和证据证明。医学实践中，尚有部分患者还不能明确感染途径。因输血感染丙肝的潜伏期只有2～16周，输血后感染丙肝一般是在6个月，可推定为有因果关系，而原告所称潜伏期长达17年，可见其患有丙肝与输血之间无因果关系。

（二）推定因果关系规则的应用

医疗损害责任的特殊性之一是医疗资讯在争议双方之间处于完全不对等的状况，在这种场合确定因果关系，应当适用举证责任缓和规则，有条件地适用因果关系推定规则。因果关系推定是英美法系国家以社会一般观念或医务人员诊疗行为异常为条件，并非所有医疗损害赔偿案件都适用。因果关系推定是认定医疗过失的一种客观标准，即采纳同行业医学专家的意见作为标准，只要医生的行为符合同行业的医学专家在通常情况下的作为标准，医生就不存在过失。如其行为有违法或违背诊疗常规的情况，从行为本身便可推论出其对损害结果发生的可能性能够预见。

例如，王某与徐州市第六人民医院医疗损害赔偿纠纷案，2007年9月10日，王某因"右胫骨上段粉碎性骨折"入住徐州六院并当日行"切开复位、钢板螺丝钉内固定术"，病案显示断裂钢板为9孔右金属特殊型钢板，而被告在庭审中却坚持断裂钢板为7孔钢板。王某术后一直未能恢复，经诊断为：右胫骨骨折，术后骨不连伴钢板断损。法院审理后认为：被告的陈述及其提供的后来找到的钢板合格证与诉争病案中记载的钢板孔数、断裂钢板的批号均无法核对一致。由于被告不能证明医疗行为不存在过错及与原告的损害后果无因果关系，故应推定医疗行为存在过错及与损害后果之间存在因果关系。

再如在黄某与启东医院医疗损害赔偿纠纷案中，黄某在启东市人民医院行剖宫产手术，在为黄某做常规的盆腔探查时，发现其两侧卵巢均长有肿瘤。医方在向黄某的父亲告知黄某体内长有肿瘤后，为黄某行右侧卵巢切除术＋左侧卵巢肿瘤剥除术＋成形术。鉴定认为，卵巢良性肿瘤治疗原则是，对于年轻或未孕妇女，如是单侧卵巢良性肿瘤，可行卵巢切除术或肿瘤剥除术，如双侧卵巢应尽可能行肿瘤剥除术，以保留卵巢功能。手术本身并无原则错误，但对术后卵巢功能预见不足。法院审理后认为，医方在黄某愈后医嘱中没有作出卵巢手术后的注意事项及药物替代体内激素的相关医嘱交待，对黄某的愈后产生不利后果，因此，医方对其侵权行为所导致的后果应当承担相应的民事赔偿责任，终审判决医方承担各项损失合计15万元。可见本案中可以推定医方的行为不符合同行业的医学专家在通常情况下的作为标准，医方存在过失。

（三）运用生活常理事实自证原则确定因果关系

"事实本身说明过失"原则又称"事实自证原则"，它是美国证据法中的一项原则，指事实本身能够达到证明的目的或作用，那么负有举证责任一方不再举证来说明证明的对象。医疗机构及其医务人员负有的注意义务，都必须是善良管理人的注意义务甚至是高于该注意义务的高度注意义务的标准，违反者即为有过失。是否尽到了善良管理人的注意义务即是否有过失，应当依客观标准判断。这个客观标准，就是医疗卫生管理法律、行政法规、部门规章和诊疗护理规范，特别是医疗卫生管理的部门规章、诊疗护理规范，是判断医疗过错的基本依据。事实自证原则的采用则会降低原告的证明责任，允许法官在被告无法说明致损原因时进行过错推定，从而保护患者的权利。作为一种重要的间接证据形式，它只具有过错推定的效力，在被告无法举证证明其医疗行为不存在过错，或无法举证证明患者的损害是由其他原因造成时，就推定存在过错，因而应对患者的损害承担赔偿责任。

医疗侵权案件中的有些问题的确不需要鉴定，如周某等与鼓楼医院医疗损害赔偿纠纷案，2010年9月27日23时43分许，患者王某某到鼓楼医院急诊中心就诊，2010年9月30日患者手术后，于20时许被送往ICU病区继续治疗，在患者死亡前的23：50到00：20之间，除护士外，没有医生抢救患者。被告称当时主治医师管理多位病人，只是暂时离开而去照顾其他病人而已，而且对患者也进行了多项抢救措施，造成患者死亡系其自身因素造成。法院审理后认为，医方在当日夜23：50至10月1日凌晨00：20之间抢救现场虽有相关设施设备，但缺乏医护人员。医方称医生还要处理所管理的其他患者，该解释有一定合理因素，但相对于正处在病危抢救过程中的患者而言，其更应受到审慎对待甚至优先处理，这也应是被告在内部科室设立ICU的目的之一，故应承担相应责任。

再如谭某某等与青山泉卫生院医疗损害赔偿纠纷案，2012年1月8日，滕某某在家中因糖尿病症突发呼吸困难，经电话求救，卫生院派一辆救护车（车上仅司机一人）将滕某某拉至卫生院进行了抢救，经抢救无效死亡。原告认为因急救车上未配备医疗设施配置及医护人员，无法对患者采取必要的急救措施，延误了最佳抢救时机，导致抢救无效死亡。法院审理后认为，涉案车辆上设置急救车标志且安装了急救警灯，执行任务时未完成与其职能相对应的紧急救护任务所需的必要医疗设施配置及医护人员保障，无法对病重的滕某某及时实施急救措施，故应承担相应的赔偿责任。

（四）规范鉴定人出庭制度推广远程庭审质证

应当规范鉴定人出庭制度，鼓励鉴定人通过远程庭审方式出庭质证，解决质证难题，公开鉴定过程及理由，便于法院采信及当事人服判息诉。远程质证具有低成本、操作简单等特点，对解决鉴定人出庭难问题具有实现意义，也可减少鉴定人直接面对双方当事人时出于顾虑其人身安全不敢直言的情况，是规范鉴定人出庭降低诉讼成本的有效措施。应当鼓励在征求双方当事人同意的情况下由鉴定人通过远程视频出庭质证。《最高人民法院关于民事诉讼证据的若干规定》第 56 规定：经人民法院许可，证人可以通过双向视听传输技术手段作证。这也为证人通过远程"出庭"作证提供了法律依据。当然在医学鉴定的采信方面还应着力培养复合型法官，建立专业审判队伍；对于复杂医疗损害责任类案件，倡导当事人各自提供医学专家专家辅助人；加大对鉴定人的人身保护力度及完善鉴定人出庭质证的经济补偿制度也是鼓励鉴定人出庭质证的有效措施。

结语

在医疗损害责任纠纷中，期望在因果关系认定上能够构建一个一致标准的努力已经被证明是徒劳的，在因果关系问题的研究上，一个正确的态度似乎应该是在一个相对合理的一般性标准的基础上，通过对案例的比较将案例类型化，从而探讨其适用的具体方法，维护该一般标准适用的妥当性，并进而在个案中达致符合正义的运用。应摒弃那种在判决中因果关系认定上以"酌情""酌定"等笼统模糊词语代替分析论证的专断做法，引入相当因果关系理论、利用因果关系推定、事实自证原则，规范鉴定人出庭制度、推广远程庭审质证，从法学理论和法律适用上准确界定把握法律因果关系，构建和谐健康的医患关系。

医疗纠纷中病历真实性
司法认定问题探析

张　广*

　　病历的真实性认定对查明案件事实、委托医疗鉴定、分配举证责任和裁判案件结果都将产生直接影响，在审理医疗纠纷案件时，法院如何科学高效地认定病历证据的真实性，并且根据认定结果依法对医疗纠纷案件的走向作出处理，是每一位审理医疗纠纷法官的重要课题。

一、问题的引出——瑕疵病历相关判例引发的思考

　　【案例一】雷某由于摔伤前往被告医院就诊，由于被告治疗不当，致使原告伤口感染并发骨髓炎。双方商定委托北京华大方瑞司法物证鉴定中心进行鉴定，听证时将封存病历开封后，原告对病历的真实性、完整性提出异议，书面申请中止鉴定，故鉴定机构将此案退回法院。而后被告对原告所提出的病历的真实性、完整性以及如果病历真实性、完整性有欠缺是否影响对医疗过错进行鉴定等申请司法鉴定。先后确定中国法医学会司法鉴定中心、法大法庭科学技术研究所和北京市红十字会急诊抢救中心司法鉴定中心进行鉴定，但这些鉴定机构均以委托鉴定事项超出司法鉴定业务范围为由未接受委托。最终，法院以病历真实性、完整性存有疑义无法进行医疗过错鉴定、被告方病历确实存在一定瑕疵为由，判令被告败诉。①

　　【案例二】陈某诉军区总医院案，被告医院申请医疗事故鉴定，并提交了原始病历和主观封存病历各一册，作为鉴定材料。原告同意进行鉴定，但在病历质证中，原告认为病历存在多处篡改、伪造之处，对病历的真实性提出异议。原审法院依据原告的要求，对其认为病历中的不实之处进行逐一注释并记录在案后，原告同意以

　　* 张广，男，毕业于北京中医药大学医事法学专业，2012年7月进入北京市门头沟区人民法院，现为北京市门头沟区人民法院民事审判第三庭法官助理，主要负责该院医疗纠纷案件的司法辅助工作，所著论文曾荣获北京市第二十六届学术论文研讨会优秀奖、文章多次刊登在《健康报》《医师报》《北京日报》《工人日报》《中国卫生人才》等报刊杂志上。联系方式：61868805/18612083276；E-mail：uull5566@ foxmail. com。
　　① （2010）民通初字第06274号判决书。

此作为鉴定资料。后又以病历系虚假病历为由，不同意依据该病历进行鉴定，导致鉴定无法进行。一、二审法院均以原告无法证明病历不真实，导致无法查明案件事实为由，驳回原告诉讼请求。①

【**案例三**】患者谭某因医院护理行为不当导致褥疮，后经转院治疗后死亡。该案中，因被告未能提交由其保存的谭某住院期间完整的病历原件（原件 19 页，仅提供 2 页），且原告方对病历复印件的真实性不予认可，法院就瑕疵病历对医疗过错鉴定是否有实质性的影响书面咨询了中国法医学会司法鉴定中心，该中心复函认为谭某在万明医院的病历为此案鉴定的重要依据，仅凭现有材料无法进行鉴定，一审法院判决由被告承担无法查明案件事实的败诉后果，二审维持原判，再审时医院提供了全部病历材料，裁定发回重审。②

【**案例四**】陈子菁诉安徽省立医院案是最高检第一起抗诉的医疗纠纷案件，曾引发 99 人次全国人大代表提请再审。该案一审期间，司法部司法鉴定科学技术研究所作出"书证审查意见书"，建议由法院对病历真实性问题调查取证。经审理，省高院终审驳回原告诉讼请求。2006 年，最高检会同安徽省检决定抗诉。抗诉理由：（1）国家级司法鉴定单位认为有伪造或篡改嫌疑的病历未查清真伪。（2）违反诉讼法规定，不让原告方查阅、复制原始病历。（3）以病历复印件作为定案依据。（4）合肥中院委托做司法鉴定时，隐匿 16 页病历未送检。（5）开庭审理后，5 张有可能影响审理结果的病历原件消失。该案经最高院指定再审，最终以 20 万赔偿调解结案，最高院联络办最终以公函形式将处理结果答复全国人大。③

通过上述四则案例可以看出，医疗纠纷中对患者病历真实性异议的司法认定，将对医疗鉴定、证据认定、举证责任、判决结果以及公信力产生重大影响。病历真实性认定在司法实践中存在认定主体不清、举证责任分配不明、认定病历真实性结果处理不一等诸多实务问题。

二、困局的原因：真实性异议高发及司法认定之困局

（一）异议多发的现实原因

1. 医院方面：无法完美的病历——现实中病历失真的难题

实践中，不符合《病历书写基本规范》（试行）的病历，违反医院管理制度的病历书写等现象比较普遍。由于医疗行为的专业性和特殊性，病历记录需要随着患者病情变化而更改的，如手术记录、需要在手术后的规定时间内补写。同时，现行

---

① （2010）二中民终字第 7365 号判决书。

② （2013）一中民再终字第 04989 号裁定书。

③ "脑瘫患儿为何难讨公道——对合肥市一起医疗损害赔偿纠纷案的调查"，载人民网，http：//www. people. com. cn/GB/news/8410/20020818/802228. html，2013 年 6 月 24 日访问。

的医院管理做法存在疏漏，如实习医生代签签名、未按书写规范进行违规修改等情况普遍存在。

通过对海淀法院近三年的医疗纠纷案件进行抽样统计，发现 374 个病历瑕疵异议，归纳为以下 14 个具体类别（如图 1）。[1]

病历本身属于诊疗过程与结果的专业性记录，无法绝对地还原历史的医疗过程。病历本身的特殊性，导致病历瑕疵问题难以杜绝，引发患者对病历真实性的合理怀疑。

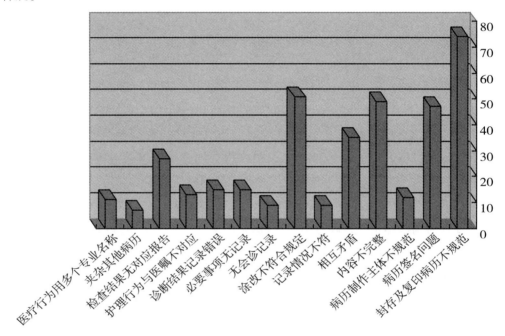

图 1　2009～2012 年海淀法院医疗纠纷中病历瑕疵统计图

2. 患者方面：医患双方的失衡——合理怀疑或诉讼技巧的必然选择

（1）病历占有的不平衡。病历证据材料的持有始终具有单方性特点，按照规定[2]住院病历一般由院方单独持有，门急诊病历则按照医疗机构是否建立档案，分别由院方或患方单独持有。以住院病历为例，根据《条例》规定[3]，患方有权复印客观病历，主观病历则出于对医学治疗手段和经验的保护，不向患者提供。医院只

———————————

[1]　陈昶屹："关于 2009 年—2012 年医疗审判中医方服务瑕疵情况的统计分析"，载《司法前沿》2012 年第 4 期。

[2]　《医疗事故处理条例》第 8 条"医疗机构应当按照国务院卫生行政部门规定的要求，书写并妥善保管病历资料"以及第 28 条第 5 款"在医疗机构建有病历档案的门诊、急诊患者，其病历资料由医疗机构提供；没有在医疗机构建立病历档案的，由患者提供"。

[3]　《医疗事故处理条例》第 10 条"患者有权复印或者复制其门诊病历、住院志、体温单、医嘱单、化验单（检验报告）、医学影像检查资料、特殊检查同意书、手术同意书、手术及麻醉记录单、病理资料、护理记录以及国务院卫生行政部门规定的其他病历资料"。

将主观病历提供给法院，证据交换时患方才能取得全部病历副本，这些原因都让患者对病历的真实性产生不信任。

（2）医学知识上的不平等。医疗行为具有专业性，患者通常不具备医疗专业知识，在医学知识上存在严重的不平衡，对病历书写、病历内容和医学知识等方面缺乏了解①。病历作为一种专业性较强的医学证明文书，由医疗机构制作并保存，并由医疗机构向法院提供，并且依据该项证据进行鉴定。在现实中随着患者病情的进展、医生的治疗过程以及现存病历管理制度疏漏等原因造成病历确实存在被修改的情况。正因为患者医学知识上的局限性，导致患方易因为病历瑕疵对病历真实性产生合理怀疑。

（3）规避过错鉴定的诉讼技巧。《侵权责任法》实施之后，虽然"双轨制"已转化为"并轨制"的鉴定模式，在实践中、司法鉴定机构与医学会均可以作为过错鉴定的主体，但由于医学会鉴定的公正性饱受争议，司法鉴定的临床医学性受到怀疑，所以患者往往通过对病历真实性的否定来规避对己方不利的鉴定程序甚至鉴定结果。患方往往是通过对病历中存在的瑕疵来否定全部病历的真实性，以拒绝使用全部病历或者拒绝将瑕疵病历排除而使用剩余病历进行过错鉴定。

（二）司法认定困局的多元化因素剖析

1. 认定主体的模糊不清——鉴定机构与法院认定责任尚未厘清

在以上案例中可以看出，有的法院将病历真实性的认定委托专业司法鉴定机构，该做法并不合法。认定病历真实性的主体究竟是谁？让我们来依据法律的规定厘清法院于鉴定机构的职责。根据《医疗事故技术鉴定暂行办法》的规定，禁止医学会鉴定病历是否真实，患方主张病历不真实时鉴定机构将终止鉴定，医学会并不承担病历真实性的认定责任。依据《司法鉴定程序通则》规定，委托人应当向鉴定机构提供真实、完整、充分的鉴定材料，并对鉴定材料的真实性、合法性负责；司法鉴定机构对于鉴定材料不真实的鉴定委托不予受理，在鉴定过程中发现鉴定材料不真实的可以终止鉴定。事实上，《通则》明确了对病历材料真实性的认定责任属于委托方。司法鉴定机构对存在异议的鉴定材料也不予鉴定。根据《民事诉讼法》的规定，人民法院应当按照法定程序，全面地、客观地审查核实证据。证据的真实性、合法性和关联性认定（即证据的"三性"问题）属于法院对证据属性认证的法定职责，所以对于病历真实性的认定问题归根结底是由人民法院进行认定的，鉴定机构可以通过专业化手段协助法院认定相关专业问题。

2. 案件审理的理性选择——法官在病历真实性认定中的难言之隐

（1）病历真实性认定将造成案件审理时间延长，耗费审判资源，影响结案率。

---

① 马军、温勇、刘鑫：《医疗侵权案件—认定与处理实务》，中国检察出版社 2006 年版，第 116 页。

且除司法精神病鉴定外，其他司法鉴定的时间计入审限，法院审查认定证据的时间亦是计入审理期限的，故真实性认定必然会影响审限，耗费一定程度的审判资源，影响月均衡结案数。容易出现法院将病历真实性认定责任委托鉴定机构，以避免审限延长。但病历真实性极易引起当事人对鉴定结论的质疑，从而引起重新鉴定或补充鉴定，最终造成审理时间超长，重复性浪费大量审判资源，给当事人造成严重诉累，甚至会引起恶性伤害事件①。

（2）病历真实性异议可能导致无法鉴定、无法查明事实的情况，法官面临着上诉和发改的压力。由于病历真实性异议可能会导致医疗鉴定的终止，最终导致医疗纠纷无法进行鉴定，一审法官顾及与二审法院就案件的鉴定与否问题有认识差异，导致案件被发改②。为保险起见，即便一审法官依据病历真实性认为案件不需要鉴定，考虑到二审可能认为需要鉴定而发回重审，搁置病历真实性认定，先行委托医疗鉴定，实为不得已而为之。

（3）法官缺乏专业医学知识，对病历材料的综合型审查存在盲区。目前，设有专门审判医疗纠纷的审判庭（组）的法院较少③，审判人员内部具有医学或者医事法学背景的法官以及医疗纠纷专家型法官数量较少。法官对专业医学知识存在局限性，而病历真实性认定不仅仅是真伪之辨，更多的需要法官通过对病历材料的整体分析，还原案件事实，判定何种瑕疵和伪造篡改的行为将对该案产生实质影响，这个心证过程本身需要认定诸多具有医学和法学意义的实体问题。

三、微观建构——病历真实性认定的基本原则和具体规则

针对医疗纠纷和病历证据的特殊性，笔者从病历真实性认定程序中的基本原则和具体规则两个方面，着重对认定的基本程序、举证责任的分配、认定的具体规则以及不同认定结果对案件的影响进行了探析。

（一）衡平与心证：医疗纠纷中病历真实性认定的基本原则

1. 举证责任衡平原则

举证之所在败诉之所在，病历真实性的异议可能会导致鉴定终止，事实无法查明，此时举证责任的分配显得至关重要。根据民事诉讼法的规定"当事人对自己提出的主张，有责任提供证据"，患方应当对提出病历真实性异议承担举证责任，但

---

① 王宝洺诉同仁医院案，因医患双方对病历的真实性问题有较大争议，多次开庭，历经三年案件仍未进入实质审理阶段，最终导致王宝洺砍伤同仁医院医生徐文的恶性伤害案件。"无解诉讼——同仁医院砍医案的沉重问号"，载《南方周末》，2011年10月。

② 西城区法院民一庭2007年审理医疗纠纷类案件中有关数据的统计及审理中的普遍问题的分析和对策，第10页。

③ 以北京法院为例，海淀、西城、朝阳法院设置了专业审判组，北京其他区县法院内部均有审判医疗纠纷案件的专职法官。

是这种举证责任受到医患双方在病历材料和医学知识占有不平衡的影响，根据"举证责任减轻理论"①，患方只应承担"初步证明责任"，即通过对病历的瑕疵提出合理异议，并且对提出的病历真实性异议的原因足以使法官产生合理怀疑即可。这种初步证明责任证明标准就是产生高度盖然性和可能性。此时，法官要对患方提出的异议进行判断和甄别，对确有合理怀疑的部分要求医院作出合理解释，合理解释可以消除合理怀疑则仍然由患方承担举证责任。相反按照《侵权责任法》的规定，举证责任将转移至医院方，医院方可以申请进行文检鉴定证明，若举证不能则承担败诉风险。

2. 综合印证原则

病历材料是按照一定规则形成、富有逻辑、前后相互印证、对患者实施诊疗全过程的专业性记录②。伪造、篡改、后补、隐匿部分病历材料都会造成前后记录矛盾、违反逻辑常识等病历问题。法官判断证据的过程本身就是一个主观对客观的认识过程，法官在自由心证的过程中需要依据诚信原则、逻辑和经验法则加以判断证据③。同一医疗事实在病历中一般由不同主体在不同时间进行多处记录。如患者死亡时间可参考手术记录、护理记录、死亡通知书、病程志、心电图数据、太平间工作记录等。对上述材料一般通过以下原则进行审查：一是异议的病历部分与客观医学文书不一致，如医学影像材料、电子医学仪器检查单等，首选客观医学文书。由于此类证据一定程度上排除了人为记录的可能，可信度高于人为记录。二是法官可通过其他病历记录对该异议的病历进行印证审查。如判断是否修改诊断结果，可依据病历中的具体医嘱及用药清单等加以印证。

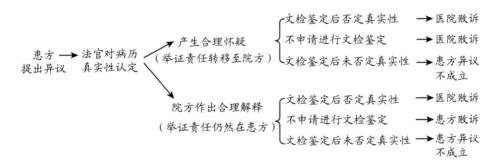

图 2　举证责任分配流程图

①　［德］普维庭、陈刚："关于证明责任的话题"，见陈刚主编：《比较民事诉讼法》（2001～2002年卷），中国人民大学出版社2002年版，第218页。

②　马军、温勇、刘鑫：《医疗侵权案件—认定与处理实务》，中国检察出版社，2006年4月版，第172页。

③　参见沈志先著：《民事证据规则应用》，法律出版社出版，2010年5月版，第38页。

图3　病历真实性认定程序图

（二）区分与关联：法官在认定病历真实性中的基本规则

1. 认定规则一：区分病历瑕疵类型

在认定病历瑕疵是否属于伪造篡改之前，面对当事人提出的各项病历瑕疵，应当先合理区分瑕疵所属的不同类型，提前对其分类、筛选，作出初步认定。笔者认为，病历瑕疵区分可大致分为两步。首先可将病历区分为书证、物证和电子数据三类①，便于使用不同种类的认定规则。其次区分为形式瑕疵、实质瑕疵和无关瑕疵三种，形式瑕疵如签名问题（代签、漏签）、涂改等病历表面形式上存在问题的瑕疵，实质瑕疵如记录与实际情况不符、检查缺乏依据等病历实体内容上的瑕疵，无关瑕疵是指瑕疵的出现完全对该病历真实性不发生影响的瑕疵。诸如由于管理疏漏在患者病历中夹杂其他患者的病历，完全可以排除该份证据，并且夹杂其他患者病历并不能直接否定该患者其他病历的真实性。

区分原则的目的在于分别处理不同类型的病历瑕疵，对于形式上的签名、涂改、记录后补等形式瑕疵问题可以委托进行文检鉴定（笔记、墨迹等司法文书鉴定），加以确认真实性。对于涉及医学实体内容的实质性瑕疵则需要征求医学专家、鉴定机构的意见，判断瑕疵是否与争点性问题存在关联。对于无关瑕疵，法官可直接加以排除，并将认定理由告知当事人。

2. 认定规则二：判断与案件争点的关联性程度

并非存在病历瑕疵即可否定病历的真实性，是否存在伪造、篡改的情况需要进行文件鉴定确认，但文件鉴定之前应当对病历瑕疵与本案争点的关联性做必要分析，并征询相关专家及鉴定机构的意见，若病历瑕疵与争点问题无关，则不会对医疗鉴定和案件产生实质影响。但病历瑕疵或者确定伪造、篡改的病历部分关系到案件或

---

① 《病历书写基本规范》第1条"病历是指医务人员在医疗活动过程中形成的文字、符号、图表、影像、切片等资料的总和，包括门（急）诊病历和住院病历"。

者医疗行为的争点问题时，则将导致无法进行医学鉴定。案件争点是指涵盖当事人在诉讼标的、事实与证据以及法律适用上的争议焦点，对案件的处理结果产生实质性影响的核心问题[1]，结合医疗纠纷而言，医疗纠纷的争点即影响医疗纠纷案件处理结果的具有医学或法学意义的核心问题[2]。以下从形式瑕疵和实体瑕疵两个方面分析与争点问题关联程度对认定结果的不同影响：

（1）形式瑕疵与争点性问题关联与否，直接影响病历的真实性认定。形式瑕疵与争点问题无关，并不影响鉴定机构对医疗行为的过错与因果关系（案件争点）进行鉴定，存在的瑕疵可加以标注或者排除后交由鉴定。如签名瑕疵，病历中存在签名记录缺少医师签名，或者存在代签的情况。患方诉诊疗行为存在过错，则上述瑕疵与案件争议问题无必然关联，则可直接对诊疗行为进行鉴定。若患方提出手术知情同意书中缺少签名或伪造签名，主张院方侵犯患者知情同意权擅自进行医疗行为造成损害。则该瑕疵与案件争议的问题存在关联，需要通过笔迹、墨迹等司法鉴定判定签名的真实性，若为伪造、篡改则必须要求院方作出合理解释，承担举证责任，举证不能时可直接依据过错推定原则作出判决。

（2）实质瑕疵与争点问题关联与否，同样影响病历真实性认定，法院可依据实际情况分别处理。与争点关联的实体瑕疵直接影响到该案核心问题的认定，有可能直接导致全部病历材料因关键部分病历丧失真实性而无法使用。例如，患者诉医院手术治疗错误，病历中血检报告显示存在贫血（红细胞值少于正常标准），但诊断中未载明贫血，院方后补病历记载中度贫血，建议使用抗贫血治疗的内容。虽然后补病历可以通过鉴定或院方自认丧失真实性，但该病历内容不影响本案争议性的问题手术治疗行为，仍可在排除该部分病历后对手术行为进行医疗鉴定。

伪造、篡改与争议性问题有关的病历部分，将导致无法鉴定，核心问题无法查明。法官需依据病历真实性问题与争点的关联程度作出不同处理。若病历真实性问题直接可确定争议的过错与责任时可直接加以判决。如患方起诉医院延误治疗导致患者死亡，该案中关键性问题为发病时间和诊疗时间。在病历中护理记录发病时间、首次医嘱下达时间、B超确诊时间、抢救时间、心电图呈像时间等前后出现多次矛盾，并经文检鉴定确定多处存在篡改，由于认定医院是否存在延误治疗过错的关键性问题所在病历真实性被否定，无法通过鉴定查明事实，可依据《侵权责任法》规

---

[1] 参见邱联恭：《争点整理方法论》，三民书局2001年版，第79页。

[2] "核心问题"含义，是指医患双方所直接争议的事实，如医疗行为的过错与因果关系，患者的损害程度等。

定推定医院过错。但如患者起诉院方药剂过量造成患者损害，关键性问题为用药剂量。病历中用药记录的 400ml 被医院涂改为 200ml，而 400ml 已超出正常用药剂量时，无需通过医疗鉴定可直接作出判决。

四、宏观建构——病历真实性司法认定的"六力模式"

笔者认为针对医疗纠纷和病历真实性认定的特殊性，在现有的法律和司法解释的框架内，从庭审程序前、庭审程序中和庭审程序外对相关法律制度加以完善，提出"六力模式"（如图4），从宏观层面对当前病历真实性认定加以建构。

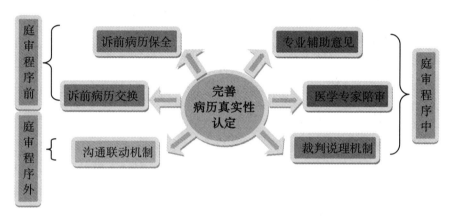

图4 病历真实性司法认定的"六力模式"

（一）病历真实性认定庭审程序前的制度完善

1. 完善病历证据的诉前保全

目前，虽然《医疗事故处理条例》规定了病历的封存程序①。但现有的病历封存，仅由患方向医院提出封存要求，医患双方根据《条例》规定进行病历的确认、查验和封存，并无公正的第三方介入，并且封存后仍然由医院一方保管，极易引起患方合理怀疑。病历作为医疗纠纷中最为重要、关键且不可替代的证据，具备《民事诉讼法》关于申请证据保全的条件。笔者建议，患者可向人民法院提起诉前保全程序，由法院、患方、医方共同对全部病历进行查验、封存，并开列证据清单。病历证据的特殊封存与保全是保证病历真实性和证明力的前提，可以有效地避免患方合理怀疑②。

---

① 《医疗事故处理条例》第16条规定"发生医疗事故争议时，死亡病历讨论记录、疑难病历讨论记录、上级医师查房记录、会诊意见、病程记录应当在医患双方在场的情况下封存和启封。封存的病历资料可以是复印件，由医疗机构保管"。

② 马军、温勇、刘鑫：《医疗侵权案件认定与处理实务》，中国检察出版社，2006 年 4 月版，第 183 页。

2. 完善庭前病历证据交换

如前所述，病历材料在占有上的不平衡，以及在医疗纠纷中医院方常以涉及医生智力成果拒绝向患方提供主观病历副本。对此北京高院的指导意见具有一定借鉴意义。《关于审理医疗损害赔偿纠纷案件若干问题的意见》第 8 条规定："当事人对病历资料及其他进行医疗鉴定所需的材料的真实性、完整性有异议的，应当由人民法院先行组织当事人举证、质证。人民法院应根据举证、质证的具体情况进行审查，确有必要的，应告知当事人申请文件检验。经文件检验确认后，人民法院方可委托进行医疗鉴定。"病历证据完整的交换和复制是实现医患双方平等诉权的前提基础。建议在证据交换中法院要求医院提供全部病历材料副本，并允许患方采用拍摄和移动介质复制等方式交换病历材料。

（二）病历真实性认定庭审程序中的制度完善

1. 探索"具有专业医学知识的人"介入制度

根据《民事诉讼法》第 79 条的规定[①]，具有专门知识的人可代表一方就专业性问题向人民法院提出意见。病历真实性异议涉及医学专业知识、法学知识等，引入具有医学专业知识的人就病历真实性问题提出专业意见，可以引导当事人从更加专业、理性的角度提出病历真实性异议，有助于法官克服专业知识盲区，便于全面、科学地认定病历的真实性。

2. 探索建立医疗纠纷合议庭引入医学专家陪审员制度

医疗纠纷审理过程中，法官在病历证据认定时要凭借自身有限的医学知识作出判断。法官因其知识结构的局限性，一定程度上影响了医疗纠纷的公正审理。若将病历真实性认定交由一组具有临床医学、医学伦理学、医院管理学知识背景和工作经验的裁判人员进行，邀请医学专家陪审员。一来弥补合议庭法官医学知识的局限，二来增加认定的客观性和公正性[②]。

3. 加强法院裁判活动的说理力度

法官对病历证据自由心证过程的公开，有助于消除当事人的合理怀疑，加强裁判结果的公正性[③]。笔者认为裁判说理应体现在案件处理的各环节当中，法官需要对病历真实性证据的认定意见、处理理由和适用的法律法规等方面加强说理。一方面，规范判决书，着重对认定过程和理由以及处理结果进行分析。另一方面，法官

---

① 《民事诉讼法》第 79 条 "当事人可以申请人民法院通知有专门知识的人出庭，就鉴定人作出的鉴定意见或者专业问题提出意见"。

② 陈昶屹："关于 2009 年~2012 年医疗审判中医方服务瑕疵情况的统计分析"，载《司法前沿》2012 年第 4 期。

③ 沈志先著：《民事证据规则应用》，法律出版社出版，2010 年 5 月版，第 40 页。

要在庭审活动中对当事人双方释法说理，增强司法公信力。

（三）病历真实性认定庭审程序外的制度完善

应充分发挥沟通联动机制的积极作用。病历瑕疵问题与医院管理漏洞有关，注重规范病历管理工作，源头预防病历瑕疵的产生，有助于减少医疗纠纷中因病历瑕疵导致真实性异议。法院可以与相关医院建立长效联动机制。邀请医院人员旁听医疗案件审理，邀请医学专家担任人民陪审员，针对病历真实性问题发送司法建议等，从"源头预防"与"末端治理"两个方面积极发挥法院的作用。

结语

如上所述，病历真实性认定困局具有深刻和复杂的原因，通过在实务中总结归纳的病历真实性认定基本原则及规则，在现有框架内对认定程序实现多元完善，有助于法官在医疗纠纷中妥善处理病历真实性认定问题。限于篇幅的原因，仅从上述角度论述了该问题，希望能够起到抛砖引玉的作用，以期能为解决这一司法实务难题提供一些有益启示。

中国再生医学进步促进条例立法研究

——基于干细胞疗法"报喜不报忧"现象之分析

黄清华*

干细胞在细胞治疗、组织器官修复、发育生物学、药物学等方面都已显示出巨大的发展潜力，是近年来生命科学基础研究与临床应用中进展最为迅速的领域；值此之故，以干细胞治疗为核心的再生医学（regenerative medicine）[1]，将成为继药物治疗、手术治疗后的另一种疾病治疗途径，从而成为新医学革命的核心。[2] 然而，在中国大陆，这场新医学革命正面临提供干细胞疗法因急功近利而"报喜不报忧"的严重干扰，[3] 不仅影响患者医疗安全或临床试验安全，而且妨碍中国大陆干细胞治疗及其研究水平的提升，必须引起科学界、医学界和法学界的重视，并在伦理、经济、管理和法律等干细胞相关软科学方面破解，做到良法善治。建议在中国大陆《科学技术进步法》的框架下，制定、实施"再生医学进步促进条例"。下文通过剖析提供干细胞疗法"报喜不报忧"这种反科学现象，探讨这一条例立法的必要性和主要内容。

---

* 黄清华，英国谢菲尔德大学法学博士（法律与医学方向），中国综合开发研究院（中国脑库）特聘研究员，首都医科大学"高层次人才队伍建设计划"讲座教授，中国政法大学医药法律与伦理研究中心兼职研究员。研究方向：（科技、卫生）治理与法治、（国际）民商法与知识产权。E-mail：huangqinghua188@163.com。

① 再生医学，概念上有广义和狭义之分。广义的再生医学，研究如何促进创伤与组织器官缺损生理性修复，以及如何进行组织器官再生与功能重建。它通过研究机体的正常组织特征与功能、创伤修复与再生机制及干细胞分化机理，寻找有效的生物治疗方法，促进机体自我修复与再生，或构建新的组织与器官以维持、修复、再生或改善损伤组织和器官功能。狭义的再生医学，指利用生命科学、材料科学、计算机科学和工程学等学科的原理与方法，研究和开发用于替代、修复、改善或再生人体各种组织器官的定义和信息技术，其技术和产品可用于因疾病、创伤、衰老或遗传因素所造成的组织器官缺损或功能障碍的再生治疗。从外科学的发展历程来看，医学在先后经历了三个"R"阶段，即切除（resection）、补救（repair）和替代（replacement），如器官移植之后，组织工程学的出现，意味着外科学已经进入"再生医学"的新阶段，即第四个"R"。

② 详见科技部《干细胞研究国家重大科学研究计划"十二五"专项规划》。

③ 黄清华："干细胞治疗如何'安全科学'"，载《中国科学报》2012年4月28日。

一、失范的干细胞疗法"报喜不报忧"

当前中国大陆相关机构提供的干细胞疗法，从合法性的角度可分为两大类：一是基于干细胞治疗研究的目的提供试验性干细胞疗法（学名为干细胞技术临床转化研究和临床试验），本文称之为"干细胞治疗研究"；二是以营利为目的非法提供干细胞疗法。相应地，"报喜不报忧"也各有其表现。

（一）仅涉及伦理问题的"报喜不报忧"

这一类的"报喜不报忧"主要发生于干细胞治疗研究中。研究者有合法资质，对干细胞（试验性）治疗临床观察的报告，形式上仍按临床医学研究报告传统范式的要求撰写，有的发表于中文医学学术刊物，其本身的科学性问题不大：其一，这类报告详细叙述了临床过程，尤其是细胞来源、移植途径、观察和评价方法等，对于读者来说，具有可重复性；其二，这类报告大多以干细胞移植前后患者客观的生理、生化和病理指标对比作为判断依据，具有一定的可信性。如"同种异体脐带血间充质干细胞移植治疗中枢性疼痛 1 例报告"，[1]"脐血间充质干细胞移植对脑性瘫痪儿童神经系统功能的影响：20 例分析"，[2] 等等，大体算得上科学研究报告。

但是，如果从安全科学和临床医学研究伦理来看，这类报告也存在两个问题：其一，大多数只报告"有效"或者"效果好"的案例，少见"无效"或者"效果差"的案例，有关并发症、毒副作用、不良事件的报告，则更为少见。干细胞疗法已知的并发症、毒副作用有脉管阻塞、热原反应、急性感染、败血症、急性毒性、内出血、变态反应和移植性肿瘤等。[3] 这类报告与干细胞疗法的实际情况不尽相符。其二，有的报告所作结论过于仓促，不是基于对疗效、并发症、毒副作用和不良反应的长期跟踪观察作出。这一类"报喜不报忧"是科学研究上急于求成的反映，不利于对各种干细胞疗法机理的深入研究，妨碍干细胞技术临床转化研究服务于人类健康的目标。

对此，国际干细胞研究学会（ISSCR）《干细胞临床转化指南》主张："干细胞研究结果的报告必须基于科学的研究。研究的失败、副作用、缺乏显著的疗效等信息都必须得到诚实地公开。患者群体也必须遵守同样的信息公开标准。"[4] "研究者不应误导公众对干细胞治疗的期待，并诚实地面对风险、伤害和成功几率等严肃问

---

[1] 肖礼祖、熊东林、朱宏骞等："同种异体脐带血间充质干细胞移植治疗中枢性疼痛 1 例报告"，载《中国组织工程研究与临床康复》2007 年 15 期。

[2] 吴芳、杨佳勇、张敏："脐血间充质干细胞移植对脑性瘫痪儿童神经系统功能的影响：20 例分析"，载《中国组织工程研究与临床康复》2008 年 16 期。

[3] 详见张磊："干细胞治疗的机会窗口（三）"，中国科学院科学博客文章。For details，see UKSCI. UK Stem Cell Initiative：Report and recommendations，pp. 21 – 26.

[4] 建议第 36 条。

题。公开讨论必须透明、准确、包容、互动，并具有批评性，维护社会公正性。"①
从法理的角度来说，这些伦理建议可视为干细胞临床转化研究的底线性要求，为保
护病人（受试者）安全所必须，属于任何相关机构和人员都应当并且能够遵循，而
且法律上也可认定和操作的基本规则。因此，可采取立法措施，制定《再生医学进
步促进条例》（以下简称《条例》）来落实这些科学伦理建议。

从科学研究的角度来说，针对这类"报喜不报忧"现象，应当尽可能地采取符
合临床流行病学和循证医学的试验设计方法，并且加强治疗研究的伦理指导和合
规性。

（二）涉及伦理和法律问题的"报喜不报忧"

这一类的"报喜不报忧"现象，发生于那些以赢利为目的违法违规提供干细胞
疗法的过程中。某些商业性干细胞疗法网站登载的"治疗实例"，就是这类现象的
典型表现。这一类"科技"信息，基本上无科学性可言，不仅涉及相关伦理问题，
而且涉及医疗广告和互联网信息管理法律问题，以及合同、侵权和医事法律责任问
题；少数情节严重、恶劣的，可能还构成犯罪。

1. 涉及医疗广告和互联网信息管理的法律问题

以下是所谓的"干细胞科学网"一篇关于"干细胞治疗肝硬化"的"病例报告"。

"李某，男，36 岁，吉林省台安县人。作为一名长途货运司机，长年在外奔波。
在一次跑长途的路上，突然出现大量呕血的症状，生命垂危。同伴急忙把他送到某医
院消化内科，经积极抢救，李某转危为安。住院期间经检查，发现他患有肝硬化，蛋
白较低，腹水较多，是肝功能失代偿期，消化道出血就是其并发症之一。李某在住院
期间得知医院能通过肝脏干细胞移植治疗肝硬化，但因家境贫困，无法支付医疗费而
出院。回家后，李某状况一直较差，乏力、食欲不振、腹胀，已经不能再干长途货运
的工作，几乎不能干重活。为求治疗，李某卖了自己的平房，并在哥哥的帮助下，再
次来到医院消化内科，于 2006 年 02 月 22 日进行了肝脏干细胞移植。移植过程顺利，
之后通过定期复查肝功，发现蛋白基本恢复正常。李某自述症状明显缓解，现在又可
以出外开车，打工赚钱，养家糊口了。"②

类似这样的干细胞治疗"病例报告"，不仅毫无科学性可言，而且是"用短时的
疗效来不恰当地提升患者的期望以推销干细胞治疗"③，"利用患者的期待心理，在不
具备充分的科学依据、缺乏透明度、没有监控机制，以及对患者利益缺乏保护措施的
情况下，向患有严重疾患的患者推销昂贵的所谓新型有效的干细胞疗法"，④ 从根本上

---

① 建议第 35 条。
② 见于所谓的"干细胞科学网"上的匿名宣传文章："干细胞治疗肝硬化"。
③ 详见《干细胞临床转化指南》第二部分"关于未经证实的干细胞商业治疗的立场的前言"。
④ 同上。

违反了从事干细胞治疗有关临床活动的基本伦理准则，在名利的诱惑中，未能坚守"诚信、良心、科学和责任"的伦理原则。

这一类"报喜不报忧"现象，折射出中国大陆少数干细胞相关机构和人员不仅没有履行那些应当并且能够履行的伦理义务，而且以积极作为的方式，违反中国大陆相关法律、法规和规章的禁止性规定。例如，登录"干细胞科学网"，不难发现它其实是有关干细胞疗法的网络商业广告，其中，"病例报告"信息，是不折不扣的虚假疗效宣传，应可认定违反《广告法》第3、4、5条的规定、《互联网信息服务管理办法》第15条第（9）项的规定，以及《医疗广告管理办法》第7条的规定，属于工商行政、卫生监督监管的提供虚假医疗信息、虚假商业宣传的行为，应当受到工商行政或卫生行政处罚。

2. 涉及合同、侵权和医事法律责任问题

从民法和医事法的角度分析，这些做法实为提供虚假信息诱导患者签订干细胞治疗合同，其本质是剥夺患者知情的同意权利，损害患者的人身权利和财产权利。通过这种方式签订的干细胞治疗合同，根据中国大陆《合同法》第6条、第9条、第42条第2~3项、第52条第5项和第54条第2~3款的规定，国务院《医疗机构管理条例》第27、33条的规定，卫生部《医疗技术临床应用管理办法》[①] 第7条第3款、第8条以及该办法附件的规定，依医疗机构是否已经取得相应的干细胞治疗研究资格，可分别按可撤销合同或无效合同处理：取得提供相应的干细胞治疗研究资格的，依照患者的请求可按可撤销合同处理；无研究资格提供干细胞疗法的，应一律按无效合同处理，返还患者的全部治疗费用。患者知情同意的权利受到侵犯并在治疗过程中出现不良后果的，基于合同责任与侵权责任竞合的法理，可依据中国大陆《侵权责任法》相关规定（请求）处理。

例如，浙江金华市29岁的洪某患1型糖尿病多年，受驻上海某医院报喜不报忧的网络医疗信息的诱惑，2010年7月5日到该医院接受干细胞移植手术，即通过静脉输入脐血干细胞。该医院网站称"干细胞治疗中心利用异体脐血干细胞移植治疗糖尿病……95%以上的患者效果明显，摆脱了对胰岛素的依赖"。[②] 手术后医院未安排住院观察，洪某独自离开。7月6日，洪某出现头晕和恶心的症状，当日下午来医院要求住院，医院对洪某进行留观，但未做任何检查。症状仍未缓解的洪某于7月7日上午离开医院，准备赶回老家金华治疗，途中病情加重，被送往杭州武警医院重症监护室。7月9日晚，洪某因脑组织大面积死亡而去世，"死因至今成谜"。[③]

---

① 卫医政发〔2009〕18号。
② 戴廉、于达维："干细胞黑市：干细胞移植疗法缺乏监管难保安全"，载《新世纪周刊》2011年03月14日。
③ 同上。

在这一案例中，死因不明指的是患者脑组织大面积死亡究竟是如何形成的，与提供的干细胞疗法到底有没有事实上或医学上的因果关系，科学上尚不完全清楚。这可能成为当事医院要求免责的理由。然而，在法律上，当事医院有义务提供证据证明这两者之间没有因果关系，医院如果不能提供有效证据证明这一点，法律上应当推定这两者之间存在因果关系，医院须承担侵权损害赔偿责任。这一观点，有其法理根据：

其一，当事医院陷入举证不能。当事医院既然声称干细胞疗法治疗糖尿病是一项成熟的治疗技术，就应当对此承担举证责任，不仅证明干细胞移植手术治疗糖尿病的机理、可能的并发症、后遗症和其他毒副作用，而且证明患者脑组织大面积死亡与其提供的干细胞治疗没有事实上或医学上的因果关系。可以肯定的是，当事医院做不到这一点，因为生命科学和再生医学现有的科学证据都不支持这一说法。

其二，当事医院存在不作为过失。当事医院对洪某移植术后的处理过程表明，院方对患者的安全利益缺乏必要的保护措施，如术后未做留观处理，在洪某出现头晕和恶心症状返回医院留观的过程中，又未做任何检查。这些不作为不仅导致未能及时发现洪某干细胞移植术后出现的不良反应，而且错过了治疗和抢救时机，与患者死亡有法律上的因果关系。

其三，当事医院提供虚假医疗信息，可认定为重大过错。其中一点，就是在术前的咨询阶段，报喜不报忧，未能提供细胞移植疗法对糖尿病客观的疗效和临床风险等方面的信息，故意误导患者接受还处于科学研究阶段的干细胞治疗。[①] 根据中国大陆相关法律，应当如何认定当事医院术前咨询阶段报喜不报忧与患者接受干细胞移植术后死亡的关系，是否可以认定这两者之间存在因果关系，有待司法实践解决。按英国法，这两者之间可以认定为具有因果关系。[②] 这是因为，两者之间经得起"要是没有"的侵权责任法因果关系判定的实质要素公式的检验。

提供干细胞疗法中的失范、失序、失德，甚至违法侵权现象，中国大陆自2012年上半年以来采取了多种行政和舆论措施进行整顿，[③] 取得了一些成效，但是难以从根源上进行控制。某些干细胞疗法商业网站中的虚假信息依然存在，一些研究机构擅自将实验室结果应用于临床试验，所提供的细胞质量和安全性并未得到评估；更有甚者，某些医疗机构通过宣传干细胞治疗糖尿病、心脏病吸引患者，收取高额治疗费用，却仅仅是把人体血细胞抽出再回输，不仅无法达到治疗目的，有的还造成健康危害，给患者增加新的伤病；某些美容机构宣传提供干细胞美容服务

---

① 详见中华医学会糖尿病学分会2010年12月发布的《关于干细胞治疗糖尿病的立场声明》。

② Chester v Afshar（2004）All ER（D）164.

③ 2011年12月16日卫生部和国家食品药品监督管理局联合发布《关于开展干细胞临床研究和应用自查自纠工作的通知》（卫办科教函〔2011〕1177号），迄后又依据《执业医师法》《医疗机构管理条例》等法律、法规开展执法检查；与此同时，《人民日报》和《南方日报》等中央和地方党报作了大量揭露性报道。

可"使青春永驻"，输注后患者却出现皮肤肿胀变硬，严重者甚至患上红斑狼疮等。

这些涉及伦理和法律问题的"报喜不报忧"，不仅给接受干细胞疗法的患者带来人身财产损失，而且在国际、国内都对大陆科学界和医学界造成严重不良后果。例如，2009 年 5 月 14 日和 2012 年 4 月 14 日，国际顶级科学期刊《自然》（Nature）两次以头条文章对中国大陆某些医疗机构提供干细胞疗法的做法表达严重关切，甚至直接"质疑中国干细胞治疗的安全性"。①

二、提供干细胞疗法应喜忧兼报

干细胞疗法虽然被认为是最有治疗前景的技术，但是，国际上近几年关于干细胞疗法的安全性研究显示，干细胞治疗存在致癌性和致畸性等多种安全问题。② 这是因为全身应用的细胞有可能在体内持续存在或增殖，从而带来额外的毒性问题。外源细胞注入宿主细胞的长期后果仍是未知的。为此，科学家仍在致力于研究如何控制干细胞的发育，以确保其生长发育符合患者身体需要，而不是危害患者健康。③

请看 2009 年底外国科学家一则"大脑注射干细胞患童未愈反长瘤"的报道：④ 患儿所患"共济失调毛细管扩张"，是一种非常罕见的致命性遗传疾病。该病导致大脑病变恶化，逐渐丧失运动功能，并引起免疫系统失调，常发传染病和癌症，患者通常在 20 岁左右死去。本例患童 9 岁、10 岁和 12 岁时，父母带他在莫斯科一家诊所接受了三次婴儿胚胎干细胞注射治疗，细胞注射进了孩子的大脑和脊髓，以此期望生长出健康的脑部细胞。

患儿回到以色列后病情恶化，严重到只能靠轮椅行走，且常常出现剧烈头疼。2006 年，在特拉维夫的一家医疗中心检查后发现，男孩脑部和脊髓中出现肿瘤且正在大量生长，经手术去除肿瘤并做病理检查，确认肿瘤是由注射进身体的干细胞导致的；而且，由于病孩免疫力低下，他的身体只能任由肿瘤细胞生长。对此，宾夕法尼亚大学的干细胞科学家埃尔哈特博士提醒说："干细胞不是药品，它们可能以各种方式发生改变，其安全性仍需要等待进一步验证。"⑤

这则关于干细胞疗法可造成移植性肿瘤的报道，提醒我们各种干细胞治疗（研

---

① For details, see David Cyranoski. Stem-cell therapy faces more scrutiny in China, Nature,（2009）. 459。"〈自然〉：中国出台干细胞疗法措施　但收效甚微"，残剑编译，载《中国科学报》2012 年 4 月 17 日生物科学版。

② 编辑部综述："干细胞研究的新阶段"，载《生物医学工程与临床》2009 年第 6 期。

③ 郑晓春："以色列科学家研究称：胚胎干细胞疗法安全性研究亟待加强"，载《科技日报》2009 年 2 月 23 日国际版。

④ 同上。

⑤ 同上。

究）临床活动的规范性和安全性是何等重要。从机理上来说，对肿瘤与干细胞的关系，科学界在下列问题上仍不清楚，需要深入研究[①]：（1）干细胞是否具有向肿瘤组织的"定向归巢"作用；（2）干细胞是否为众多肿瘤的起源细胞；（3）干细胞是否会帮助肿瘤形成伴生血管；（4）干细胞可否被肿瘤"说服"而"同流合污"；（5）干细胞是否为肿瘤生长提供微环境或营养因子；（6）是否干细胞的个别基因变异就可以转变为肿瘤；（7）干细胞免疫抑制作用是否为肿瘤的帮凶；（8）干细胞是否通过携带肿瘤病毒传播肿瘤；（9）干细胞规模化应用后是否会引发前所未有的肿瘤及其他怪异疾病发生；（10）……

鉴于此，对提供干细胞疗法必须慎重。为此，应当重视和加强各方面的安全性、规范性管理和相关研究，弄清可能存在的潜在危险及其干预措施。对于患者，无论何种原因"接受"干细胞疗法，都应当尊重其知情同意的权利，如实告知干细胞疗法的"新颖性、试验性和相关风险"[②]，做到喜忧兼报。这样才能维护公众对以干细胞治疗为主的再生医学的信心，更好地发挥其潜在的巨大医学价值。

以上说明，加速再生医学发展的一项重要方法，就是对同行、对患者客观报告观察所得，做到喜忧兼报，以便获得真实的数据和公众的信任。这就是为什么"报喜不报忧"成了当前中国大陆提供干细胞疗法和影响再生医学发展的主要生命伦理问题，并由此产生在制度建设上如何规范和促进再生医学健康发展等新的法学问题。这些问题已经成为影响中国大陆提供干细胞疗法安全性的重大障碍。

三、立法治理"报喜不报忧"

提供干细胞疗法中的"报喜不报忧"之所以会成为相关机构的一种普遍现象，除了社会大环境的因素外，中国大陆干细胞和再生医学软科学跟不上硬技术的发展，没有形成一个有利于干细胞基础和转化研究的制度机制和人文氛围，也是重要原因。[③]

近几年，再生医学的重要性已经引起中国大陆相关决策部门和科技人员的高度重视。2006 年在北京举行的第 264 次香山科学会议[④]上，中国大陆主要组织工程、干细胞研究中心的学术带头人以及临床学家、生物学家、生物医学工程专家和社会科学伦理学专家等 41 位科学家，以"再生医学"为主题专门讨论了中国大陆再生

---

① For details, see UKSCI. UK Stem Cell Initiative: Report and recommendations, pp. 13 – 19. 详见《干细胞临床转化指南》的引言部分。Lesley N. DeRenzo, 'Stem Cell Tourism: The Challenge and Promise of International Regulation of Embryonic Stem Cell-Based Therapies', 43 Case W. Res. J. Int'l L. 2011, 857 – 879.

② 详见《干细胞临床转化指南》第六部分临床研究。

③ 黄清华："'干细胞治疗'乱象需良法善治"，载《中国科学报》2012 年 6 月 9 日。

④ 香山科学会议是由科技部（原国家科委）发起，在科技部和中国科学院共同支持下于 1993 年正式创办，以基础研究的科学前沿问题与我国重大工程技术领域中的科学问题为会议主题。

医学研究的重点、发展方向、需要解决的重大学科问题以及需要达到的主要目标等议题。与会者比较关心在开展再生医学研究中可能涉及的伦理学问题，并指出要特别注意长期效应和可能的不良反应，主要是干细胞安全性和定向分化的问题。多位专家强调，与传统医药几千年历史和化学制药几百年历史相比，再生医学中的某些治疗方法，如干细胞治疗、生物产品治疗、基因技术以及组织工程技术等的发展历史仍是很短，只有几十年或十余年。因此，在这么短的时间内要确切评价一种治疗方法需要持更加慎重的态度，使这种治疗方法更具科学性，切实保障病人的生命安全。会议认为，要重视立法，伦理规范要与国际接轨。会议指出，在这个问题上我们的意识是落后的，做得还不够，呼吁管理部门应出台相应的伦理政策、法规。

2012 年 11 月 29 日，中国科学院学部科学道德建设委员会与中科院生命科学和医学学部常委会共同举办的"2012 科技伦理研讨会"上，来自干细胞科研医疗前沿的诸多专家表达了共同的忧虑——法律缺失，让干细胞治疗中的不端行为威胁了正当的干细胞科学探索。①

根据这两次会议的精神，本文认为，必须从伦理、经济、法律、安全技术和公共管理等方面采取综合措施，营造一个更好的提供干细胞疗法的社会环境。建议在中国大陆现行《科学技术促进法》的框架下，将这些措施统一于一部《再生医学进步促进条例》（以下简称《条例》）。其主要目的，是促进干细胞治疗研究的发展，保障干细胞疗法及其研究的安全性。为此，条例应当包含下列主要内容。

（一）明确中国化"干细胞医学创新"的伦理和安全准则

条例应当允许并规范正式临床试验之前合理地尝试新型医学疗法。首先需要规定相应的伦理守则，确认"干细胞医学创新"与利用未经证实的干细胞治疗牟利有着严格的区别。

在正式的临床试验之前，允许达到一定技术标准的医院和医生为部分患者提供创新的干细胞医疗服务，但其前提是应当遵循 ISSCR《干细胞临床转化指南》第七部分"干细胞医学创新"所列出的八项伦理和安全准则。其中，最重要的是有关于该创新医疗措施的书面治疗方案，并应包括以下内容：（1）该医疗措施有可能成功的理论根据，包括这种措施的安全性和效用上的临床前证据；（2）解释与现有（常规）治疗措施相比，为什么应尝试所建议的干细胞疗法；（3）提供所移植的细胞符合细胞制备与生产标准的完整特征分析；（4）描述细胞使用的途径，包括配伍的药物、制剂、手术措施；（5）临床追踪和数据收集的计划，以评估细胞治疗的效果和副作用。

---

① 2012 年科技伦理研讨会报道："干细胞科研医疗亟待法律规范"，载《科技日报》2012 年 12 月 8 日第2 版。

这一核心伦理原则，在中国大陆需要制定条例将其上升为一项法规原则，以便将正式的临床试验之前的干细胞"创新医疗服务"纳入规范与监管，避免患者的绝望心理被利用、公众对干细胞研究的信任受到损害，从而有利于开展合理设计的干细胞"创新医疗服务"和临床试验，保护真正的"干细胞医学创新"，从而促进再生医学的发展。

（二）建设有利于发展干细胞疗法的经济机制

条例应当规定，除中国大陆医学界已经列入常规治疗方案的极少数疗法（如骨髓移植治疗白血病）外，提供干细胞疗法的所有做法，包括正式临床试验之前合理地尝试新型疗法和正式的临床试验，均不得向患者以任何名义收取任何费用。这是治理干细胞疗法"报喜不报忧"的根本措施，既可以从经济动因上取缔以营利为目的非法提供干细胞疗法的现象，又可以净化"干细胞治疗研究"的科研环境。为此，条例需要明确支持建设可持续的"干细胞治疗研究"的经济机制，作为制定相关技术—经济政策的法律依据。

《英国干细胞倡议：报告和建议》（UK Stem Cell Initiative：Report and Recommendations）主张整合各种公、私研究基金，确保英国作为干细胞转化和临床试验研究的一个（全球）中心；未来十年（2006～2015）内干细胞临床和转化研究的经费，政府应提供与英国干细胞基金会（UK Stem Cell Foundation，UKSCF）向社会募集所得相匹配的资金，并通过 UKSCF / 医学研究理事会（MRC）合作管理；卫生部（The Department of Health）必须确保兑现承诺增加的研发（R&D）资源，确保这一时期在国家卫生服务（NHS）体系内充分的干细胞临床研究试验所需的成本。[①] 英国政府采纳了这些建议，作出了支持 UKSCF / MRC 联合新方案以支持干细胞转化和临床试验研究的决定。[②]

从长远来看，中国大陆需要借鉴上述英国做法建立国家或省级干细胞治疗研究基金会（公益事业法人）。这就需要制定条例授予它向公众募集干细胞转化和临床试验研究资金的权利；根据募集情况，政府提供配套资金形成每年的干细胞治疗研究资金，并通过干细胞治疗研究基金会与中华（或省）医学会分配、管理年度研究资金，形成有组织的干细胞治疗研究。

（三）设计并落实获得患者知情同意好的做法

向受试者客观地、明确地说明参与干细胞"创新医疗服务"或干细胞治疗临床试验的潜在好处和可能的副作用，是否有可供选择的其他治疗方法，不夸大干细胞疗法潜在的疗效，努力减小患者对该疗法不正确的期望，通过交流发现并减少风险。

---

① For details, see UKSCI. UK Stem Cell Initiative：Report and recommendations, p. 8.

② For details, see (UK) Government response to the UK Stem Cell Initiative report and recommendations.

"知情同意书必须着重指出细胞治疗的新颖性、试验性和相关风险。"

"知情的同意"，意味着必须是充分的知情和有效的同意。为此，应当获得患者的自愿同意，让这些患者了解该治疗方法的安全性和疗效尚未得到证实，在此基础上，患者明确表明他们理解该治疗所带来的可能损害和利益。这意味着必须理解、遵守中国大陆《侵权责任法》的相关规定，尊重、实现和保护不同人群（未成年人、智力障碍者或丧失意志者）的知情权和同意权。

鉴于《侵权责任法》有关医疗风险告知义务规定的可操作性还需要提升，上述事项，也需要在条例中明确。建议参考欧洲议会（European Parliament）、欧盟理事会（European Council）2004 年人体组织和细胞研究和应用母指令（the parent Directive）① 和英国 2004 年人体组织法（Human Tissue Act 2004）关于知情同意原则的分类规定，② 设计中国大陆干细胞"创新医疗服务"或临床研究获得患者知情的同意的好做法。

（四）加强伦理干预确保进行风险—效益分析

令人信服的安全性与疗效的临床前证据，是进行临床试验的前提条件，保证不用短时的疗效来诱导患者的期望，并且采取一切可能的措施，最大限度地减少干细胞疗法所产生的可能的副作用；受试者的选择过程也可能影响研究的风险与效益。③

鉴于此，需要在条例中规定如何采取伦理干预措施，如规定必须吸收科技伦理专家参与干细胞"创新医疗服务"或干细胞治疗研究，听取其意见确保进行必要的风险—效益分析；评估的事项应包括但不限于：（1）所用细胞的生物学特性；（2）这些细胞的制备是否遵守了合适的生产标准；（3）提供细胞疗法前，必须评估安全性与疗效的动物或其他模型的临床前数据；（4）任何短期、中期以及长期疗效检测过程中的初步安全性临床数据；（5）研究细胞增殖和（或）肿瘤发生的风险，以及可能的未知风险。④ 条例应当明确，应有科技伦理专家参与临床研究设计，包括可能的副作用、并发症和不良反应的应对措施，尽可能增加受试个体利益和社会群体利益，实现风险最小化、结果分析最大化。

（五）强化患者安全监督与副作用报告

除了规定干细胞疗法提供者必须的专业资格（干细胞疗法服务合同主体资格）外，条例还应当规定下列事项：

（1）除极少数常规细胞疗法外，提供干细胞疗法都必须设计独立监控计划，收集有关安全性和监督过程的真实数据；在同行评审委员会要求的情况下，提供累积

---

① For details, see The parent Directive2004/23/EC.
② For details, see Part 1 of Human Tissue Act 2004 .
③ 详见《干细胞临床转化指南》第 6 部分"临床研究"。
④ 详见《干细胞临床转化指南》第 6.2 部分"同行评审的标准"。

的更新数据，包括完整的副作用报告和连续性的统计分析。

（2）对所有接受干细胞疗法的患者做必要的留医观察，监测治疗可能产生的毒副作用和并发症，并且随访观察对受试者或接受服务者长期健康的影响，包括对可能的肿瘤的治疗，报告可能的副作用，并保护其健康信息的私密性。

（3）制订必要的商业保险计划、对疗法引起的损害的赔偿计划，以保证必要的经济或医疗资源用于解决患者参与研究或治疗活动可能出现的纠纷。

（4）受试者退出研究的过程应当有序进行，并考虑其生理与心理的安全。鉴于移植的细胞产品有可能长期存在，而且考虑到干细胞治疗的实验性质，应当对患者进行长期的健康状况监控，疗法提供者应为此提供额外的安全机制。

（5）明确干细胞疗法虚假信息的认定和处理办法。

（六）规范研究结果的发表

条例需要明确，临床医生与临床科学家应当承诺应用他们对患者个体的了解来推进特定知识的传播，包括：（1）保证获得系统的、客观的结果；（2）向科学界提供和交流结果的计划，包括负面的结果和副作用，以便同行审评，如向专业会议投送摘要，或在专业杂志上发表结果；（3）在尝试少数患者后及时转向正式的临床试验。[①] 通过法律措施促进细胞临床转化研究的透明度，保证有效的并有竞争力的干细胞疗法的研发，并用来避免未来的临床试验中不必要的伤害。

英国《人体组织法》规定，肯定和否定的结果以及治疗的副作用，都应当发表，并对严重不良事件实施强制报告。出现下列任一后果的，为严重不良事件或严重的药品（细胞产品）不良反应或突发性的严重不良反应：（1）死亡；（2）危及生命；（3）需要住院或延长住院时间；（4）持续或明显的残疾或丧失工作能力；（5）先天性异常或出生缺陷，应在规定的时间内报告人体组织当局。[②] 英国的这一做法，值得中国大陆借鉴。

为保证科学信息的完整，条例应当推进干细胞疗法最高标准的职业操守，规定研究者或疗法提供者，在向大众媒体、患者组织或患者推介自己的研究或疗法之前，应当先在专业的科学会议或同行评审的科学杂志上发布其方法和前期研究结果。

（七）建立公共治理型监管机制

中国大陆关于干细胞疗法监管的思路，仍然停留在干细胞技术专家们对卫生部与国家药品监督管理局的权限之争。[③]。这种行政（执法）监管机制，已经被证明并将继续被证明效果不尽如人意。未来的发展方向应当是建立类似于英国干细胞疗法

---

① 详见《干细胞临床转化指南》第 6.4 部分"研究结果发表"。

② HTA. Report an SAE, SAR or SUI.

③ 尹振茂："干细胞监管不妨奉行'拿来主义'"，载《证券时报》2012 年 6 月 18 日。

监管机构——人体组织管理局（HTA）的公共治理型监管机制。

对提供干细胞疗法，公共治理型监管机制有两大特点：其一，混合型执法。人体组织细胞执法与细胞产品执法既分开又合作，实行必要的联合执法；其二，人体组织细胞执法因涉及大量公共伦理问题而有必要实行公共治理型监管，因为解决公共伦理问题的最好办法就是让各种利益相关人知情并参与决策。所以，HTA 是由卫生部发起的有执行权的非政府部门公共机构（Executive Non – Departmental Public Body，ENDPB）。[①] 它与传统行政执法的主要区别在于，其决策层理事会成员由业内外人士组成。业内人士，即专业成员来自与 HTA 职能相关的医疗和科研背景，业外人士则来自广泛的社会领域，带来了商业和公共部门的经验，从而能够保障专业利益、行业领域与公共利益的平衡。可以预期，通过条例建立这样的执法机制，能在相当的程度上改善执法的公正性进而提高其权威性。

以上是作者基于病人安全目标和干细胞治疗技术发展的要求，参考 ISSCR《干细胞临床转化指南》的设计和英国政府及 HTA 的做法，针对中国大陆提供干细胞疗法存在的主要伦理和法律问题提出的七个方面的建议。采纳和实施这些建议的方式，可考虑制定再生医学进步促进条例，促进和规范干细胞和再生医学研究和临床应用。

结语

胸怀（科技）强国梦，中国大陆政府对干细胞（治疗）研究及转化应用一向提供宽松的社会环境，[②] 原因之一是担心严格的监管不利于生命科学、生物技术和再生医学发展。

从英国有关人体组织细胞的立法和执法情况来看，英国并没有因为对人体组织细胞应用行为进行法律监管，导致其在干细胞和再生医学技术领域处于被动或落后地位；相反，研究显示，系统、规范的组织细胞安全和质量制度和标准，为英国干细胞研究和治疗技术的发展提供了良好的外部环境。[③] 其关键点在于监管机构的决策机制，以及监管机构之间、监管机构与研究协调机构（如英国的医学研究理事会，MRC）之间的运作协调机制。[④] 这对如何设计我国有关干细胞研究和转化应用法律和监管框架，弥补监管空白，促进再生医学发展进步，具有重要的启示意义。本文正是基于上述理念，对中国大陆干细胞与再生医学立法问题作了必要探讨。

再生医学进步促进条例立法设想若能实现，条例若能通过，有可能会成为世界上首部关于促进再生医学健康发展的法规。

---

① Human Tissue Authority, schedule 2, Human Tissue Act 2004.
② 张磊："干细胞治疗的机会窗口（二）"，参见于中国科学院科学博客。
③ HTA. Ann Smith. HTA. research, regulation of research.
④ HTA. Impact of legislation and Human Tissue Authority regulation on research.

完善我国医疗机构管理省级立法的法学思考[*]

程雪莲 杨 洋 李孺睿^{**}

1994 年 9 月 1 日，国务院和卫生部颁布了《医疗机构管理条例》（以下简称《条例》）和《医疗机构管理条例实施细则》（以下简称《细则》），这标志着我国对医疗机构的管理进入以国家法律强制力保障其管理权实施的法制管理新阶段。① 此后，全国多数省市区根据这两部上位法，结合当地实际情况，制定了地方医疗机构管理办法。② 笔者拟通过对我国医疗机构管理省级立法的现状进行整理，对完善我国医疗机构管理地方立法提出建议。

一、研究背景

2013 年，重庆市第四届人大常委会将《重庆市医疗机构管理条例》列入年度立法项目，启动了对此部已施行 13 年的地方性法规的第一次大幅度的修订工作，希望通过修法来弥合该部立法与上位法、医改政策及医疗机构管理实践之间的冲突。在为期 18 个月的立法过程中，起草小组收集了国家层面相关法律法规（含文件）204件，各省市（含县级）关于医疗机构管理立法 48 件；赴云南、广西实地调研了两地的医疗机构管理立法；在重庆市内进行了覆盖各级各类医疗机构、各区县卫生行政部门及社会民众的密集调研，召开座谈会 30 余个；公开征求社会意见 3 次；人大审议 4 次；2014 年 8 月 1 日该部立法最终得以通过。回望此次艰苦的修法过程，笔

* 本文系重庆市科学技术委员会决策咨询与管理创新重点项目（cstc2014jccxB0038）阶段性成果。
** 程雪莲，女（1977 -），重庆市卫生和计划生育委员会保健处副处长，主要研究方向为民商法、行政法、卫生事业管理，E-mail：63813663@qq.com。杨洋，重庆医科大学公共卫生与管理学院。李孺睿，重庆邮电大学法学院。

① 王岩："医疗机构管理条例的立法意义及适用范围"，载《中国卫生法制》1994 年 3 月 8 日。
② 目前关于医疗机构管理的省级立法主要有不区分资本性质、医保性质和区分资本性质、医保性质两种主要模式。前者如北京、上海、重庆等 26 省市，后者如四川、北京等 8 个省市制定的城镇职工基本医疗保险定点医疗机构管理办法，浙江、云南等 4 个省市制定的新型农村合作医疗定点医疗机构管理办法，福建、天津等 4 个省市制定的社会医疗机构管理办法。鉴于后者数量较少，且多以省级卫生厅（局）规范性文件形式发布，因此，本文讨论的重点是不区分资本性质、经营性质、医保性质的，可普遍适用医疗机构管理立法。

者认为在医改纵深推进，卫生行政部门职责不断厘清的现阶段，认真梳理医疗机构管理现行立法与上位法及医疗机构管理实践不相统一之处，并逐步启动相关立法的修订工作，才能真正做到十八届四中全会提出的"实现立法和改革决策相衔接，做到重大改革于法有据、立法主动适应改革和经济社会发展需要"，才能为医改的深入提供法治保障。鉴于目前我国医疗机构管理立法主体过于多元、立法层级普遍较低，本文仅探讨省级层面的立法。

二、我国医疗机构管理省级立法基本情况

截至 2015 年 4 月，全国除港澳台外的 31 个省市区中，26 个省市区制定了医疗机构管理立法。其中地方性法规 3 个，占 11%；省级政府规章 18 个，占 69%；省级卫生厅（局）制定的规范性文件 5 个，占 20%。26 个省级立法中，废止的有 3 个，现行有效的 23 个；平均章节数 6 章，平均条文数 53.17 条，平均立法年限 11.9 年。可见，为贯彻落实《条例》，各省市区纷纷制定下位法成为过去 20 年间医疗机构管理的主流，但立法主体多元、立而不修的现象突出。（详见表 1）

表 1　各省市医疗机构管理立法情况统计表

序号	名称	立法主体	最后更新时间	章节数目	条文数目
1	《湖南省实施〈医疗机构管理条例〉若干规定》	湖南省卫生厅	1994 年 11 月 14 日公布	未分	10
2	《山东省〈医疗机构管理条例〉实施办法》	山东省卫生厅	1995 年公布	10	117
3	《山西省〈医疗机构管理条例〉实施办法（试行）》	山西省卫生厅	1995 年 2 月 1 日公布	未分	38
4	《江西省医疗机构管理条例实施办法（暂行）》	江西省卫生厅	1995 年 5 月 28 日公布	8	109
5	《北京市实施〈医疗机构管理条例〉办法》	北京市卫生局	1995 年 7 月 1 日公布	6	70
6	《安徽省实施〈医疗机构管理条例〉办法》	安徽省人民政府	1995 年 8 月 8 日公布	8	51
7	《宁夏回族自治区医疗机构管理办法》	宁夏自治区人民政府	1995 年 11 月 10 日公布	7	34
8	《江苏省实施〈医疗机构管理条例〉办法》	江苏省人民政府	1996 年 9 月 25 日公布	8	49

续表

序号	名称	立法主体	最后更新时间	章节数目	条文数目
9	《河南省医疗机构管理办法》	河南省人民政府	1997 年 8 月 13 日公布	6	40
10	《辽宁省医疗机构管理实施办法》	辽宁省人民政府	1998 年 5 月 8 日公布	7	40
11	《四川省医疗机构管理条例》	四川省人大	2001 年 3 月 30 日修正	9	74
12	《甘肃省实施〈医疗机构管理条例〉办法》	甘肃省人民政府	2002 年 7 月 9 日修改	8	36
13	《新疆维吾尔自治区医疗机构管理办法》	新疆自治区人民政府	2004 年 10 月 11 日修正	6	38
14	《贵州省实施〈医疗机构管理条例〉办法》	贵州省人民政府	2008 年 8 月 4 日修正	7	35
15	《黑龙江省医疗机构管理办法》	黑龙江省人民政府	2009 年 1 月 5 日修改	7	59
16	《湖北省医疗机构管理实施办法》	湖北省人民政府	2010 年 7 月 2 日公布	7	47
17	《福建省医疗机构管理办法》	福建省人民政府	2010 年 11 月 25 日修订	8	78
18	《河北省医疗机构管理实施办法》	河北省人民政府	2010 年 11 月 30 日修订	未分	30
19	《上海市医疗机构管理办法》	上海市人民政府	2010 年 12 月 20 日修正	6	65
20	《广西壮族自治区医疗机构管理办法》	广西自治区人民政府	2012 年 1 月 19 日公布	7	49
21	《云南省医疗机构管理条例》	云南省人大	2013 年 11 月 29 日公布	7	55
22	《陕西省医疗机构管理条例实施办法》	陕西省人民政府	2014 年 3 月 18 日修订	未分	24
23	《重庆市医疗机构管理条例》	重庆市人大	2014 年 8 月 1 日修订	7	75
24	《浙江省实施〈医疗机构管理条例〉若干规定》	浙江省人民政府	2004 年 6 月 25 日废止	—	—
25	《广东省医疗机构管理实施办法》	广东省人民政府	2006 年 12 月 11 日废止	—	—
26	《海南省医疗机构管理办法》	海南省人民政府	2008 年 2 月 3 日废止	—	—

三、我国医疗机构管理省级立法特点

虽然过去 20 年间各省针对医疗机构进行管理立法的积极性较高，但这些省级立法质量却参差不齐，呈现出亮点突出、缺点明显的特点。

（一）合理划分审批权限

卫生部《细则》第 11 条将床位在一百张以上的综合医院、中医院、中西医结合医院等医疗机构设置审批权限授权给省级卫生行政部门予以明确。各省市区均能根据规章授权并结合当地实际，对医疗机构审批权限进行合理划分，确保医疗机构管理的有序开展。现行有效的 23 部立法中，按照床位数划分权限的有 10 部，占 43.5%；按照医疗机构级别与类型划分的有 2 部，占 8.7%，两种方式兼而有之的有 11 部，占 47.8%。（详见表 2）

表 2　医疗机构审批权限划分统计表

划分主要依据	数量	采用省（市区）
床位数	10	北京、湖北、宁夏、河北、江西、云南、江苏、陕西、新疆、辽宁
医疗机构级别、类型	3	广西、上海
两种结合	10	贵州、安徽、四川、山东、山西、黑龙江、福建、河南、湖南、重庆、甘肃

（二）均规定了《设置医疗机构批准书》的有效期

卫生部《细则》第 22 条规定：《设置医疗机构批准书》的有效期，由省、自治区、直辖市卫生行政部门规定。各省市区均在本条授权范围内进行了制度设计，确保了医疗机构的审批程序不存空档。现行 23 部有效立法中，以床位数为划分依据的有 12 部，占 52.2%；以医疗机构类型为划分依据的有 4 部，占 17.4%；以审批机关为划分依据的有 2 部，占 8.7%；统一规定有效期的有 3 部，占 13%（其中湖南为半年，江苏为一年，四川为两年），未规定有的 2 部，占 8.7%。各省市区批准书有效期多数集中在半年到三年，有效期最长为五年，如北京市 300 张床位以上的医疗机构；有效期最短的为三个月，如陕西省的诊所。（详见表 3）

表 3　《医疗机构设置批准书有效期》立法情况统计表

划分主要依据	数量	采用省（市区）
床位数	12	安徽、北京、福建、广西、河北、河南、湖北、江西、山东、山西、云南、重庆
医疗机构类型	4	黑龙江、陕西、上海、新疆
审批机关	2	甘肃、贵州
统一规定	3	湖南、江苏、四川
未作规定	2	辽宁、宁夏

（三）细化了诊疗活动开展的要求

除按国家规定明确各级医疗机构必须按照《医疗机构执业许可证》上核准的诊疗科目开展诊疗活动外，各省市均通过地方立法对上位法的要求进行了细化，并为卫生行政监督执法提供法律依据。如云南、重庆和黑龙江规定：医疗机构开展医技术临床应用必须到卫生行政部门进行登记备案。广西、新疆、黑龙江、河南、重庆5个省市对医疗机构开展静脉输液业务提出了相应要求。

可见，各省市区在制定医疗机构省级立法时，基本能够遵循法制统一的地方立法基本原则，在尊重上位法前提下，行使对医疗机构的管理权。

四、缺点与不足

（一）年久失修，老化现象严重

现行有效的23部地方立法中，距今已经实施20年及以上的有7部，占30.4%；实施10年（含10年）以上20年以下的有6部，占26.1%；10年以内颁布或修正的有10部，占43.5%，平均年限已达11.9年。整体而言，我国医疗机构地方立法老化现象严重，制定后多年不修订（正）的现象普遍。2009年新一轮医药卫生体制改革启动后，制定的立法仅有3部，仅占立法总数的13.4%；修订（正）的立法仅有5部，仅占立法总数的21.7%。

（二）主体多元，立法层级偏低

现行有效的23部地方立法中，由省级人民代表大会制定的地方性法规仅3部，占13%；由省级人民政府制定的规章有15部，占65.2%；由省级卫生行政部门制定的规范性文件有5部，占21.8%。可见，法律效力较高、稳定性较强、立法权限较大的地方性法规较少；层级较低、稳定性差的规章和规范性文件成为医疗机构管理地方的立法主流。

（三）盲目重复，地方特色不突出

现行有效的23部地方立法中，分章节立法的有19部，占82.6%，不分章节立法的有4部，占17.4%；平均章节数6章，平均条文数53.17条，与结构为7章55条的国务院《条例》不相上下。但整体而言，重复上位法现象严重，缺少解决具体地域的特色制度设计。以法律责任设计为例，《辽宁省医疗机构管理实施办法》第六章"法律责任"、《河南省医疗机构管理办法》第五章"法律责任"、《甘肃省实施〈医疗机构管理条例〉办法》第七章"处罚"等地方立法仅有二至三个条文，规定卫生行政部门的处罚权力和基本法律适用原则，而没有规定违反本地立法中创设义务的法律责任，照抄照搬上位法现象严重。

（四）条件多样，准入门槛不统一

卫生部《细则》第12条对申请医疗机构的单位和个人设计了禁止性条件，现行23部地方立法，仅4部地方立法没有另行增加禁止性条件，其余19部地方立法都增设了执业禁止条件，其中不乏以政府规章、规范性文件创设的禁止性条件，甚至有的省市将户口情况也作为许可条件。这无形中增加了申请设置医疗机构的难度，

也严重违反了《行政许可法》。（详见表4）

表4　不得设置医疗机构条件统计表

执业禁止条件	省（市区）
与国家立法保持一致	广西、海南、黑龙江、重庆
各级各类医疗机构在职人员、因病退职退休人员；停薪留职的人员	河北、甘肃、山西、四川
患传染病未愈或其他健康原因不适合执业行医的人员	安徽、甘肃、河南、湖北、湖南、江苏、山东、陕西、上海、四川、新疆
被开除公职未满七年或擅自离职未满五年的人员	安徽、福建、甘肃、河北、河南、湖南、江苏、宁夏、山东、山西。陕西、上海、新疆、北京
男性70周岁以上，女65周岁以上	贵州、福建
离休、退休的医务人员未取得原单位同意的	江苏、江西、山东
不具有设置医疗机构所在地区常住户口的	新疆

（五）抱残守缺，鲜有与时俱进的制度设计

因现有医疗机构省级立法均较为老化，因此，并未及时将相关卫生行政管理政策上升为立法。如《关于城镇医疗机构分类管理的实施意见》将医疗机构明确分为营利性和非营利性两类，但是现行23部地方立法中没有一个从法律层面对二者进行明确定位；再如2009年《中共中央国务院关于深化医药卫生体制改革的意见》明确了鼓励社会办医的基本方向，但23部地方立法中，除了重庆、云南、广西等少数省份立法明确了鼓励社会办医的基本原则、准入条件外，多数省份并未涉及此内容，导致实践中社会资本进入医疗领域屡遭"玻璃门""弹簧门"现象。

（六）办法单一，监管手段贫乏

现行有效的23部地方立法中，河北、山西、陕西3省未对监督管理作出规定，其余20个省市均强调实行医疗机构评审制度，但除此之外，制度设计相对较少。仅有少数省份例外：如安徽、甘肃、贵州、江苏和辽宁5个省市细化了日常检查指导的内容；重庆和云南明确了医疗机构不良执业行为记分制度的法律地位与操作程序。整体而言，医疗机构管理地方立法中重审批、重评审、轻监督的现象突出，医疗机构日常监督管理手段贫乏，严重阻碍了医疗机构监督执法工作。

五、完善医疗机构管理地方立法的思考

（一）加快制定《医疗机构管理法》

虽然《条例》对我国医疗机构管理具有里程碑式的意义，但其远未覆盖医疗机

构管理的方方面面，仍存在公立医疗机构性质模糊、民营医疗机构相关制度缺失、准入制度设计不合理、执行力不够理想等问题。制定以来的 21 年间，与《执业医师法》《行政许可法》均存在不同程度的法律冲突，实践中往往通过"请示式补丁"、各类文件弥补医疗机构管理中的制度盲区，这弱化了法律的强制性和严肃性，影响了法制统一，也挤压了地方立法空间，增大了地方立法难度。笔者认为国家应当结合新医改精神，废除《条例》，制定《医疗机构管理法》。

（二）提高地方立法效力层级

在新一轮医改持续深入、大量改革经验需要固化，且目前89%的省级医疗机构立法依靠层级低、稳定性较差的规章或规范性文件的地方立法大背景下，笔者认为此时规范医疗机构管理的地方立法应当采用由省级人大常委会为主导的地方性法规的形式，摆脱对规章和规范性文件的过分倚重。因为政府对医疗机构的投入责任、医疗机构分级分类管理制度、医疗机构准入制度（包括机构准入、人员准入、技术准入和设备准入）、医疗机构监督制度等内容只有写入地方性法规才能得以固化，才能成为人民法院司法审判的依据，而不仅是参照（按照行政诉讼法规章和规范性文件，人民法院仅为参照适用，实践中人民法院几乎不适用）；通过省级人大的监督才能使这些制度得以最大程度落实，真正增强地方立法的执行力。

（三）善用地方立法空间

地方立法是我国立法体制的重要组成部分，是国家立法的必要补充，因此，在制定省级医疗机构管理地方性法规时，应当注重对国家立法的补充、细化和延伸，而不是盲目重复。以医疗机构设置规划为例，《条例》第6条虽然明确了规划制定的基本原则，但是并没有明确规划的法律地位、制定程序和违反规划的法律责任。因此，在制定医疗机构管理的省级立法时，便可对此问题进行创设性规定，从而解决实践中医疗机构设置规划制定时缺乏民主性和科学性、执行时柔性有余而刚性不足的问题，使规划真正发挥其合理配置医疗资源的指挥棒作用。

（四）提高地方立法质量

美国社会法学家庞德所说："法律的生命在于它的适用和生效。"[①] 我国医疗机构管理已不是无法可依的阶段，因此评价省级医疗机构管理立法质量归根到底还要看其适用情况，看其是否经受得住实践的考验，是否达到了预期的目的。层级低、老化严重、重复率高、违反上位法、制度设计缺失等问题严重影响了医疗机构管理省级立法的法律适用。以修订前的《重庆市医疗机构管理条例》为例，因与上位法矛盾之处多达 20 余处，并因适用引起败诉等原因，导致卫生行政部门和司法机关基本弃之不用。因此，笔者认为现阶段应当加强对现有省级医疗机构地方立法的评估

---

① ［美］罗斯科·庞德:《法理学》（第一卷），余履雪译，法律出版社 2007 年版，第 287 页。

工作，当修则修、当废则废，尽快摆脱现在这种"为立法而立法"、贪大求全、千篇一律、浪费立法资源的现状。

（五）丰富医疗机构监督手段

《条例》第五章监督管理一共四个条文，其中第 41 条至第 43 条，第 40 条第 3 项内容为医疗机构评审。23 部现行立法中，20 个省市设计监督管理内容，其中 15 个只写了医疗机构评审制度。可见，正如学者所言卫生行政部门"办卫生"的多，"管卫生"的少，以卫生行政管理替代卫生监督是严重制约医疗事业发展的重要原因。① 笔者认为在医疗机构管理地方立法中，应当改变目前重审批轻管理，重机构评审轻执业行为监督的现状，建立以对医疗机构执业行为的动态监管体制，平等地对待公立医疗机构与民营医疗机构，适时将各地实践中已经普遍采用的不良执业行为记（积）分管理、违法行为公示、违法行为约谈等制度上升为立法，丰富医疗机构监督管理手段，为医疗机构监督工作提供充足的法律依据。同时，要通过制度设计充分发挥卫生协会、质控中心、行业学会等学术性和行业性的中介组织在医疗卫生行业管理中的自律作用，构建起全方位的医疗机构监督管理体系。

（六）提高地方立法能力

立法主体是立法权的拥有者，也是决定立法命运的关键。在目前我国地方立法主要依靠行政部门的现实语境下，提高医疗机构地方立法水平，实质上也就是提高卫生行政部门的法治化水平。笔者认为应当提高卫生行政部门领导对地方立法工作的认识，纠正既往的地方立法无用论的错误思想；加强卫生行政部门法制工作机构建设，吸收具有良好法学背景的人才进入卫生法制队伍；采用委托立法、立法咨询等多种立法形式，吸收卫生法学专家、卫生管理专家等专业性人才参与立法工作，从而切实提高医疗机构管理地方立法水平。

---

① 张向东、吴长连："浅析医疗机构需要卫生监督"，载《中国卫生法制》2000 年第 6 期。

我国《献血法》中的立法技术问题研究[*]

李　静[**]

法学研究的目的在于研究法律问题及法律现象，从而能够借助这些研究归纳出法律自身的发展规律，并利用这些规律进行现实的法律建构、制度完善或指导相应的执法实践或司法操作，以使法律能够更好地适应社会发展的现实需要，推动人类社会的持续进步。在此意义上，分析并研判立法的缺憾与不足，并依据科学立法的理念与原则完善现行的立法与制度，无疑应当是法学研究的一个内含之义。[①] 献血法律问题的研究显然也包含了这样的要求。我国现行《中华人民共和国献血法》（以下简称《献血法》）是由中华人民共和国第八届全国人民代表大会常务委员会第29次会议于1997年12月29日通过，自1998年10月1日起开始实施。不可否认，该法的颁布实施快速推进了我国无偿献血初期的改革与发展，但笔者认为，就该法的立法技术来看，还存在一些问题，并且随着我国无偿献血事业的逐步深入，《献血法》在立法技术上存在的问题已经对当前血液管理工作和国际血液管理发展产生影响。本文拟就此浅做研究，以期对我国献血法的完善提供一些有价值的参考建议。

一、《献血法》中立法技术存在的问题

立法是公平与正义赖以实现的基石[②]，立法技术的运用在立法过程中就显得尤为重要，它贯穿于立法活动的整个过程，它可以使立法活动具有更强的科学性，使法律规范的内容和结构更合理，使法律规范所表达的信息和行为指引更准确，立法技术反映了立法水平乃至法制文明水平。但是，在我国的立法中，立法技术却一直不能受到重视，《献血法》在实施过程中产生的一系列弊端直接同立法技术落后、立法先天不足、难以实行或无法实行相联系。

---

[*] 本文系四川省医事卫生法研究中心重点项目"我国《献血法》修改的若干重大理论问题研究"（YF14-Z03）阶段性研究成果。

[**] 李静，女，上海社会科学院法学所硕士研究生；E-mail：lijingjingjifa@126.com。

[①] 刘长秋："我国生命法及其立法完善研究"，载《法治研究》2013第7期。

[②] 广义说认为，立法技术是立法实践中形成方法、技巧的总和，包括立法体制技术、立法程序技术和立法表达技术。狭义说认为，立法技术是法表达的方法、技巧，包括法的解构营造和语言表述。

（一）条文疏少，内容笼统

现行《献血法》仅有 24 条，要想用现有的条文规范我国献血事业以及用血情况，显然是不现实的。条文疏少对于法律内容的完备与完善而言无疑是一个巨大的障碍。而且我国立法一直受"宜粗不宜细""宁疏勿密"等立法技术原则的影响，导致现有的规范性法律文件的规定有许多不明确、不具体的地方，很多规定过于笼统、抽象，或是模棱两可、弹性过大，难以准确适用。①

例如，《献血法》第 3 条规定，"地方各级人民政府领导本行政区域内的献血工作，统一规划并负责组织、协调有关部门共同做好献血工作"，第 4 条规定，"县级以上各级人民政府卫生行政部门监督管理献血工作。各级红十字会依法参与、推动献血工作"。这两条都属于原则性规定，看似很有道理，仔细研究一番却让人摸不清头脑。在这两个条文中出现了"地方各级人民政府""县级以上各级人民政府卫生行政部门""各级红十字会"三个主体，他们负责的工作是什么、具体责任范围是什么、出现问题该由哪个部门负责，种种问题都不能在法条中找到具体答案。还有第 7 条规定"国家鼓励国家工作人员、现役军人和高等学校在校学生率先献血，为树立社会新风尚作表率"。笔者认为，这一条文仅仅可以表明国家在鼓励献血这一问题上的态度，在操作性上却是不敢恭维，比如"鼓励"二字应该如何理解？在实际中应该怎么操作？是物质奖励还是精神奖励？而且抛开其操作性不谈，在实际献血者中学生和农民工占大多数，而国家工作人员的献血比例较小，这也是未来针对这一现象需要在立法上解决的问题。

（二）操作性差，地方立法混乱

由于《献血法》的规定过于粗略，缺乏可操作性，所以一方面各地方须制定地方性献血法规或规章来满足本地需求。然而各地方立法中制定的地方性献血法规或规章往往规定不一，内容也不尽一致，有的内容甚至会出现相抵触的现象，操作难度比较大；另一方面，法律条文本身过于简单，在实际操作中，操作者就会对条文本身产生不同的认识，从而具体操作就会产生混乱。这种现象不利于维护法律的严肃性和统一性，而且容易给司法机关和广大人民群众在执行与适用法律的过程中带来混乱和困惑，使广大人民群众失去对法律和司法机关的信任与尊崇。例如《献血法》第 6 条规定：对献血者，有关单位可以给予适当补贴。虽然当初有关部门将"适当补贴"原则上界定为少量、必要的午餐、交通费等费用，并且冠之以"可以"二字，根据法律语言理解，"可以"即不是必须的。但在实际操作中，行政机关、国有企事业单位对无偿献血者均给予不同程度的金钱、营养品或者休假补贴。所谓的"可以"实际已成为了一种必须，一种"应当"。由此造成的后果也是比较严重

---

① 冯袁冰："立法技术制度化——基于法的结构及语言之视角"，载《贵阳学院学报》2008 年第 2 期。

的。在一些经济发达地区，单位献血给予高补贴、休长假等有偿行为愈演愈烈，一些单位竞相攀比，年年加码，甚至致使冒名顶替献血、血头血霸滋生等不良现象发生。①

另外，我国《献血法》第14条规定："公民临床用血时只交付用于血液的采集、储存、分离、检验等费用；具体收费标准由国务院卫生行政部门会同国务院价格主管部门制定。无偿献血者临床需要用血时，免交前款规定的费用；无偿献血者的配偶和直系亲属临床需要用血时，可以按照省、市、自治区、直辖市人民政府的规定免交或者减交前款规定的费用。"从目前来看，奖励优惠政策仍然是推动我国无偿献血事业发展的重要措施之一，那些享受到无偿献血优惠政策的献血者和其亲属，很容易被再次动员参加无偿献血，他们对于扩大无偿、自愿、固定的献血者队伍，起着积极的作用。但是从目前的情况来看，各地对于无偿献血者的还血政策，规定不一，而且手续烦琐，办理用血费用的报销手续受到地域限制，还血经费来源缺乏保障，在一定程度上限制了无偿献血者的积极性。②

（三）立法语言不够严谨

立法语言不够规范和严谨，也是不少立法在立法技术上普遍存在的一个问题。现有规范性法律文件中的立法用语有时不够严谨和确切，容易在适用时产生歧义，由于立法语言不规范，从而造成司法实践中适用法律时产生歧义的现象也很普遍。③《献血法》的立法用语在如今看来也是不够严谨和确切的，通俗说来，有些条文没有用"法言法语"来表述，有些条文语言不够简练，表述不够清楚。《献血法》第9条规定"血站对献血者必须免费进行必要的健康检查"。以及第10条："血站采集血液必须严格遵守有关操作规程和制度，采血必须由具有采血资格的医务人员进行，一次性采血器材用后必须销毁，确保献血者的身体健康。血站应当根据国务院卫生行政部门制定的标准，保证血液质量。血站对采集的血液必须进行检测，未经检测或者检测不合格的血液，不得向医疗机构提供。"其中"必须"二字虽然是我们日常生活中经常用到的词语，但是在法律条文中却不经常用到，显然此处改为"应当"二字更能显示立法语言的严谨性。还有第21条："血站违反本法的规定，向医疗机构提供不符合国家规定标准的血液的，由县级以上人民政府卫生行政部门责令改正；情节严重，造成经血液途径传播的疾病传播或者有传播严重危险的……"。条文中"造成经血液途径传播的疾病传播或者有传播严重危险的"让人摸不着头脑，该条不但语言冗杂而且仍然难以明确其中的意思，这也是《献血法》中立法语

---

① 曹志刚："刍议《中华人民共和国献血法》修订的思路"，载《临床输血与检验》2014年第1期。

② 孟雨："从'血荒'现象看《献血法》在实施中的问题与完善"，载《中国卫生法制》2012年第1期。

③ 李文政："关于完善立法技术问题的探讨"，载《菏泽师专学报》1999年8月第21卷第3期。

言不够严谨的典型代表。

（四）立法滞后性突出

在我国，法律的制定依据是社会现状，因为社会发展速度太快，人的前瞻性不足或者对问题的出现考虑不周，只得在出现问题时进行法律法规的制定来约束人们的行为，社会又是不断发展进步的，新事物的不断出现必然导致法律的滞后，所以法律法规的滞后性是客观的。但是《献血法》自 1998 年 10 月 1 日施行至今已经 18年了，抛开法律本身存在的滞后性，在这十几年间社会不断地发生变化，1998 年制定的《献血法》必然也无法适应当今社会的需要。

近几年全国各地频频出现血荒，这同样意味着献血制度存在滞后性，导致中国民众的献血积极性不高。而最主要的症结是《献血法》缺乏对献血者权益保障的相关条款。整部法律中只有 20 多条相关条文，而且都是一些宣誓性的陈述，对于献血者出现意外情况如何处理没有说明。《献血法》第 19 条规定："血站违反有关操作规程和制度采集血液，由县级以上地方人民政府卫生行政部门责令改正；给献血者健康造成损害的，应当依法赔偿，对直接负责的主管人员和其他直接责任人员，依法给予行政处分；构成犯罪的，依法追究刑事责任。" 此处虽然规定"依法赔偿"，但是对于如何赔偿，由谁进行赔偿并没有说明。如今的《献血法》没有为那些因为无偿献血而给自己造成损害或带来不便的人提供足够且及时的法律救济，因此献血者在自身权益得不到保障时，只能通过法律手段维权，一旦这样的案件越来越多，对整个国家的采供血形象是非常不利的，公民的献血积极性也将进一步减少，导致更严重的血荒。①

二、关于完善《献血法》立法技术的几点建议

完善一部法律的立法技术是法制统一的要求，是建设中国特色社会主义法律体系的需要，也是提高立法质量的要求和提高立法工作效率的需要。《献血法》立法技术上存在的问题已经成为导致我国现行《献血法》无法摆脱制度疏漏、难以更好地推动无偿献血事业发展的原因。就此而言，从立法技术上完善我国《献血法》，依据无偿献血制度保障之需要增设相关的条文，完善配套立法，规范立法语言，使《献血法》在内容上更加丰实充厚、更适应推动无偿献血事业发展的需要，显然也是帮助我国无偿献血事业走出困局的内在需求。② 但我们完善立法技术的目的在于让规范性法律文件尽可能完善，而不是要求它尽善尽美，因为再完善的立法也难以规范和调整复杂的现实生活中所有的问题。我们找出立法欠缺的目的在于今后进一

---

① 高逸飞："血荒拷问《献血法》"，载《中国医院院长》2011 年 23 期。

② 刘长秋、史晓芳："我国《献血法》的修改完善研究——以无偿献血困局的形成与法律应对为视角"，载《青海社会科学》2013 年第 5 期。

步去完善它，而不是出于求全责备。基于此，笔者就完善立法技术问题谨提出以下几点思考。

（一）增设并细化《献血法》条文

首先，现行《献血法》共 24 条，且未划分章节，内容涵盖制度要求、政策要求、技术要求以及处罚措施等，框架结构显得不清晰。一部完整的法律在框架上需要包括总则、分则、罚则以及附则，所以修订应该首先从体例格式上进行划分，将《献血法》的框架结构构建清晰，从而能够更为明确地对无偿献血工作进行阐述。其次，随着社会经济的进步和发展，人们的法制意识也在不断增强，显然现存条文并不能很好地适应当今社会的需要，也不能更好的维护人们的合法权益，所以当务之急就是要根据实际情况增设法律条文，以解决在无偿献血工作中不断出现的新问题，比如献血者因为献血产生身体损害时如何获得赔偿的问题等。再次，细化并增强法律条文的可操作性，使其操作起来有法有据。比如可以对《献血法》第 5 条进行完善和细化，进一步强调无偿献血宣传在无偿献血工作中的重要作用，明确政府及各相关部门在无偿献血宣传、街头采血、献血屋建设中应承担的职责，这有利于卫生行政部门及血站更好地推动无偿献血工作。①

（二）规范地方性献血立法

《献血法》条文的疏少使得该法无法对无偿献血作出更为细致和具体的规定，致使很多操作层面的内容被规定在各个地方的献血法中，出现了地方立法矛盾甚至冲突的问题。而且因为各地方关于献血的政策待遇不一样，献血者在不同的地方献血就不能使用同一个献血证。另外各地方制定的《〈献血法〉实施办法》或其他地方性献血法规或规章关于还血的政策各种各样，这样不仅不利于维护法律的权威，而且也会给献血者造成困扰，不利于提高献血者的积极性。比如山东省《〈献血法〉实施办法》第 20 条规定"无偿献血者自献血之日起五年内免费享受五倍无偿献血量的医疗用血，5 年后免费享受与无偿献血量等量的医疗用血，或者其配偶和直系亲属自献血 30 日起免费享受与无偿献血量等量的医疗用血"，而《安徽省实施〈献血法〉办法》第 16 条规定"无偿献血的公民，本人临床用血时，凭本人身份证和《无偿献血证》，按无偿献血量二倍免费用血。公民无偿献血达 1000 毫升的，终身享受免费用血"以及第 17 条"无偿献血的公民，其配偶和直系亲属临床用血时凭其《无偿献血证》和有关证明，按无偿献血量等量半费用血；有条件的地方，可以按无偿献血量等量免费用血"。在这种情况下，就需要对地方立法进行合理规范，增强地方立法的统一性。

---

① 曹志刚："刍议《中华人民共和国献血法》修订的思路"，载《临床输血与检验》2014 年第 1 期。

（三）规范立法语言，减少争议性和晦涩性语言的使用

立法语言是在运用本国语言文字表达立法内容时形成的一种特定风格特征的语体形式。秦商鞅说："圣人为法，必使之明白易知"，培根也认为"法律文辞，一要准确，二要有弹力性"。立法语言规范化、确切化，是执法和司法的需要。立法的目的在于执行和适用，立法语言规范化、确切化，就是为了适应执法和司法的需要。假如在法律条文中过多地采用富有争议性或者晦涩性的语言，不仅增加了司法机关适用法律的难度，而且难以让广大人民群众理解和把握其内容，最终也不利于法律法规的宣传和普及，所以如何在《献血法》的修改过程中规范立法语言已经成为立法者一个重要的思考方向。

（四）加强超前立法，维护法律的稳定性和权威性

所谓超前立法，就是指立法机关在制定一部规范性法律文件时需要综合考量本国的政治、经济、文化生活的运行机制以及其发展趋势和客观规律，全方位、多维性地分析研究已经出现的问题和将要出现的趋势，将这些问题和趋势在制定法律法规之初就被纳入法制化的轨道。在我们国家，超前立法并不能无限制的超前，立法者必须从我国现在处于并将长期处于社会主义初级阶段的客观实际出发，不仅要对当下在社会主义初级阶段出现的的各种问题加以规范和约束，还要对未来可能出现的矛盾进行合理预测，并将其反映在立法之中。《献血法》本身已经具有滞后性，所以在修改的过程中不仅要针对其滞后的问题和现有的问题进行修改，还要根据现实情况大胆假设和预想，对将来可能会出现的问题提出解决方案，这些都要在修改以后的条文中有所反映。加强超前立法，有利于维护法律的稳定性和权威性，否则，就会导致法律朝令夕改或者修修补补，不利于维护其严肃性。

结语

一部法律的出台必然会伴随着各种各样的技术问题，这些问题都是客观的，是必然存在的，但是如何尽量避免这些问题才是我们应该思考的问题。近年来，立法技术失范问题是比较突出的，这在我国现行《献血法》中表现的比较明显。基于此，在未来修改《献血法》时应当努力解决其立法技术问题，提高其立法质量。当然，立法技术规范只是提供法律法规制作的基本方法和模式，力求在法律法规形式上尽善尽美。立法更重要的还是内容，只有将内容与形式完美地结合，才能保证立法质量。综上所述，在今后的《献血法》完善以及立法技术实践中应当重视立法技术，解决其在立法技术上存在的问题，这样才有利于体现法律规范的社会作用，有助于群体及组织的制度完备与规范，有利于节约法律成本尤其是立法成本从而促进整个社会和谐与安定。

关于医疗事故罪的调查研究报告

刘 鑫 张 震 王 华 王贵君*

近期接连发生的医务人员被刑事起诉的案件，使原本已经非常胶着、对立的医患关系再次升温。

2014 年 10 月 16 日，福建省长乐市某医院一产妇死亡，该事件被福州市和福建省医学会鉴定为一级甲等医疗事故，医方负主要责任。长乐公安局在没有尸检的情况下以刑事案件立案，后当事医师李建雪被长乐市检察院以医疗事故罪提起公诉。

2014 年 11 月 24 日，某患者在北京某医院住院期间出现紧急情况时，来会诊的却是一名无独立诊疗资格的实习医生，后患者死亡。家属以医疗事故罪报警。该医院副主任医师许某以涉嫌医疗事故罪在北京市西城区人民法院受审。

目前这两起案件法院都还没有作出裁判，但医务人员发生医疗事故后是否应当入刑的争论却不绝于耳，主张入刑的和否定入刑的都大有人在，且各自有充分理由，可谓见仁见智。但医疗事故入刑在医疗界引起强烈的反应，有的地方有的医院已经出现了防御性医疗①现象。鉴于医疗事故是否定罪在医患关系调整和医疗秩序维护等方面具有重要意义，为此，"2011 计划"司法文明协同创新中心（中国政法大

---

* 刘鑫，中国政法大学"2011 计划"司法文明协同创新中心、中国政法大学证据科学研究院教授，中国政法大学医药法律与伦理研究中心主任。张震、王华、王贵君：中国政法大学法律硕士学院硕士研究生。

① 防御性医疗（Defensive medicine）是指医生在诊治疾病过程中为避免医疗风险和医疗诉讼而采取的防范性医疗措施，也称自卫性医疗或防卫性医疗。防御性医疗的主要表现有：从实际病情看没有必要的各种化验、检查；回避收治高危病人，回避高危病人手术及难度较大的特殊处置，带有推脱责任性质的转诊及会诊等。防御性医疗虽然受到公众指责，但在实际中仍难以避免。随着病人维权意识的不断增强和医疗诉讼的增多，医生的防御性行为也随之提升。美国有学者认为，医生的防御性行为是医疗失误法律诉讼的副产物，它的目的很清楚，即医生要避免吃官司。据美国对全科医生的一项调查，200 名医生中有 98% 的人承认自己有怕风险而采取防御性医疗的行为。防御性医疗目前在美国已经是制度化医疗的一部分。我国目前虽然没有这方面的调查统计，但可以预见，随着医患纠纷的增多，特别是一些恶性纠纷的出现，防御性医疗将会大幅度上升。医生担心发生医疗风险，担心被卷入医疗纠纷之中，这虽不是造成防御性医疗的唯一原因，但无疑是较为主要的原因。参见刘鑫：《医疗利益纠纷——现状、案例与对策》，中国公安大学出版社 2012 年版，第 143 ~ 144 页。

学)、中国政法大学医药法律与伦理研究中心、中国政法大学证据科学研究院对医疗事故犯罪的相关问题进行了系统、深入的研究，现提交研究报告。

一、医疗事故是否应当入刑

我国对医疗违法行为追究刑事责任并不是最近一段时间才有，早在民国时期对违反医疗执业义务造成患者损害的行为，即以"业务过失罪"追究医务人员刑事责任。我国著名医学家黄家驷在1939年就因"将肝大误诊血管瘤手术致死新生儿"被起诉。[①] 目前我国台湾地区医务人员因医疗事故被追究刑事责任的案件仍然屡屡发生。新中国成立之后，医务人员因医疗事故被追究刑事责任的情况也并不鲜见，尤其是在20世纪50年代，当时的医疗纠纷比较多，以至于1955年11月30日《人民日报》头版专门刊发了题为《消灭医疗事故》的社论，将当时的医疗事故定性为"医疗质量不高，医疗事故仍然严重而且带有普遍性"。[②] 医疗事故常常采用刑事诉讼的处理方式，以至于有的医务人员戏称"一脚在医院一脚在法院"，[③] 便是当时医疗事故诉讼的真实写照。在1997年刑法之前，虽然1979年刑法没有医疗事故犯罪的规定，但当时的刑法并没有确定"罪行法定"原则，所以医务人员仍被以"重大责任事故罪""玩忽职守罪""过失致人死亡罪"等追究刑事责任。[④] 1997年刑法明确规定了医疗事故罪后，医务人员因医疗事故被追究刑事责任便成了常态。

在我国刑法体系中医疗事故罪属于行政犯罪。所谓行政犯罪，是指行为人违反行政管理法律、法规构成犯罪而应当追究刑事责任。构成行政犯罪的行为一般是情节严重或造成一定的损失或其他后果，对该行为处以行政处罚不足以达到惩罚的目的，量变引起质变，因而被刑法规定为犯罪。确定行政犯罪类型是国家实施其管理职能的需要，也是为了维护社会、经济秩序和公民合法权益的需要。医疗行为关系到公民的生命和健康，带有极大风险性和不确定性。总的来看，医疗行为具有利益性和破坏性的双重属性，国家对医疗行为的管控就是要让利益性最大化，让破坏性最小化。因此，任何国家都医疗执业活动都严加管控，对于违反法定义务的医疗活动不仅对受害人给予经济赔偿，对责任人还要实施行政处罚，情节和后果严重的甚至要实施刑事处罚。

因此，对于情节恶劣后果严重的医疗事故，应当对相关责任医务人员追究刑事责任，这既是刑法的任务，也是法治社会追求公平正义的必然结果。

① 龙伟：《民国医事纠纷研究（1927~1949）》，人民出版社2011年版，第79页、第382页。
② "消灭医疗事故"（社论），载《人民日报》1955年11月30日1版。
③ 宋琳娜等："医疗责任事故中刑事责任的确定"，载《中华医院管理杂志》1989年第5卷第3期。
④ 张赞宁："医疗事故刑事责任案件64例法理剖析"，载《法律与医学杂志》1994年第1卷第2期。

二、我国近年来对医疗事故追究刑事责任的情况

（一）医疗事故犯罪案件裁判情况

2010 年 11 月 21 日最高人民法院发布了《关于人民法院在互联网公布裁判文书的规定》，除特殊情况外，人民法院裁判文书可以在互联网上公布，开创了人民法院裁判文书上网公开的先河。2013 年 11 月 13 日最高人民法院审判委员会第 1595 次会议通过了修订后的《关于人民法院在互联网公布裁判文书的规定》，最高人民法院在互联网设立中国裁判文书网，统一公布各级人民法院的生效裁判文书。修订后的规定于 2014 年 1 月 1 日开始实施。截至 2015 年 2 月底，网上公布裁判文书共629.4 万份，绝大多数案件的裁判文书都已经上网。① 因此，笔者从中国裁判文书网（http：//www.court.gov.cn/zgcpwsw/）上以"医疗事故罪"一词进行检索，2014年 1 月 1 日至 2015 年 4 月 3 日期间共得到 11 份裁判文书，其中一审裁判文书 8 份（2014 年 7 份，2015 年 1 份），二审裁判文书 1 份（2014 年），再审裁判文书 1 份（2014 年），减刑裁定文书 1 份（2014 年）。另一个来源是北大法宝（http：//www.pkulaw.cn/）。北大法宝是目前法律信息资源比较丰富的权威网站之一，有比较丰富的案件库。经以"医疗事故罪"一词进行检索，2013 年 12 月 31 日以前共得到 14份裁判文书，其中一审裁判文书 10 份（2013 年 3 份，2012 年 1 份，2011 年、2010 年各 2 份，2009 年、2005 年各 1 份），二审裁判文书 4 份（2011 年、2010 年、2001 年、2000 年各 1 份）。两网共检索到一审、二审、再审医疗事故犯罪案件共计 24 例。

表 1　医疗事故犯罪案件发生医疗机构情况

案件审级	三级医院	二级医院	一级医院	卫生室、诊所	合计
一审	0	2	3	13	18
二审	1	1	1	2	5
再审	1	0	0	0	1
合计	2	3	4	15	24

表 2　医疗事故犯罪案件涉及科室情况

案件审级	护理	妇产科	外科	检验科	皮肤科	合计
一审	11	5	0	1	1	18
二审	2	2	1	0	0	5
再审	0	0	1	0	0	1
合计	13	7	2	1	1	24

---

① 周强：《最高人民法院工作报告（2014 年）》，在周强的报告中，全国法院一审案件总数约为 564 万件。

表 3 医疗事故犯罪案件涉及医疗行为情况

案件审级	输液	注射	接生	人流	转诊	骨科手术	检验	合计
一审	9	2	4	1	0	1	1	18
二审	2	0	2	0	1	0	0	5
再审	0	0	0	0	0	1	0	1
合计	11	2	6	1	1	2	1	24

在这 18 起医疗事故犯罪一审案件中，河南 8 例，安徽 2 例，内蒙古、江苏、浙江、海南、黑龙江、天津、湖南、甘肃各 1 例，没有一例发生在城市，而是 2 例发生在县城，16 例在农村。17 例定医疗事故罪，1 例医疗事故罪刑事拘留，但最终法院裁判时定过失致人死亡罪。18 例中，12 例做了医疗事故技术鉴定，6 例未行医疗事故技术鉴定；6 例行司法鉴定；其中 3 例既做医疗事故鉴定，又做司法鉴定，2 例只做司法鉴定，未做医疗事故鉴定（最终以过失致人死亡罪定罪），2 例未做任何鉴定。在 12 例医疗事故鉴定中，10 例一级甲等医疗事故，1 例二级乙等医疗事故，1 例结果不明；完全责任 2 例，主要责任 8 例，次要责任 2 例。刑罚幅度，3 例免予刑事处罚，1 年及 1 年以下有期徒（含拘役）刑者 4 例，1 年以上 2 年及 2 年以下有期徒刑者 2 例，2 年以上者 1 例；其他 8 例分别为有期徒刑 8 个月、1 年、1.5 年、2 年，但缓期 1.5 年、2 年、3 年不等。

在二审的 5 例中，3 例维持原判，2 例改判。其中一例由非法行医罪改判为医疗事故罪，刑期由 10 年改为 2 年；1 例宣告无罪。

（二）医疗事故犯罪案件特点

通过对收集到的 25 例医疗事故犯罪案件的裁判文书的分析，我国大陆地区的医疗事故犯罪诉讼呈现如下特点。

第一，启动医疗事故罪的案件不多，可以称之为低侦查、低起诉、低定罪、低执行的"四低"状态。以我国每年的医疗量、医疗纠纷量相比，医疗纠纷的刑事诉讼的比率是非常低的。即便是被确定构成医疗事故罪的案件，判刑都比较低，且往往以缓刑执行。总的来看，我国被起诉和最终定罪的医疗事故犯罪案件基本相当，与我国台湾地区医疗事故犯罪案件呈现出"一高三低"现象不同。台湾地区的医疗纠纷刑事诉讼中，高侦查、低起诉、低定罪、低执行。[1] 我国台湾地区出现这种特点的原因在于其司法体制设计中让公民很容易启动刑事诉讼，所以出现"以刑逼民"的现象。但是不排除有人会利用刑事诉讼的压力来逼迫医疗机构和医务人员给

---

[1] 黄钰媄：《美国道歉制度沿革及启示——告别对立走向对话》，元照出版公司 2014 年版，第 12～13 页。

予患方更多的赔偿。实际上，2014 年年底出现的北京、福建的两个案件，至少患方获得了比较多的赔偿。

第二，涉及医疗事故犯罪案件的医疗行为有显著的特征。从专业上来，主要是护理和妇产科；从医疗行为看，主要是输液和接生；从结果上看，主要是患者死亡，造成严重残废被追究医疗事故罪的极少，仅 1 例；从涉及的医疗机构来看，主要是基层医疗机构，以村卫生室、卫生所和个体诊所为主；从医务人员的技术级别来看，主要是乡村医生和执业助理医师；从发生的地域来看，基本上在农村，偶有县城医疗机构，很少涉及大中城市的医疗机构；从分布的省份来看，主要集中在中部地区，其中河南省有 8 例之多。这为医疗事故犯罪防范提供了明确的方向。

第三，医疗事故犯罪案件与医疗事故技术鉴定的关系。在 18 起一审案件中，有 12 起做了医疗事故技术鉴定，2 例未做医疗事故技术鉴定，仅做司法鉴定，2 例没有做任何鉴定。虽然大多数案件都做了医疗事故技术鉴定，但仍然有近 1/3 的案件未做，有的案件是法医做了司法鉴定，有的案件是没有做任何鉴定。当然，不排除有的案件中的责任医务人员不负责任的情况非常明显，损害后果也非常明确，似乎不需要鉴定。但是，在犯罪构成中还有一个非常重要的问题，即因果关系，不负责任的行为与患者的损害后果之间是否存在因果关系。除非非常明确，否则也是需要通过技术判断才能确定。更有甚者，有的地方以法医做的司法鉴定结果拿来作为定罪的依据，有违《医疗事故处理条例》有关医疗事故技术鉴定的规定。

第四，医疗事故犯罪以医疗事故罪为主，偶尔会出现以过失致人死亡罪定罪，而且在司法实践中，有时医疗事故罪、非法行医罪难以区别，所以在二审案件中有 40% 的改判率，且都改判得轻甚至无罪。需要明确的是，医疗事故罪本身就是过失致人死亡、重伤罪的一种，只是由于犯罪主体特殊、犯罪行为特殊，所以才从过失致人死亡、重伤罪中分离处理。与该罪名相关的，在域外还有业务过失致人死亡、伤害罪，同样也是过失致人死亡、重伤罪的一种。因此，对于医务人员在医疗活动中过失致患者死亡、残废的，只能定医疗事故罪，不能定过失致人死亡罪或者过失致人重伤罪。另外，在司法实践中还出现医疗事故罪与非法行医罪的混淆问题。最高人民法院在 2008 年 4 月 29 日公布的《关于审理非法行医刑事案件具体应用法律若干问题的解释》① 中对非法行医罪犯罪构成中的关键要素有明确的规定。

---

① 最高人民法院于 2008 年 4 月 28 日由最高人民法院审判委员会第 1446 次会议通过、自 2008 年 5 月 9 日起施行的《关于审理非法行医刑事案件具体应用法律若干问题的解释》。

三、域外关于医疗事故犯罪的追究

（一）英美法系国家医疗事故犯罪刑事处罚情况

英美法系国家对医疗纠纷更多地倾向于由民事诉讼程序解决。但是美国的医疗事故追究刑事责任却有相当长的历史，且近年刑事案件有增多趋势。美国医务人员因医疗事故被追究刑事责任最早的案例可以追溯到 1809 年。在 1809 和 1981 年的 172 年间仅有 15 起医疗事故刑事诉讼案件，1981 年到 2001 年的 20 年间有 21 起医疗事故刑事案件，在 2001 年到 2011 年的 10 年间大约有 37 起医疗事故刑事案件。然而，在 2012 年之后，医疗事故刑事案件却有增多的趋势。① 在美国刑法中，没有专门的医疗事故罪，医疗事故犯罪被归入职业犯罪之中，包括医师在执业活动过程中借助职业之便对他人的人身和财产实施侵害的犯罪。

关于医疗过失，在美国司法上认为必须是重大过失（Gross negligence）或者极度过失（Extreme negligence），甚至定义成刑事过失（Criminal negligence）。② 那么，在美国刑法上对这种过失是如何定义的呢？一般认为，医疗过失是指医务人员在对患者的作为或者不作为，对患者的诊治没有达到医疗上注意标准（Standard of care），不包括对患者的故意伤害，比如用治疗手段掩盖其蓄意伤害患者。注意标准是指达到一个理性的、谨慎的人在相同或者相似的环境下所能表现出来的注意程度。通常刑法上的过失要求有显而易见的偏离注意标准的情况出现。陪审团应当着眼于一个理性的医生在相同或者相似的环境下被认为会怎样做来下判断。③ 在医疗事故中，一个普通的技术娴熟的特定专业的医生会被用来作为标准，而不是拥有顶级或者被期待的那种技术水平的医生。只要有一定数量但不要求特别多的少数群体持有这种观点，这个标准就应当被认可。为了准确地把这个标准表达出来，往往需要借助专家证人。在大部分司法辖区，医生参考用书的警示可以被用来作为违反注意标准的证据，但是这些不是此类问题的决定性因素，而专家证言仍然是必须的。④

由于美国是判例法国家，就医疗刑事过失而言，由法官在具体案件裁判中加以确认。美国法院认为"刑事过失之成立主要在于其过失之程度，过失行为是否达到应负刑责的程度，应由陪审团来认定，因重大忽视医学学理或由于治疗的实施或选择有轻率过失，缺乏使用器械的技术，或对病人未有适当的注意，致对病人的人身

---

① Cristina Palacio, Medical malpractice when does it become a crime? a historical review, *Risk Rx*, 2012, 9 (2): 1 – 11.

② 刘绮：《医疗过失之犯罪与医疗伤害补偿制度之研究》，元照出版社 2010 年版，第 57 页。

③ James A. Filkins, Criminalization of Medical Negligence, In Sandy M. Sanbar, Marvin H. Firestone, Sal Fiscina, et al, *Legal Medicine*, 7th ed, American College of Legal Medicine, 2007, pp. 507 – 512.

④ Randall Bovbjerg, The medical malpractice standard of care: HMOs and customary practice, *Duke Law Journal*, 1976, 1975 (6), pp. 1375 – 1414

安全有重大的缺乏专业能力、重大的不注意或鲁莽的漠不关心，可构成刑事过失"。① 在 *Gian-Cursio vs. State* 案中，患者死亡，如果是因为"于治疗的选择或实施上之单纯判断错误"，尚不构成刑事过失。② 美国医疗过失刑事责任之归责基础乃在于重大疏失，单纯注意义务之偏离并不构成刑事过失责任。

（二）大陆法系国家医疗事故犯罪刑事处罚情况

德国的医疗事故刑事诉讼并不多。有学者对德国医疗事故刑事诉讼进行的回顾性研究中，1989 年至 2003 年间医疗事故刑事诉讼案件总数为 210 件，这些指控主要涉及的罪行为过失伤害或过失致人死亡，87% 的案件获得无罪判决，7.6% 的案件被法院定罪，因而医疗事故被起诉的医师大多是无罪的，14 年间仅 16 位医师被判。③ 且其医疗纠纷亦偏向以民事诉讼处理，以统计数字来看，平均一年约 1 万件医疗纠纷民事案件判决医师负损害赔偿责任或精神慰抚金，但却只有约 3000 件医疗纠纷遭受到检察官的刑事侦查程序。④ 德国的刑事诉讼案件占法院医疗过失总案件数的 1.42%，这主要缘于德国司法实务界强调医疗事故犯罪必须是以重大过失为前提的结果。"重大过失"（轻率）作为一个刑法概念来说，在德国在十几年来，一直是一个影子般的存在。其于德国核心刑法的使用，从 1960 年代开始增多，特别是被当作结果加重罪之特征使用。近期发展的高潮，乃是自 1998 年 4 月 1 日，重大过失的概念，在因而致死之结果加重罪中广泛使用。⑤

大陆法系国家则多对医疗事故犯罪进行刑事立法，医疗事故违法被当作犯罪处理。比如法国刑法典第 222 - 19 条：因笨拙失误、轻率不慎、缺乏注意、怠慢疏忽，或者因未履行法律强制规定的安全或注意义务，致他人在超过 3 个月时间里完全丧失工作能力的，处 2 年监禁并科 20 万法郎罚金；蓄意不履行法律强制规定的安全或注意义务，所受的刑罚加至 3 年监禁并科 30 万法郎罚金。蓄意不履行法律强制规定的安全或注意义务，致他人在 3 个月或 3 个月时间里完全丧失工作能力的，处 1 年监禁并科 10 万法郎罚金。

---

① 可以参阅发生于 1963 年的 *Hampton vs. State* 案，被告为纽约州合格整脊师（chiropractic，并非医师），执业自然疗法（Natural Hygiene），经某整脊师转介，明知被害人有活动性肺结核，却无视于医师曾建议给予被害人有效的抗结核病药物之治疗，而仅给予被害人素食及断食治疗数月，致病人死亡，本件被告被判刑五年。参见陈怡安："医疗过失刑事责任的比较法研究"，载《医事法学》2000 年第 8 卷第 2、3 期合订本，第 29 页。另有判决认为，由于医疗行为本质上所具有的高度复杂性，外科医师不应在担心受刑事追诉的阴影下进行困难的医疗行为；只有当外科医师在重大的、不道德的以及有意的主观心态下所为的错误行为，才应该受到刑事处罚。*See* U. S. v. Billing, 26 M. J. at 760 – 761.

② 陈怡安："医疗过失刑事责任的比较法研究"，载《医事法学》2000 年第 8 卷第 2、3 期合订本。

③ Madea B, Vennedey C, Dettmeyer R, Preuss J. Outcome of preliminary proceedings against medical practitioners suspected of malpractice. Dtsch Med Wochenschr, 2006, 22; 131 (38): 2073 – 2078.

④ 王皇玉："德国医疗刑法论述概说"，载《月旦法学杂志》2009 年第 170 期。

⑤ 张孟源、卢言佩："医疗刑责明确化——从医疗法第八十二条第三项修法刍议谈"，载《台湾医界》2011 年第 54 卷第 7 期。

日本没有专门的医疗事故犯罪规定，医疗事故犯罪亦是纳入业务过失致人死亡、伤害罪中。日本刑法典第 211 条规定了"业务上过失致人死亡罪"：懈怠业务上必要的注意，因而致人死伤的，处五年以下惩役、监禁或者五十万元以下罚金；因重大过失致人死亡的，也同样处罚。另外还有第 214 条"业务上堕胎或者业务上堕胎致死罪"的规定。日本医师被追究刑事责任的不多，医疗纠纷案件多以民事赔偿结案。2000 年至 2007 年，日本因医疗过失而起诉之民事诉讼案件，每年约 933 例（7.3 件/百万人），[①] 在 2000 年与 2006 年间，日本每年以重大过失起诉 15 名医师（0.12 名医师/百万人口/年），然同期间民事诉讼每年却约有 933 例，刑事案件仅占所有日本医疗诉讼案件之 1.6%。[②]

此外，一些亚洲国家，比如印度、马来西亚、印度尼西亚等国刑法也有医师执业犯罪规定。

（三）我国台湾、香港、澳门医疗事故犯罪刑事处罚情况

我国台湾地区的"刑法"，源自"中华民国刑法"，其中关于医疗事故犯罪处罚，分为"业务上过失致死"和"业务过失伤害"两种。台湾地区现行"刑法"第 276 条第 2 款规定：从事业务之人，因业务上之过失犯前项之罪者，处五年以下有期徒刑或拘役，得并科三千元以下罚金。第 276 条第 2 款规定：从事业务之人，因业务上之过失伤害人者，处一年以下有期徒刑、拘役或一千元以下罚金，致重伤者，处三年以下有期徒刑、拘役或科二千元以下罚金。台湾司法上认为，医疗事故犯罪中的业务过失，仍然强调医务人员违反医疗上必要的注意义务，引起医疗过失犯罪的"医疗上必要之注意"指的是在实施医疗行为过程所应履行的医疗义务，属于"事中"的注意义务，而说明义务是一种"事前"义务，违反了说明义务会招致行政处罚，而不会导致引起刑罚的医疗过失。[③]

由于我国台湾地区"刑法"规定过分笼统，因此患者启动刑事立法程序比较容易，且患方常常会采取"以刑逼民"的诉讼策略，甚至以追究医务人员刑事责任为主，追究民事责任为辅的局面。因此台湾的医疗纠纷案件刑事立案率非常高。据统计，从 1996 年到 2008 年，台湾地区医疗事故刑事诉讼案件共计 3968 例，同期民事诉讼案件 763 例，刑事案件是民事案件的 5 倍。[④] 因此台湾学者在医疗刑事犯罪方面的研究成果颇丰。

---

① Leflar RB, Iwata F. Medical error as reportable event, as tort, as crime: a transpacific comparison. WidenerLaw Review, 2006, 12: 189.

② 林萍章："医疗过失刑事责任之实然与应然：从中国医疗事故罪出发"，载《台湾法学杂志》2010 年第 163 期（2010 年）。

③ 郑逸哲：《医疗刑法》，瑞兴图书股份有限公司 2009 年版。

④ 黄钰媖：《美国道歉制度沿革及启示——告别对立走向对话》，元照出版公司 2014 年版，第 7~8 页。

香港对医疗事故的刑事处罚多以业务过失致人死亡罪、过失致人伤害罪追责。

澳门地区刑法典对医疗事故犯罪规定得比较详尽。

第 134 条（过失杀人）规定：一、过失杀人者，处最高三年徒刑。二、如属重过失，行为人处最高五年徒刑。

第 142 条（过失伤害身体完整性）规定：一、过失伤害他人身体或健康者，处最高二年徒刑，或科最高二百四十日罚金。二、如在上款所指情况中出现下列情形，法院得免除刑罚：a）行为人系在从事职业活动中之医生，且医疗行为不引致患病或无能力从事本身工作超逾八日；或 b）该伤害不引致患病或无能力从事本身工作超逾三日。三、如因该事实引致身体完整性受严重伤害，行为人处最高三年徒刑或科罚金。四、非经告诉不得进行刑事程序。

第 150 条（擅作之内外科手术或治疗）规定：一、第一百四十四条所指之人，为着该条所指之目的，在未经病人作出产生效力之同意下进行手术或治疗者，处最高三年徒刑或科罚金。二、a）如只能在较后时间方获得同意，但押后手术或治疗将导致生命有危险，或导致身体或健康有严重危险；或 b）如已同意进行某一手术或治疗，但当时之医学知识及经验，显示有需要进行另一手术或治疗，因而进行该手术或治疗，作为防止生命、身体或健康有危险之方法；且不出现能让人有把握断定此同意将被拒绝之情节，则该事实不予处罚。三、如行为人因重过失错误认为符合同意之前提，则处最高六个月徒刑，或科最高六十日罚金。四、非经告诉不得进行刑事程序。

第 271 条（医生之拒绝）规定：医生在他人生命有危险、或身体完整性有严重危险之情况下，拒绝提供其职业上之帮助，而该危险系无他法排除者，处最高五年徒刑。

四、我国刑法对医疗事故犯罪的规定

（一）我国古代医疗事故犯罪规定

《周礼·天官冢宰》一书中的记载表明，医师由"天官冢宰"管辖。"岁终则稽其医事，以制其食"，"十全为上，十失一次之，十失二次之，十失三次之，十失四为下"，[①] 医师的水平越高、失误越少，待遇越高。这也从另一个侧面表明，除了影响医师的待遇外，医师对于医疗失误并不承担什么责任，患者也只能抱怨没有遇到"十全"的医师。秦简中有"其子新生而有怪物其身，及不全而杀之，勿罪"记载，这是最早的医师除罪化的记载。至唐朝以前，对于医师的法律没有新的变化。

到唐朝时，对医师配错药、故意欺诈、故意杀人等行为开始定罪。《唐律疏议·

---

① 《周礼·天官·冢宰·第一·亨人/兽医》，见《周礼注疏》卷五第 4 段。

杂律·医合药不如方》载："诸医为人合药，及题疏、针刺，误不如本方，杀人者，徒二年半；其故不如本方，杀伤人者，以故杀伤论；虽不伤人，杖六十。"疏议曰："医师为人合和汤药，其药有君臣、分两，题疏药名，或注冷热迟驶，并针刺等，错误不如本方者，谓不如今古药方及本草，以故杀人者，医合徒二年半。若杀伤亲属尊长，得罪轻於过失者，各依过失杀伤论。其有杀不至徒二年半者，亦从杀罪减三等，假如误不如本方，杀旧奴婢，徒二年减三等，杖一百之类。伤者，各同过失法。"① 其中所谓君臣系对病之药及辅助药，各表投药之位级。误不如本方，包括误用药方而不照本方及和药不慎致不照本方两种情形。所谓本方，即传统药方。疏曰："谓不如今古药方及本草。"唐律职制第12条规定："诸合御药，误不如本方，及封题误者，医绞；料理、拣择不精者，徒一年。"该条规定的目的，在于保护皇帝的生命健康安全，规定御医顾御药之供奉，须惟谨惟慎，不得稍有疏虞，故其处罚亦较重。宋刑统沿袭了唐律的规定，在杂律中规定："诸医为人合药及题疏、针刺，误不如本方，杀人者，徒二年半，其故不如本方，杀人者，以故杀伤论，虽不伤人，杖六十。"有关御医合和御药误者之处罚，亦与唐律规定相同。明律在医疗活动刑事犯罪方面的规定，较唐律、宋律更为详尽。②

到了清代，对医疗行为犯罪的规定有了变化，对医师的诊断、处方提出了要求。《大清律例通考校注》卷二十六《刑律·人命》："凡庸医为人用药、针刺，误不如本方，因而致死者，责令别医辨验药饵、穴道，如无故之情者，过失杀人论，（依律收赎）给付其家，不许行医。"③《大清律例会通新纂》卷二十五《刑律·人命·庸医杀伤人》中有言"庸医杀人必其病本不致死，而死由误治显明确凿者，方可坐罪。如攻下之误而死，无虚脱之形；滋补之误而死，无胀溷之迹，不使归咎于医者；其病先经他医，断以不治，嗣被别医误治至死，形迹确凿，虽禁行医不治其罪，以其病属必死也"。④ 这些记载体现了清代处理医疗纠纷的几个重要原则：专家鉴定、判断因果关系及责任程度、医疗失误致严重后果者治罪。⑤

由此可见，在中国古代，从唐朝开始，医疗行为即已入刑，医疗服务提供者在医疗过程中如果有不负责任或者重大过失导致医疗失误，就会追究其刑事责任。这项制度一直延续到清朝光绪三十三年（1902年），沈家本等删定大清律例，删除了医疗事故过失处罚专条，医疗事故刑事处罚纳入到一般业务过失致人死亡、伤害的

---

① 《唐律疏议·杂律》（卷二十六）："395 医合药不如方"条及其"疏议"。
② 程树德：《九朝律考》（上册），第11页以下。
③ 《大清律例通考》（卷二十六），见马建石、杨育棠主编：《大清律例通考校注》，中国政法大学出版社1992年版，第808页。
④ 姚雨芗原纂、胡雨山增辑：《大清律例会通新纂》（卷25），载沈云龙主编：《近代中国史料从刊》（第3编第22辑），台湾文海出版社1987年版，第2587~2590页。
⑤ 刘鑫：《医疗损害技术鉴定研究》，中国政法大学出版社2014年版，第57页。

犯罪条文中。①

（二）民国时期医疗事故犯罪规定

北洋政府颁布的《中华民国暂行新刑律》对医疗事故犯罪有明确的规定。其一，区分了医疗事故罪的主体，规定了非法行医罪的刑事责任。其二，法律特别强调了对孕妇和胎儿的保护。其三，将堕胎罪之外的医疗事故犯罪归结为玩忽业务的业务过失犯罪，且业务过失的处罚重于一般过失。其四，在堕胎罪章中确定了特殊主体犯罪所受之处罚重于同等犯罪的一般主体的原则。②

中华民国1928年颁布了《中华民国刑法》，该刑法在《中华民国暂行新刑律》的基础上对医疗事故犯罪做了一些调整：其一，规定了业务过失致人之外与业务过失致人伤害。其二，刑罚的力度与幅度进一步减轻。其三，取消了医师、产婆、药剂师等犯堕胎罪从重处罚的规定。③

1935年1月1日国民党政权颁行的《中华民国刑法》较1928年的《中华民国刑法》在医疗事故罪上的变化主要是加重了对业务过失致人死亡、致人重伤罪的处罚。业务过失致人死亡罪的刑期提高为5年以下有期徒刑或拘役，得并科3000元以下罚金；业务过失致人一般伤害罪，处以1年以下有期徒刑、拘役或科1000元以下罚金，致人重伤者，处以3年以下有期徒刑、拘役或科2000元以下罚金。④

近代中国刑法关于医疗事故犯罪的立法，自沈家本等删定大清律例，删除医疗过失处罚专条，将其纳入一般业务过失致人于死伤之处罚范围；及至民国初年订立的《大清新刑律》、1928年《中华民国刑法》、1935年《中华民国刑法》，亦皆无专条明定处罚，仍适用业务过失致人死亡、伤害犯罪之条目处罚。⑤

（三）新中国成立后医疗事故犯罪的刑事法律规定

在1949~1979年近30年的时间里，我国并没有完整的刑法典，但是在我国的法律体系中，仍然有惩治医疗事故犯罪的行政法律规范。⑥ 在《医院诊所管理暂行条例》《医院诊所管理暂行条例实施细则》《医师暂行条例》《药师暂行条例》《牙医师暂行条例》等行政法规均规定了违反这些条例或者犯有业务严重过失且情节严重的，应受法律处分。

1950年7月25日发布的《中华人民共和国刑法大纲草案》中，第123条、第

① 冯卫国：《医疗事故罪的认定与处理》，人民法院出版社2003年版，第55页；吴雯竹："法律上关于医疗事故处理方式的回顾与完善"，华东政法大学2007年硕士学位论文。
② 曾朝晖："医疗事故罪研究"，见高铭暄、赵秉志主编：《刑法论丛》（第2卷），法律出版社1999年版，第170页。
③ 同上。
④ 同上。
⑤ 黄丁全：《医事法》，中国政法大学出版社2003年版，第587页。
⑥ 黄京平：《危害公共卫生犯罪比较研究》，法律出版社2004年版，第221页。

129 条分别规定了业务过失杀人罪、业务过失伤害罪的刑事责任，但没有单独规定医疗事故罪。1956 年《中华人民共和国刑法大纲草案》中，就对不作为的医疗过失刑事责任作了专门的规定。第 247 条规定：医务人员明知对于病人不予治疗就会发生危险结果，没有正当理由而拒绝医疗的，处 1 年以下有期徒刑、拘役或者科 300 元以下的罚金。1963 年 2 月 27 日《中华人民共和国刑法大纲草案（初稿）》中，仍然没有将医疗事故犯罪从业务过失犯罪中分离出来，但在 1963 年 10 月 9 日《中华人民共和国刑法大纲草案（修正稿）》中，则单独详细地规定了医疗事故罪。其第 155 条规定，医务人员由于严重不负责任，违反规章制度，因而发生重大事故，致人重伤、死亡的，或者明知对于病人不予治疗就会发生危险结果，没有正当理由而拒绝医疗，致人死亡的，处 5 年以下有期徒刑或者拘役。在以后的刑法草案中，基本上都沿用这条规定而没有什么变化。[①]

1979 年《中华人民共和国刑法》中，没有像大陆法系国家刑法那样规定业务过失犯罪，也没有医疗事故犯罪的专条规定。

（四）现行《刑法》第 335 条有关医疗事故罪的规定

我国现行《刑法》是 1997 年修订的，其后虽然全国人民代表大会常务委员会发布了多个修正案，但没有对医疗事故犯罪做过修订。《刑法》第 335 条对医疗事故罪规定为"医务人员由于严重不负责任，造成就诊人死亡或者严重损害就诊人身体健康的，处 3 年以下有期徒刑或者拘役"。这是我国刑法第一次对医疗事故构成犯罪作出了明确规定，结束了长期以来对医务人员医疗执业中损害患者生命、健康的恶性事件追究刑事责任的罪名五花八门的乱局。不过，虽然罪名统一了，但是到底什么样的医疗事故应当追究刑事责任却因办案人员的理解不同而不同，因此在 1997 年之后，医疗事故追究刑事责任的案件虽然不多，但是对医疗事故立案一直缺乏统一标准。直到 2008 年 6 月 25 日最高人民检察院、公安部联合发布《关于公安机关管辖的刑事案件立案追诉标准的规定（一）》（公通字〔2008〕36 号）第 56 条对此加以规定：医务人员由于严重不负责任，造成就诊人死亡或者严重损害就诊人身体健康的，应予立案追诉。具有下列情形之一的，属于本条规定的"严重不负责任"：（1）擅离职守的；（2）无正当理由拒绝对危急就诊人实行必要的医疗救治的；（3）未经批准擅自开展试验性医疗的；（4）严重违反查对、复核制度的；（5）使用未经批准使用的药品、消毒药剂、医疗器械的；（6）严重违反国家法律法规及有明确规定的诊疗技术规范、常规的；（7）其他严重不负责任的情形。本条规定的"严重损害就诊人身体健康"，是指造成就诊人严重残疾、重伤、感染艾滋病、病毒性肝炎等难以治愈的疾病或者其他严重损害就诊人身体健康的后果。

---

① 卢有学编著：《医疗事故罪专题整理》，中国公安大学出版社 2007 年版，第 4 ~ 5 页。

虽然有了"医疗事故罪"的刑事案件立案标准，但在实际执行中仍然出现分歧，这也是近期媒体报道的北京、福建这两起医疗事故刑事诉讼案件引发争议的原因。纵观本研究收集的既往裁判的24起刑事案件，基本上都存在明显不负责任的情况，有的案件被告人对公诉机关的指控没有申辩，应该说长期以来我国司法机关对医疗事故罪的认定和处理还是比较严格的，也是得到相关各方认可的。

五、医疗事故犯罪的认定需要注意的问题

综上所述，对医疗事故行为追究刑事责任，无论是中国还是外国，无论是过去还是现在，无论在立法层面还是实践过程中，都没有任何障碍，关键的问题在于，到底什么样的医疗事故应当追究责任人的刑事责任？前已述及，对医疗事故进行行政处罚不足以起到惩治和警示作用时，才需要考虑刑事问责。加之医疗事故犯罪属于过失犯，因此，只有情节恶劣和后果严重的医疗事故，才能进入刑事处罚程序。目前，我国刑法关于医疗事故罪仅有原则性规定，仅有的解释也是最高人民检察院和公安部制定的医疗事故罪的立案标准，该立案标准只涉及公安机关对举报涉嫌医疗事故犯罪的医疗纠纷事件进行立案，是否提起公诉，提起公诉后法院是否判决有罪，则不受该立案标准的限制。因此，笔者呼吁国家司法机关仅当针对医疗事故罪作出权威的司法解释，以解决司法实务中认识上的混乱。制定司法解释，重点应当解决以下几个问题。

（一）准确界定"严重不负责任"

医疗事故情节恶劣者，应当是《刑法》第335条所称的"严重不负责任"。对严重不负责任的把握，首先应当是存在不负责任的情况，而不是技术过失；其次在严重程度上应当达到"严重"，而不是一般不负责任情形。虽然最高人民检察院和公安部对"严重不负责任"作出了解释，规定了具体6种情形。这6种情形中，前5种都是责任问题，不是技术问题，系违反《执业医师法》的情形，仅第6种情况"严重违反国家法律法规及有明确规定的诊疗技术规范、常规"，兼具责任和技术因素，由于其强调的是国家法律法规和有明确规定的规范，因而更偏重于责任问题。当然，在最后罗列了第7种"其他严重不负责任的情形"，这是属于立法技巧设计的兜底条文，虽然可以包罗万象，但是其设置了条件，必须是严重不负责任，对此如何把握呢？笔者认为，一般应当是有相关法律或者行政管理文件对不负责任的情况有具体规定，且其严重程度至少必须与前6种情形等位。

对医疗过失行为追究相关责任人员的刑事责任，不论是美国表述为"刑事医疗过失"，还是法国法上表述的"笨拙失误、轻率不慎、缺乏注意、怠慢疏忽，或者因未履行法律强制规定的安全或注意义务"，以及我国刑法表述的"严重不负责任"，都是强调医疗行为的执行者在医疗活动过程中存在让人难以忍受的非一般的

过失，才承担刑事责任。当然，有时候这种严重不负责任往往与技术过失、违反技术标准的行为混杂在一起，这就是我国《刑法》第 335 条第 6 项的规定。相比较法国刑法而言，法国刑法在这一点上的表述更为准确，即"因未履行法律强制规定的安全或注意义务"。① 不过，我国刑法的这项表述过分模糊，虽然它强调了"国家法律、法规明确规定的技术规范和常规"，但是，目前我国相关行政主管部门并没有明确发布过这样的"技术规范和常规"，仅有中华医学会组织编撰并由相关出版社出版的技术规范。

笔者认为，"严重违反国家明确规定的诊疗技术规范、常规"应当指学界认可的作为医生必须遵守的基本的诊疗技术规范、常规，行为人只要稍加注意便会遵守的那些诊疗技术规范、常规，比如注射青霉素应当做过敏试验，在输液过程中，医务人员应当做好巡视和观察。而作为诊疗技术、方法的选择，医疗告知不到位等，则排除在本项规定之外。至于第 7 项兜底性规定的适用，应当是有相关司法解释或者最高人民法院公布的指导案例为前提，一般的医疗刑事案件不得擅自适用。

（二）严格把握"损害后果"

《刑法》第 335 条规定的损害后果为两种：患者死亡、严重损害就诊人身体健康，二者必有其一。当然，需要明确，死亡是指自然死亡，不是脑死亡；严重损害就诊人身体健康必须是《关于公安机关管辖的刑事案件立案追诉标准的规定（一）》所罗列的 5 种情况"严重残疾、重伤、感染艾滋病、病毒性肝炎等难以治愈的疾病或者其他严重损害就诊人身体健康的后果"。不过，对于一般的业务过失犯罪发生这两种后果之一，足以说明危害行为所致后果的严重程度，但是在医疗服务过程中则不然，因为患者是因病或者因伤住院，身体健康已经出现问题，而且有的患者的健康还有严重问题，因此患者出现死亡或者其他健康严重受损的情况，往往是多因一果，因而还必须要分析其原因，即探究严重不负责任的医疗行为与损害后果之间的关联程度，即因果关系问题，只有患者的损害后果主要是由医务人员严重不负责任的医疗行为造成的，才能追究医务人员的刑事责任，否则只能做行政处理。

（三）不负责任的医疗行为与损害后果之间的因果关系不能忽视

刑罚的基本原则是要求罪刑相适应。② 罪刑相适应，在刑法中体现为刑罚的轻重，应当与犯罪分子所犯罪行和应承担的刑事责任相适应。罪刑相适应，是我国刑法的又一个最基本的原则之一，是指犯罪人所犯的罪行与应承担的刑事责任应当相

---

① Dominique Thouvenin, French medical malpractice compensation since the act of march 4, 2002: liability rules combined with indemnification rules and correlated with several kinds of proceedings, *Drexel Law Review*, 2011, (4): 165 – 197.

② 我国《刑法》第 5 条规定："刑罚的轻重，应当与犯罪分子所犯罪行和承担的刑事责任相适应。"这一规定具体而明确地体现了罪刑相适应原则的精髓。

当，不能重罪轻判，也不能轻罪重判。即由于医疗活动本身具有侵害性、危险性、不确定性等特殊性，加之接受医疗服务的患者自己身体健康出现了问题，有的患者甚至出现了严重的健康问题，疾病或者创伤有致命危险，因此，在医疗事故刑事争议的案件中，患者往往却是存在死亡、重伤、残废等严重的不良后果，如果不考虑这些不良后果形成的原因，势必造成罪刑不相适应的后果。需要说明的是，《刑法》第335条对医疗事故罪的规定，在严重不负责任的行为与患者损害结果之间采用了"造成"一词相连接，这足以说明在医疗事故罪的构成与认定上，强调行为与结果之间具有强烈的因果关系，并且法律因果关系与事实因果关系是一致的。至于该因果关系如何认定，一般需要进行医疗技术鉴定。

（四）医疗事故技术鉴定应当为刑事处罚服务

由于医疗事故罪涉及医疗技术问题，而且往往是责任因素和技术因素掺杂在一起，因此，对医疗事故追究刑事责任，必须以技术评价即医疗事故技术鉴定为前置程序，甚至要经过行业协会的技术评价或者是纪律委员会、伦理委员会的专业评估。在香港、印度尼西亚等地，医疗事故犯罪往往需要由医学委员会（Medical Council）予以评议，之后才能定罪。[①]

关于医疗事故技术鉴定是否应当是医疗事故犯罪立案的前置程序，学界确实存在争议。笔者认为，由于医疗事故犯罪是技术性业务过失犯罪，不仅涉及医务人员是否存在技术操作上的过失、还存在患者损害后果的评价，更涉及过失行为与损害后果之间是否存在因果关系判断。由于患者的健康原因，常常会在诊疗过程中出现损害结果，所以患者的损害结果往往是多因一果，那么医疗过失行为在患者损害结果发生上起多大作用，只有通过专业人士才能作出相对准确的判断。

六、建议

（一）对医疗事故重新定义和分级

建议对医疗事故概念进行重新定义，医疗事故分级进行重新划分。目前正值国务院在修订《医疗事故处理条例》，由于《侵权责任法》的实施，《医疗事故处理条例》的法律责任不再涉及民事赔偿，而仅涉及医疗事故行政处理和刑事处理，因此应当重新设计医疗事故的定义，抛弃过去以损害结果定事故等级并分成4级12等的陈旧观念，而应当以医务人员不负责任的程度将医疗事故分成两级：一般医疗事故和严重医疗事故。一般医疗事故仅作行政处理，严重医疗事故除了行政处理外还须进入刑事处理程序。只有对医疗事故作出准确定义和符合实际需要的分级，才能为

---

① Tommy Dharmawan, Malpractice and the criminalization of doctors, (2013 – 11 – 28), http：// www. thejakartapost. com/news/2013/11/28/malpractice – and – criminalization – doctors. html，2015 年 2 月 27 日访问。

医疗事故罪作出具有可操作性的司法解释提供条件。

（二）相关部门尽快出台医疗事故罪司法解释

由于《刑法》第335条对医疗事故犯罪规定得过分原则，《关于公安机关管辖的刑事案件立案追诉标准的规定（一）》又是最高人民检察院和公安部发布的，且该规定在内容方面也存在一些不足，建议最高人民法院在充分调研的基础上，发布有关医疗事故罪的司法解释，以规范和引导各地方司法机关在医疗事故罪立案和审理工作，使涉嫌医疗事故罪的刑事案件处理能够符合法律规定，符合公正、公平、正义的法治理念。

（三）卫生行政部门做好医疗事故犯罪的宣传与舆论引导

虽然对医务人员充满敌意而提起诉讼的患者及其家属是少数，但是却对整个医疗界产生非常大的负面影响。鉴于当前医患之间对立形势严峻，各地时有恶性医疗纠纷事件发生，尤其是受到其他人为因素的影响，极少数走极端的医疗纠纷案件被网络、新媒体渲染，在医务人员中负面情绪相互传染，反过来又加剧医患关系紧张，如此形成恶性循环，难以避免会出现更为恶劣更为极端的案例。为此，建议国家卫生行政部门做好舆情分析，及时掌握新闻热点事件报道的主动权，充分利用医务人员爱岗敬业、关心关爱患者、全力救治患者的案例和事件的正能量作用，做好舆论宣传和引导，使得整个舆论朝着积极的正面的方向发展。

《医事法律与伦理评论》
征稿启事

《医事法律与伦理评论》系由中国政法大学医药法律与伦理研究中心、广州医科大学卫生管理学院编辑，由知识产权出版社出版的连续出版物，旨在为我国医事法学、医学伦理学、医学管理学、临床医学等学科的专业人员提供交流与分享的平台。欢迎专家、学者就医事法律与伦理方面的最新热点、难点问题来稿。

一、文章选题与内容

《医事法律与伦理评论》一书主要设置了"学术前沿""理论研究""实证研究""立法研究""调研报告"等版块。文章选题类型包括论文、综述、译文、典型案件研究、案例分析、最新规范性法律文件解读等。译文要求是近年发表的外文作品的中文翻译稿，但应当取得原文版权所有人的授权。

二、文章篇幅与体例

投稿文章字数要求至少 6 千字，最多不超过 2 万字。

文章体例格式按照社会科学论文的体例和要求。文章组成部分包括：标题、作者姓名、作者单位、前言（在章与第一部分内容之间的引导语）、正文、结语。附加内容包括：第一作者、通信作者简介（姓名、学历或者学位、职称或者职务、邮箱）、基金项目等。

文章层次标题序号：一、（二）1.（1）第一，其一。

三、文章注释体例

每篇文章独立连续注释，采用页下注，以①②③④……编排。具体著录体例格式如下：

1. 著作类

①顾肃：《西方政治法律思想史》，中国人民大学出版社 2005 年版，第 159 页。

2. 论文类

②王家福、刘海年、李步云："论法制改革"，载《法学研究》1989 年第 2 期。

3. 文集、教材类

③王人博："宪政化中的儒家传统"，见高鸿钧主编：《清华法制论衡》（第 3 辑），清华大学出版社 2002 年版，第 369 页。

④佟柔主编：《民法》，法律出版社 1980 年版，第 123 页。

4. 译作类

⑤〔美〕布莱克：《社会学视野中的司法》，郭星华等译，法律出版社 2002 年版，第 83 页。

5. 报纸类

⑥王启东："法制与法治"，载《法制日报》1989 年 3 月 2 日。

6. 古籍类

⑦《宋会要辑稿·食货》（卷三）。

⑧（清）沈家本：《沈寄簃先生遗书》（甲编），第 43 卷。

7. 辞书类

⑨《辞海》，上海辞书出版社 1979 年版，第 932 页。

8. 港台著作

⑩戴炎辉：《中国法制史》，三民书局 1966 年版，第 45 页。注意：台湾作者、作品不加〔台〕或（台）。

9. 网络文献

宜少用，有纸质出版形式者，优先使用纸质出版文献。确实需要引用时，不得引用非注册网站信息。

⑪傅勇涛："海南启动司法体制改革试点 85% 人力资源投入一线办案"，http：// news. xinhuanet. com/2015 -01/01/c_ 1113849077. htm，访问日期：2015 年 1 月 15 日。

10. 外文类

遵从该文种注释习惯。著作名称或者文章所载期刊名称使用斜体，尽可能避免中外文混用。

四、投稿邮箱与联系电话

投稿邮箱：medlawcupl@ 163. com

联系电话：+86 - 10 - 58908121